政府会计改革：理论与探索

财政部会计司
中国会计报社　编

经济科学出版社

图书在版编目（CIP）数据

政府会计改革：理论与探索/财政部会计司，中国会计报社编.
—北京：经济科学出版社，2015.5
ISBN 978 - 7 - 5141 - 5795 - 6

Ⅰ.①政…　Ⅱ.①财…②中…　Ⅲ.①预算会计 - 经济体制
改革 - 研究 - 中国　Ⅳ.①F812.3

中国版本图书馆 CIP 数据核字（2015）第 110106 号

责任编辑：黄双蓉　黎子民
责任校对：郑淑艳
版式设计：齐　杰
责任印制：邱　天

政府会计改革：理论与探索

财政部会计司
中国会计报社　编

经济科学出版社出版、发行　新华书店经销
社址：北京市海淀区阜成路甲 28 号　邮编：100142
总编部电话：010 - 88191217　发行部电话：010 - 88191522
网址：www. esp. com. cn
电子邮件：esp@ esp. com. cn
天猫网店：经济科学出版社旗舰店
网址：http://jjkxcbs. tmall. com
河北零五印刷厂印装
710×1000　16 开　20.5 印张　360000 字
2015 年 5 月第 1 版　2015 年 5 月第 1 次印刷
ISBN 978 - 7 - 5141 - 5795 - 6　定价：66.00 元

前　言

　　随着我国政府职能转变和公共财政体制的建立与完善，政府会计改革被提上重要的议事日程。党的十八届三中全会从全面深化改革的战略高度，在《中共中央关于全面深化改革若干重大问题的决定》中明确提出要建立权责发生制的政府综合财务报告制度，这为新时期政府会计改革设定了目标，指明了方向。新修订的《预算法》明确要求，各级政府财政部门应当按年度编制以权责发生制为基础的政府综合财务报告，报告政府整体财务状况、运行情况和财政中长期可持续性，报本级人民代表大会常务委员会备案。这为建立权责发生制基础的政府会计体系确立了法律地位，对深化我国政府会计改革具有重要的指引作用。

　　政府会计改革是基于政府会计规则的重大改革，目标是通过构建统一、科学、规范的政府会计准则体系，建立健全政府综合财务报告编制办法，适度分离政府财务会计与预算会计、政府财务报告与决算报告功能，清晰反映政府资产负债、收入费用、运行成本等财务信息和预算执行信息，为开展政府信用评级、加强资产负债管理、改进政府绩效监督考核、防范财政风险等提供支持，对于提升政府财务管理水平、提高政府透明度、建立现代财政制度、推进国家治理体系和治理能力现代化，具有重要而深远的意义。

　　财政部十分重视政府会计改革工作，多年来，在推动政府会计理论研究、开展国际经验交流、人才培养等方面开展了一系列工作，并通过行政事业单位会计制度修订、政府综合财务报告试编、政府会计改革试点等，为政府会计改革的全面正式推行积累了经验。特别是 2014 年以来，财政部积极贯彻落实十八届三中全会精神，研究制定了权责发生制政府综合财务报告制度改革方案，成立了政府会计准则委员会，启动了政府会计准则制定工作，拉开了加快推进政府会计改革的大幕。

与此同时，理论界和实务界都为政府会计改革做了大量的研究和实践，取得了很多有益的成果和经验。《中国会计报》围绕政府会计相关主题也及时进行了宣传和报道，有十八届三中全会和新《预算法》对政府会计改革的要求，有对财政部关于系列制度文件的权威发布，有对行政事业单位会计制度修订的跟踪，有对两会代表委员关于政府会计改革的建言献策，有对政府会计改革政策的专家解读，有业内人士对政府会计改革提出的宝贵建议，还有邀请专家结合当时实际发表的最新观点和研究所得，等等。

当前，政府会计改革的号角已经吹响，蓝图已经绘就。在新一轮政府会计改革大幕拉开之际，财政部会计司联合中国会计报社将有关报道集结成册，记录了近年来我国政府会计改革的步履，分享了业界的争论、疑惑、思索和前瞻。让我们通过本书一同来见证这段历史，在新的起点上，凝聚共识，为加快推进政府会计改革做出新的更大的贡献！

目　　录

第三部分　　制度制定与修订

第四部分　　权威发布

第五部分　　代表委员们说

第六部分　专家观点

第七部分　改革建议

第八部分　其他

第一部分　党的十八届三中全会决定与政府会计改革

我国政府财务报告制度正在加速推出

一份权责发生制政府综合财务报告让人期待。

近日，财政部部长楼继伟向全国人大常委会报告今年以来预算执行情况时称，2013 年将试编权责发生制政府综合财务报告范围扩大到全国所有省份。在谈及下一步财政工作安排时，楼继伟表示，将把"推进政府会计改革，加快建立政府财务报告制度"作为重点工作。

如何从编制政府财务报告做起，最终建立政府财务报告制度，这一切引人关注。

具有划时代的意义

"试编权责发生制政府综合财务报告具有划时代的意义。"山东大学管理学院副教授路军伟表示，这一做法实际上是中国历史上的第一次，也是在进一步完善市场经济。

从现代经济学理论的角度来看政府与市场的关系，政府应当接受市场的约束，政府从市场获取资源，就应当向市场中的纳税人披露信息，反映受托责任履行情况，这种价值观、受托责任观是普世性的。

在 20 世纪 90 年代初，我国明确建立社会主义市场经济体制，市场对资源配置应该起到主导作用，路军伟认为，这就需要正确处理政府与市场之间的关系，披露政府综合财务信息，接受市场的监督。

同时，试编权责发生制政府综合财务报告同时具有重大的现实意义。业内人士认为，过去几年，我国实施积极的财政政策和宽松的货币政策，但政府对财务管理方面重视不够，导致未来会增加发生财务风险的可能。而试编政府综合财务报告后，生成的信息可为决策者所用，这在一定程度具有规避风险的意义。

而且，持续时间较长的欧债危机已经警醒各国要进一步提升债务管理水平。而我国现行采用的收付实现制核算范围较窄，间接的隐性的债务没有纳入核算范围。但是，从现实角度来看，政府需要担负兜底责任。如果编制权责发生制的政府综合财务报告，这将会为一级政府提供更全面、更有用的信息。

中南财经政法大学财政税务学院教授王金秀告诉记者，我国现行的是预算会计报告模式，总预算会计、行政单位会计和事业单位会计各自都有一套会计报表，但各套报表自成体系，无法直接合并生成合并资产负债表、资金营运表和现金流量表，也无法形成反映政府整体情况的政府综合财务报告。这也是我国要编制权责发生制政府财务报告的原因。

当然，现有预算会计报表范围狭窄、信息分散不全，政府预算决算报告相互脱节，这都需要编制合并的政府整体综合财务报告，全面、完整、系统、准确地反映政府整体的资产、负债、收入、支出以及赤字（或盈余）、融资和现金持有等方面的信息。

建立报告制度的进程

"目前推进试编政府综合财务报告方面的速度已经算是很快了。"路军伟说。

记者了解到，2010年年初，财政部就首次提出试编部分事项权责发生制财务报告，当时，这还停留在建立健全政府财政统计报告制度、研究建立全口径的年度政府收支统计制度层面。时隔3年，如今已经提出将试编权责发生制政府综合财务报告范围扩大到全国所有省份。

我国目前的试编工作是在尚未建立健全政府财务会计制度的情况下，通过汇总和转换预算会计数据来形成政府整体层面的相关财务信息。

这实际上是一个从研究制定试编权责发生制政府综合财务报告的办法到逐渐实施推进的极具难度的、复杂的过程。

政府综合财务报告与有特殊目的和作用的财务报告不同，不专指某一个部门，同时，在内容上，政府财政预算公开以前更强调收支情况，现在则要包括政府部门的资产、负债、净资产等财务状况，除了报表外，还需要体现非财务信息，甚至包括人口、经济发展状况等宏观信息。

王金秀认为，试编权责发生制政府财务报告能够补充过去收付实现制会计基础上大量缺失的财务信息。而且，试编政府综合财务报告的合并范围远远超过了传统的财政总预算会计、行政单位会计和事业单位会计三大主系统的范围，极大地拓展了政府财务信息编报主体的范围，使得政府的财务信息更加全面，也更加充分。

但是，试编权责发生制政府财务报告与建立政府财务报告制度并非一回事。

路军伟认为，前者可能更强调技术层面，是试验性的，而后者还需要囊括一套公开政府财务报告的方法或者规定，确定编制政府财务报告的目标、内容，甚至相关的审计鉴证制度等。

显然，从试编政府财务报告到政府财务报告制度的建立，还有一定的距离。不过，路军伟认为，至少要能够把政府财务报告试编出来，这已经有了很大的进步。"建立政府财务报告制度的一个必不可少的环节就是编制政府财务报告，而且，这是内核，否则一切都是空谈。"

完善和公开

确认无疑的是，要建立政府财务报告制度：一是要不断完善政府财务报告的编制；二是强调公开。

今后编制政府财务报告将更多地引入权责发生制，而权责发生制的一大特性就是涉及主观判断。

业内人士认为，政府部门如果采用权责发生制，就需要考虑财务报告的合并范围，包括政府收入的确认标准、政府负债的确认标准等。如交警开出罚单，到底是以开票时点的应收款确认为收入呢，还是以最后实际收到罚款后确认为收入。另外，政府全资控股的投融资平台客观上是独立法人，但是，其负债要不要纳入政府综合财务报告的范围呢？这些都是需要考虑和界定清楚的内容。

我国试编的政府综合财务报告主要内容有政府财务报表、政府财务报表附注、政府财政经济状况和政府财政财务管理情况构成。王金秀在报表方面提出一些建议，她认为，在政府财务报表编制初期，我国可以从资产负债表先行突破，编制收支表，并应尽快增加预算对照表。

王金秀同时认为，今后，我国应该尽快优化会计核算制度，对试编的权责发生制政府综合财务报告进一步加以完善，将前期试编调适数与会计日常核算的汇总合并数相互协调。政府综合财务报告的编制应该尽可能以会计核算及其会计报表为主要依据，并在此基础上编制规范的政府整体综合财务报告，提高财务报告的可靠性。

就推动政府财务报告制度的建立而言，路军伟认为，公开很重要。应鼓励做得比较好的省市率先公开政府财务报告，然后将公开工作层层推进，逐渐实现强制公开，并引入审计和鉴证制度，提升信息质量。

（文章来源：（中国会计报记者）罗晶晶，《我国政府财务报告制度正在加速推出》，载于《中国会计报》2013 年 9 月 6 日第 1 版）

政府会计改革或将再提速

随着十八届三中全会的日益临近，各方对于其可能涉及的多项改革给予了极大关注，财税体制改革即为其中之一。作为这项改革一个重要配套措施，政府会计制度改革也正备受会计界关注。完善政府会计制度，并编制完整的政府资产负债表，是大势所趋。

财税体制改革的"突破口"之一

地方隐性债务规模过大的问题，在今年下半年的地方债审计中有充分体现。

2013年7月28日，国家审计署公告组织全国审计机关对政府性债务进行审计。业内专家认为，此轮审计或为财政体制改革拉开序幕：先将地方政府的账本打开，然后再采取相应措施应对局部的过度投资。

然而，审计中，在对地方债务进行摸底的同时，相关部门已进一步感受到了现行政府会计采取收付实现制所带来的弊端。"在收付实现制下，很多债务不在会计报表上显示，无法客观反映地方债的真实全貌，这给审计人员带来了很多附加工作。"中国人民大学商学院教授林钢说。此前，2013年7月3日，国务院总理李克强要求研究激活财政存量资金，同样传递出加快预算管理制度改革、提高财政资金使用绩效的改革信号。

而在这些方面，可以说，更加强调效率又能反映存量信息的权责发生制具有"天生的优势"。业内普遍认为，权责发生制是政府会计制度改革的必然趋势。

另外，也有业内人士分析，在财政体制改革方面，针对地方财政可持续性问题，有关方面也会出台相关措施。与此配套还将推进政府会计制度改革，加快建立政府财务报告制度，将地方政府债务分类纳入预算管理，建立规范的举债融资机制。

从近年来的大环境来说，政府预算管理环境发生了很大变化，作为基础的反映信息变化的会计制度而言，改革已成为一种必然趋势。

"渐进式改革" 路线图

政府会计制度改革不是新鲜话题，也不是实践中的初试。在内部动力和外部压力的推动下，近年来，政府会计制度改革已在实践中不断"渗透"。

据财政部财政科学研究所财务会计研究室副研究员王晨明介绍，我国政府会计制度进行"渐进式"改革，部门层面先行，政府层面再试。

2010 年，财政部发布《医院会计制度》，规定医院的会计制度以权责发生制为主，这成为政府会计制度改革的先试先行者。

紧跟其后，财政部又发布《事业单位会计制度》、《中小学校会计制度（修订）（征求意见稿）》、《科学事业单位会计制度（修订）（征求意见稿）》等会计制度，并都规定相应单位某些经济业务应实行权责发生制。

另外，已改制为公司制企业的出版社等也实行了权责发生制；纳入企业财务管理体系的事业单位执行企业会计准则或小企业会计准则，如地质、农业行业的设计院、种苗站等，这些单位虽有政府补贴，但主要从事经营活动，采用权责发生制；某些行业事业单位，如测绘事业单位，一直执行行业事业单位会计制度，即以权责发生制为主，目前也依然如此。

政府层面的试点在 2011 年开启。这一年，我国 12 个省市开始试编权责发生制政府综合财务报告。如今，试点省市已经扩大到 20 多个。

从国际上看，近 20 年来，在政府会计管理中引入权责发生制原则，逐渐成为一种世界潮流。在 29 个经济合作与发展组织国家中，有 15 个国家的政府会计已然在机构或部门层面上，以权责发生制为计量基础；有 12 个国家则在整个政府层面上，采用了某种形式的权责发生制财务报告模式，只有 2 个国家采用的是以收付实现制为主的计量基础。

制度"并轨"或成趋势

目前业内所讨论的收付实现制向权责发生制的改革，并不是完全摒弃收付实现制。

"与澳大利亚、新西兰等实行彻底的权责发生制不同，美国、加拿大、英国、法国等国家'双轨'并存，提供两套信息，既有收付实现制的预算会计信息，又有权责发生制的财务会计信息，同时有一个调节表，把两套信息的差异通过调节表列示出来，并且两套信息都对外公布。"林钢说，我们国家将来采用"并轨"模式的可能性也比较大。

因此，权责发生制改革并非一定要改变会计核算基础。据王晨明介绍，目前我国试编政府综合财务报告，其实就是通过调整财务报表表，获取权责发生制的信息。即根据权责发生制的原理，对收付实现制基础的报表进行调整，把权责发生制的信息反映出来。当前在核算基础不变的情况下，可通过调报表实现目的，西方的很多国家也是这么做的。

对于改革的时间，林钢认为，两者的融合在技术上已经不存在问题，重要的是观念问题，是大家是否愿意接受这样的改变及这样的改变可能带来什么的问题。

王晨明则认为："从大的方面来看，这个改革的路还很长，需要循序渐进，毕竟推行试点、与预算目标协调等问题都是需要时间的。"中南财经政法大学武汉学院财会系主任彭浪也表示："这一改革不是一蹴而就的，而是一项系统工程，我国各级政府机构已习惯收付实现制下的预算和会计计量，突然更换一种确认原则，他们会产生怀疑、不适应等抵触情绪。另外在推行权责发生制改革的过程中，会计人员应具备全新的技能，且要为之更新财政管理信息系统，这无疑增大改革的成本，如进行软件的升级换代、人员的培训及防范系统更换风险等。"

（文章来源：（中国会计报记者）宫莹，《政府会计改革或将再提速》，载于《中国会计报》2013 年11 月 1 日第 1 版）

绿色会计核算迎来新时代

对包括会计行业在内的社会各领域来说，十八届三中全会所带来的影响正在不断放大。

《中共中央关于全面深化改革若干重大问题的决定》（以下简称《决定》）提出，"探索编制自然资源资产负债表，对领导干部实行自然资源资产离任审计"。在中国审计学会环境审计专业委员会顾问张以宽看来，《决定》突破了传统经济核算观念，将自然资源、环境成本内在化，树立了全新的生态价值观、绿色财富观。

如此，绿色会计核算正迎来新的变革时代。

描绘政府资产负债全景图

当前，环境污染和资源消耗情况引起全社会关注。对于政府来说，必须掌握当前的各种自然资源有多少、各个阶段对自然资源的消耗情况是怎么样的、是否可以承受这种消耗等情况。

北京鑫正泰会计师事务所有限责任公司副主任会计师、多年从事绿色会计和绿色审计的孙兴华认为，在现有的会计核算体系中，自然资源及环境损耗对于各类组织而言大多只是一种外部成本，尤其是在国有自然资源低价获取甚至无偿取得的情况下，这些组织很难将其纳入内部成本与经济效益直接挂钩，进而导致对资源开发利用的浪费和低效率，使得这些组织的财富创造可能严重虚增，亟待实施绿色会计核算监督。

在财政部财政科学研究所财务会计研究室副研究员王晨明看来，定期核算自然资源资产的变动情况，探索编制自然资源资产负债表，是对传统的国民经济核算体系缺陷的重大改进和完善，也将进一步提升经济社会的精细化管理程度。

"自然资源资产负债表的编制有助于全面揭示政府对各项资源的占有使用情况及负担能力，并明确相应的权利和责任主体，反映潜在的风险状况，这既有助于政府做出科学决策，也有助于增强政府的财务透明度，让上级政府、社会民众等报表使用者及时掌握该政府的经济效率和效益。"王晨明说，这实际上也描绘了政府资产负债的全景图。

北京中林资产评估有限公司董事长霍振彬对此表示认可，他说，长期以来，那些不能为人类带来直接经济收益的自然资源资产和生态产品往往被排除在传统的资产负债表之外，误导人们单纯追求经济增长，忽视了与自然的和谐。

对此，审计署审计科学研究所基础理论研究室博士邹小平表示，自然资源资产负债表能够反映特定地区在特定日期的自然资源状况，列报矿产资源、石油天然气资源、森林资源、土地资源、水资源、海洋资源、旅游资源等资源的形成、开发、配置、运用、储存、保护、综合利用和再生等各个环节的情况，揭示特定地区特定时期的资产负债存量及其变动情况。"审计机关应该高度关注包括自然资源资产负债表在内的各项政府资产负债表，从而维护国家经济健康运行。"

探索编制自然资源资产负债表

对于自然资源资产负债表，中国社会科学院财经战略研究院博士汤林闽表示，其未来的发展趋向应当主要有两个：一是发展成为综合环境与经济核算体系的一部分，最终作为我国绿色GDP核算的重要内容；二是发展成为政府会计体系的一部分，最终作为我国政府资产负债表的重要内容。"但这两者并非是完全割裂开的，而是在许多方面都有联系。""无论自然资源资产负债表的编制今后向哪个方向发展，其最后都有可能产生殊途同归的效果。"霍振彬说，其将通过对政绩考核制度的影响而提升经济社会管理水平。

对于自然资源资产负债表的编制，邹小平表示，首先需要明确一些问题，比如哪些自然资源应纳入表中，即会计核算的对象有哪些？现有技术条件下，能够将哪些自然资源纳入表中？汤林闽表示，在科目和结构方面，自然资源资产负债表具有独特性，与企业等资产负债表有很大差别。自然资源资产负债表的资产方应当是各种自然资源资产，其结构大致可以分为土地资产、矿产资产、森林资产和水资产等几类。土地资产又可以按照用途分为建设用地和农用地等子项，矿产资产则可以按种类分为石油、天然气、煤炭等子项，森林资产和水资产也可以按照种类或用途等做进一步细分如防护林资产、地下水资产等。

"负债方则主要包括污染成本、治理成本等。负债方反映的项目不仅是已经造成的损失，还应当包括未来可能仍将产生的损失，以及为了治理污染或恢复原样而需要付出的代价。"汤林闽补充说。

邹小平建议，应尽快制定自然资源会计准则，在这一点上可以借鉴美国和国际会计准则的做法。另外，应明确自然资源资产负债表如何列报以及这些报表如何与政府决算报表相融合，尤其是在实行以权责发生制为基础的政府财务报告后，这些自然资源资产负债如何反映在报表中。

王晨明则提醒说，现有的企业和行政事业单位等编制的资产负债表已经形成了很多勾稽关系，并可借此进行财务信息分析和预警，自然资源资产负债表的勾稽关系形成也需要考虑。

值得注意的是，倡导绿色会计的张以宽和孙兴华认为，无论是编制报表还是进行离任审计，绿色会计和绿色核算都是其得以贯彻落实的基础保障。也就是说，重要的是政府、企业、社会组织等各类组织都在其报表体系中纳入绿色核算，否则，最终编制出来的自然资源方面的报表仍会缺乏扎实的基础。

为此，孙兴华建议，各类组织应在传统的资产负债表基础上增加有关自然资源资产一级科目，下设矿产、森林、土地、水权、排污权、放射性源等二级资产明细账核算。相对应地，还要设立自然资源负债一级科目，下设矿产、森林、土地、水权、排污权、放射性源等二级负债明细账核算。另外，还要增加无形资产及绿色商誉资产科目账、未来环境负债及绿色资本金一级科目账。应设期初数、本期增加、本期减少、期末数四栏，对自然资源资产和负债的增减变化进行反映。

张以宽和孙兴华还建议，要集中财政部、环保部、审计署等部门的绿色核算专家，尽快研究出台有关绿色核算的规定。

做好资产确认入账

在编制自然资源资产负债表之前，一项重要的工作是如何进行自然资源资产的登记、评估和入账等。

需要注意的是，一方面，企业等资产负债表注重反映的是货币价值，而自然资源资产负债表注重反映的不仅仅是货币价值。另一方面，自然资源资产负债表注重环境成本，而企业通常不会或很少考虑这方面因素。

可以看出，量化自然资源资产，障碍主要存在于以货币为标准来进行量化的情况中。"如果是以实物单位来量化自然资源的存量，则难度要小得多。但是，如果既使用货币又使用实物单位进行衡量，那就会导致自然资源资产量化标准不统一等问题。"汤林闽说，可以采用两种方法中的任意一种来解决，一是效仿企业资产负债表，对自然资源资产负债表设置主表和附注，在主表中反映可以用货币价值量化的自然资源，在附注中反映需要用实物单位量化的自然资源，二是分别编制以货币价值和以实物单位量化的两张资产负债表。

此种情况，北京中林资产评估有限公司生态景观价值评估中心主任景谦平关注已久，并进行了尝试。他表示，在传统的会计计量属性和方式难以满足编制自然资源资产负债表需求时，可以考虑引入第三方评估为其提供客观、可靠的入账依据。

具体来说，编制自然资源资产负债表涉及对自然资源资产的实物量核算和价值估算两个方面的工作，而且还必须对资产存量与生态产品流量加以严格区分。中林评估在陕西省森林资产和生态产品价值的评估工作中，就参考了目前国内外常用的、且被普遍认可的技术方法，为该省"绿色核算"奠定了专业数据基础。

孙兴华也一再强调，只有在绿色会计核算的基础上，依据环境审计监督核实后的数据，才能编制出真实的自然资源资产负债表。

（文章来源：（中国会计报记者）高红海，《绿色会计核算迎来新时代》，载于《中国会计报》2013年11月29日第1版）

十八届三中全会为编制政府资产负债表"定调"

全国和地方资产负债表编制被正式"定调"。

十八届三中全会通过的《中共中央关于全面深化改革若干重大问题的决定》中明确提出，"加快建立国家统一的经济核算制度，编制全国和地方资产负债表，建立全社会房产、信用等基础数据统一平台，推进部门信息共享。"这段表述让业内人士对未来充满期待。

期待真正的资产负债表

有业内人士称，每年有数千亿元的政府应付工程款尚未纳入国家审计署的地方政府债务统计口径，这成为更突出的风险点。实际上，这正是编制全国和地方资产负债表可以解决的问题。

目前，我国的预算会计体系呈现出分散化、碎片化特点。而且，长期以来，我国基于现金制为基础的财政总预算会计对资产、负债的核算较为简化，尤其是货币性资产负债、非流动资产、非流动负债未纳入政府总会计核算范围。

而编制全国和地方的资产负债表恰恰有利于全面反映政府的资产、负债、成本等综合财务状况与运营情况，以满足政府财政管理乃至政府管理需要。

因此，其重要意义已经十分凸显。不过，关于如何编制资产负债表，目前还存在很多不同的声音。

中南财经政法大学政府会计研究所所长张琦坚持认为，编制真正意义上的资产负债表就是要将预算会计进行剥离，将权责发生制引入到财务会计系统中，使资产负债表通过会计确认、计量、记录、报告来进行生成。

"通过严格的确认与计量程序生成的资产负债表才是真正意义上的会计报

表，才能保持严格的证账表关系以及数据之间的勾稽关系。"张琦说，按照这种方法来操作的话，报表中的任何数据都能通过会计凭证找到出处，从而保证数据的相关性和可靠性。

在目前的会计系统不足以支持编制全国和地方的资产负债表时，我们被迫采取统计的方式，在对经济事项进行计量的时候采取收付实现制，到了年末再按照权责发生制对报表进行调整。

但是，通过这种方式来形成的资产负债表没有依靠准确的、自成体系的、科学的会计系统，因而在报表使用上要大打折扣。

业内多位专家表示，长期来看，需要制定一套完整的政府会计准则体系，包括政府资产准则、政府负债准则、政府成本准则以及关于特殊事项的准则体系等。对于政府资产负债表的要素、要素的确认以及如何将这些要素纳入资产负债表等，也要制定一个规范。

如此一来，也就选择了"双系统"的政府会计体系，既保留传统的基于收付实现制的预算收支报告，用于反映预算的结余和赤字，同时提供包含资产负债表在内的基于权责发生制的政府综合财务报告，用于反映政府的运行情况。

这种政府会计改革目标当然是比较理想的。但是，实务界认为双系统的改革成本较高，因为要对政府信息系统进行调整。

为了保证财务系统与预算系统的协调，预算管理体制可能也会发生变化，所以大家已经预设改革成本较高。

上述业内人士认为，但凡改革都会有成本，但如果为了节省成本而按照非会计的方式去走捷径，从长远来看，这会对政府财务信息的质量产生不良影响，对信息使用者在防范风险、地方管理方面产生误导。更为合适的做法是，在改革推进过程中，逐步地去消化改革成本，提升改革的成效。

需规范持续的改革思路

改革成本高将成为编制全国和地方资产负债表的一个阻碍。其实，改革面临的问题不止这一个。

从学术界的交流来看，他们更多的是在关注政府会计改革的路径、动力、概念框架等宏观方面的研究，而对于政府资产、政府负债、政府运行成本等微观方面则研究得较少。

　　就负债而言，有专家认为，当前我国编制权责发生制政府资产负债表最重要的意义是提供规范我国地方政府性政府管理的技术基础，而政府负债的确认和计量就存在很多难题。

　　按照 2002 年世界银行经济学家汉娜提出的"财政风险矩阵法"，可以从两个维度对政府债务进行分类：一个维度是将政府债务分为显性债务和隐性债务。

　　显性债务也称法定债务，即为法律或合同所确认的债务，隐性债务也称为推定债务，即政府因公共利益或政治压力而承担的债务，俗称"兜底责任"。另一个维度是将政府债务分为直接债务和或有债务，直接债务是指在任何情况下都存在的债务，或有债务是指在特定事件发生时才存在的债务。这二维分类相互交叉形成四种类型的政府债务。

　　厦门国家会计学院高级讲师刘用铨表示，上述四种类型债务中，哪些政府债务需要确认计量、哪些政府债务需要披露，是编制政府资产负债表所面临的重要难题。另外，政府债务披露的政策性和敏感性也较强。

　　按照国际惯例，显性债务不管是直接债务还是或有债务都需要确认计量，隐性（推定）直接债务如社会养老金缺口应当披露，至于隐性（推定）或有债务则可以不纳入政府资产负债表范围。

　　然而，这并不意味着应该确认的债务就可以进行确认。比如，应当在资产负债表内确认、计量政府雇员养老金，这属于政府法定直接债务。但是，对该项目进行计量又涉及许多保险精算的技术难题。

　　张琦认为，我国可以尝试着从解决问题的思路出发来一步步推进改革。比如，要弄清楚地方政府债务有多少，那么，就可以去研究债的范围、类型与债务的主体等。从解决偿还问题的角度出发，就可以去研究政府哪些资产能用于偿还债务、哪些不能用于偿还债务，从而延伸研究政府的资产，并尝试性地采用会计手段计量政府资产。

　　多位专家表示，十八届三中全会对政府会计改革已经定调，但他们强调需在此后形成规范的持续的改革思路。所谓"规范"就是要按照会计既定的原则和理念来形成资产负债表；所谓"持续"就是要求不能片面、简单地为了实现相关目标，按照非科学的方法来推动改革。采用严谨的、科学的、符合会计规律的做法编制全国和地方资产负债表才是持续的改革思路。

　　（文章来源：（中国会计报记者）罗晶晶，《十八届三中全会为编制政府资产负债表"定调"》，载于《中国会计报》2013 年 12 月 13 日第 1 版）

政府财报有助于处理政府与市场的边界

"权责发生制的政府综合财务报告制度被称为可以摸清政府'家底'的财务制度，它不仅可以提升政府财政透明度，也将有利于民间对政府财政进行监督。"天津财经大学教授李炜光在谈及十八届三中全会提出的"建立权责发生制的政府综合财务报告制度"时这样表示。

服务于政府职能转变

政府财报的内容主要包括政府财务报表及其解释、财政经济状况分析等。
"其中政府资产负债表的作用显得尤为重要。"中央财经大学财经研究院院长王雍君认为，政府资产负债表的编制具有透明、预警、促进政府管理和加强预算完整性等四大作用。

他告诉记者，传统财政决算报告制度仅报告当年财政收入、支出及盈余或赤字的框架，而以权责发生制为基础的政府财报，能够完整反映各级政府所拥有的各类资产和承担的各类负债，全面反映各级政府真实的财务状况。

记者在采访中了解到，资产负债表原本是企业实施科学管理不可或缺的基本工具。基于权责发生制，资产负债表通过一套精心设计的平衡表将负债和资产结合起来，可据以评估企业的绩效，分析其财务的弹性和安全性，考量其偿债能力及经营的稳定性。

而由此引申到政府工作中。

当前，政府与市场关系的不协调主要体现在两个方面：一个是"越位"，即管了不该管的；二是"缺位"，即该管的没管或者没管好。

这种情况下，编制权责发生制政府财报显得尤为重要。

"编制权责发生制的政府财报对处理好政府与市场的关系，促进我国政府由管理型政府向服务型政府转变有良好的促进作用。"李炜光表示，只有同时解决好了"越位"和"缺位"的问题，真正做到市场和政府的各自归位，划清政府与市场的边界，我国未来经济增长才更有效率，经济发展步伐更加稳健。

为财政制度创新融入新理念

编制权责发生制政府财报是按照科学、公认的标准，确认、计量和披露政府的资产和负债；分析政府财务状况及其对经济的影响；分析政府资本与市场资本的合理比例；为分清政府与市场的关系，发挥市场配置资源的决定作用提供制度保障基础。

南开大学经济学院财政学系副主任马蔡琛认为，现有的行政事业单位会计制度仅限于记账，而且对固定资产不计提折旧，这样很难准确核算政府的资产状况。

马蔡琛表示，发达国家政府会计大多采用的是权责发生制。

在当前面临地方债压力的情况下，我国要想评估债务风险，就要掌握政府资产状况，这就需要编制政府资产负债表。而政府资产负债表的编制，离不开政府会计制度改革。

对此，李炜光表示，建立权责发生制的财务报告为地方债管理指明方向。"我们现在还停留在计划经济时代的财务管理，实行的收付实现制既不能统计出债务，也不能在财务报表上反映债务状况。而权责发生制的财务报告则可以建立资产负债表，这也是世界上通用的财务及债务管理方法。"有业内人士表示，这种突破实际上是财政制度创立和融入现代国家治理一系列新理念、新方法的突破，包括政府与市场的作用领域及界限、政府承诺和履行责任结果的科学核算及公开披露、代际公平、政府自身可持续性分析等。

（文章来源：(中国会计报记者）赵慧，《政府财报有助于处理政府与市场的边界》，载于《中国会计报》2014 年 3 月 14 日第 3 版）

政府财报可实现从"救火"到"防火"

建立权责发生制的政府综合财务报告制度已成为我国政府会计改革的大势所趋。这一制度的确立已被写入十八届三中全会决定中。

专家指出,这项制度改革将从根本上改变我国传统的财政预决算报告框架,有望形成集中反映政府资产与负债、全面揭示政府财政风险的综合性报告,具有划时代意义。

规避债务性风险

中央财经大学财经研究院院长王雍君表示,权责发生制将比收付实现制更具全面性和前瞻性,尤其在风险管理方面明显好于后者。运用收付实现制编制的财政预决算报告,只能在真正发生问题时被动"救火",而很难产生"防火"功能。

我国财政风险主要来自各种形式的政府性债务,特别是那些期限较长、较为间接、隐蔽或不确定性的债务,包括财政担保。

由于还本付息或现金流出并不出现在当年,这些债务便不能在以收付实现制编制的报告中加以记录和披露。一旦到了必须偿付或赔偿的时候,也就是流出现金时,往往来不及采取任何挽救行动。相反,权责发生制可以在现金流出尚未发生时记录债务交易,使政府在债务决策制定时,即意识到其未来的财务影响,这对于防火式的风险管理极其重要。

作为行政机关单位财务战线的一员,松辽水利委员会财务处处长任红梅表示,编制政府财报的意义并不仅是财务报告编制方法和内容的技术升级,更重要的是要客观反映政府履行职责的能力和状况,客观合理地划分责任,以便及早发现政府管理中存在的问题,加强预警能力,为政府下一步决策提供支撑。

管理与监督两手抓

在 2013 年年底的中央经济工作会议上，"如何管理地方政府债务、防范地方政府债务风险"首次被作为一项工作重点提出。

在这一背景下，建立权责发生制的政府综合财务报告制度非常有必要。因为"只要有支付义务，具有约束力的偿付责任发生了，无论是否在当期发生了现金流出，权责会计都会加以记录，并以财务报告的形式呈现给政府、人大、审计部门以及社会公众。这种提示或警示作用非常重要。"王雍君表示。

厦门大学宏观经济研究中心副主任林致远教授也表示，加强对政府性债务管理不能依靠不定期的检查或审计，而只有从制度上做好基础性工作，才能将政府性债务风险降低到可控范围内，而建立政府综合财务报告制度可以从管理和监督两个方面加强对政府性债务管理及其风险防范。

但同时，林致远也表示，在我国推进城市化进程中，我国政府尤其是地方政府确有必要为基础设施建设等进行债务融资。因此，建立更加透明的政府财务和预算信息披露制度，其目的是希望通过这样一些常规性、基础性的制度工具，能够及时、准确地把握各级政府的财务和财政状况，而这对于控制政府债务规模与防范财政风险，将起到十分积极的作用。

传统的以收付实现制为基础的政府预算报告系统已难以满足当前政府管理的需要，这是客观上促进多国政府实施政府会计改革，建立以权责发生制为基础的政府综合财务报告制度的重要原因。

王雍君表示，这些国家引入以权责发生制编制的政府综合财务报告制度的目的并不完全相同，但大多都是为了应对两个问题：一是支持绩效导向的公共财政与预算管理，以改进决策机制；二是更完整地披露政府财务状况，从而有助于更好地评估政府真实的财务状况、可持续以及更好地管理财政风险。

"以往以收付实现制编制的报告，对于普遍存在的当届政府举债，下届政府偿还，以致造成涸泽而渔、透支未来的情况，既没有预警，也没有披露。"任红梅表示。

而与收付实现制相比，权责发生制能更准确地对政府的绩效做出评价。如许多地方过度开采土地资源，虽然财政收入在短期内大量增加，表面上形势很好，但包括土地在内的资产的消耗或损失很难体现出来，而编制以权责发生制的政府财报则可以改善这种情况，将资产与负债更好地匹配起来。

（文章来源：（中国会计报记者）张瑶瑶，《政府财报可实现从"救火"到"防火"》，载于《中国会计报》2014 年 3 月 14 日第 3 版）

编制自然资源资产负债表
倒逼生态文明建设

此次全国两会上，建设国家生态文明先行示范区再次成为代表委员们热议的话题。这种示范区的建设和推进，同十八届三中全会关于生态文明建设的精神相承，而且将具有更多探索意义。

不久前，国家发改委、财政部等部委联合下发通知，未来成为示范区的地区，将率先探索编制自然资源资产负债表。

这将有助于我国摸清自然资源"家底"，甚至可能通过对领导干部实行自然资源资产离任审计，进而对环境保护乃至整体生态文明建设工作形成有效的倒逼机制。

示范区或可破解编制难题

"成为国家生态文明先行示范区的地区率先探索编制自然资源资产负债表，不仅可行，而且具有天然的优势。"中国社会科学院财经战略研究院博士汤林闽表示。

原因是这些地区具有编制自然资源负债表的制度基础、管理基础及数据基础等。

汤林闽认为，目前来看，自然资源资产负债表的编制主要存在两大难点：一是如何确认纳入该表的自然资源资产；二是自然资源资产在表中如何进行列报和披露。

具体来说，第一个难点主要在于，按照现有核算方式或会计准则，自然资源并非都能够作为资产，或者不宜纳入资产负债表中。例如，在当前技术条件下无法开采的矿产资源，国民账户体系和企业会计中都不将其确认为资产。

第二个难点主要涉及对自然资源资产的合理估值。"这在国际上也是一个难点问题，很大程度上对自然资源资产负债表的编制形成了制约。即使同时采用实物计量和价值计量来列报和披露自然资源资产，也还需要考虑两种计量的结合与平衡问题。"汤林闽说。

在汤林闽看来，要破解上述两个难点，我国需要建立起一套自然资源资产负债表的编制标准或准则，示范区的建设可以提供这样的基础环境和探索经验。

财政部财政科学研究所财务会计研究室副研究员王晨明也有同感。她表示："要按照由简到繁、由易到难的工作原则，从开展试点着手，逐步建立自然资源资产负债表的编制方案框架和制度方法，通过试点论证，完善自然资源资产负债表编制方法。"

将表外资产纳入表内

我国传统国民经济核算体系中的自然资源实物量核算表只是将自然资源进行实物量统计，没有对其价值量进行量化，且对实物量的统计也十分粗略。

正是这种资源无价观念，使得那些不能为人类带来直接经济收益的自然资源资产和生态产品往往被排除在传统的资产负债表之外，在经济行为决策中也不被考虑，导致人们单纯追求经济增长，忽视了与自然的和谐共处。

北京中林资产评估有限公司生态景观价值评估中心主任景谦平认为，突破传统的资产确认条件，明确自然资源的资产属性，这是自然资源纳入资产负债表的前提条件。

同时，他指出："需要对现有财务、统计制度进行改革，同时必须充分发挥资产评估的价值计量功能，对自然资源资产进行价值量化。"中国审计学会环境审计专业委员会顾问张以宽、北京鑫正泰会计师事务所有限责任公司主任会计师方宇及其副主任会计师孙兴华等人建议，国家生态文明先行示范区要率先汇集绿色环保专家、财会专家等，成立《编制自然资源资产负债表，实行离任审计责任终身追究制》课题组，进行切合实际的创新研究试点；课题组要尽快起草《编制自然资源资产负债表指南》和《生态资源审计》，以便有据可循；探索编制的自然资源资产负债表，要将已经探明储量和政府目前持有的大部分自然资源列为本区主要生态资源科目，将对排污权、大气、水、土地、矿产、森林、绿化地、草原等设立核算科目。

另外，他们还建议课题组要结合自然资源资产负债表编制难点，本着集中力量、先易后难的原则，先选本区易计量的自然资源进行核算，如对排污权、水、土地、矿产、绿化地等科目进行取得数量及应支付货币资金的核算，形成初步的自然资源资产和负债，然后逐步再扩大核算范围，最终摸清"家底"。他们还建议人大代表提交《环保法修改增加生态环境审计议案》，为中国发展绿色经济摸清自然资源"家底"保驾护航。

　　（文章来源：（中国会计报记者）高红海，《编制自然资源资产负债表倒逼生态文明建设》，载于《中国会计报》2014 年 3 月 14 日第 2 版）

政府会计改革瞄准准则建立

"建立一套科学规范的政府会计准则体系，编制权责发生制的政府综合财务报告是政府会计改革的目标。"这是财政部会计司司长、中国会计学会副会长杨敏在日前于厦门召开的第三届"公共管理、公共财政与政府会计跨学科论坛"暨第五届"政府会计改革理论与实务研讨会"上提出的观点。

近年来，各界关于加快推进政府会计改革、建立能够真实反映政府资产负债等"家底"、成本费用等绩效以及预算执行情况的政府会计体系的呼声越来越高，十八届三中全会更是从全面深化改革的战略高度提出了建立权责发生制的政府综合财务报告制度的要求。同时，政府会计改革在加强公共资金管理、推进国家治理体系和治理能力现代化中所能发挥的重要作用，也使新时期政府会计改革势在必行。

杨敏说，近年来我国政府会计改革的研究和实践，为下一步建立政府会计准则体系、编制权责发生制的政府综合财务报告、全面深入推进政府会计领域的各项改革奠定了基础、培养了人才、探索了路子、积累了宝贵的经验。

在新的形势下，总结已有经验，调动一切积极力量，加快推进政府会计改革，建立和实施统一的权责发生制政府会计准则，及时、准确、完整地公开政府整体财务状况、运行情况及预算执行等信息，具有深远的现实意义，也是一项十分紧迫的政治任务。在日益全球化的今天，加快推进政府会计改革，也是提升政府财政透明度、展现国家良好形象、融入全球化竞争的必然趋势。

"关于政府会计改革的目标，已有的研究成果很多，说法也不尽一致，但共识度最高的一种结论是，编制以政府会计准则为基础的政府综合财务报告。"杨敏说，从世界各国政府会计改革的基本做法，以及我国政府会计改革的研究和实践经验来看，政府会计改革的基本路径是，从政府财务报告的基石——政府会计准则的建立入手，再由各级政府及其组成主体依据统一、规范的政府会计准则进行会计核算、编制财务报表。在此基础上，通过专门的会计方法和程序，合并形成真实、完整、准确的权责发生制的政府综合财务报告。此外，还要注意处理好财务会计与预算会计、总体规划与分步实施、当前与长远、立足国情与借鉴国际等方面的关系。

中国会计学会副会长、厦门大学副校长李建发表示，政府会计迎来了历史上最好的时期，十八届三中全会所作《决定》明确了政府会计改革的目标。他强调了试编权责发生制政府综合财务报告的重要性，但这方面工作仍存在改革准备不充分、报告内容不完整、报告方法不科学、报告依据不充分、报告基础不灵活、报告条件不具备、报告内容不公开等问题。

他认为，政府会计改革需要总体规划、顶层设计、先易后难、重点突破、逐步推进。

南开大学教授马蔡琛在报告中指出，目前试编权责发生制的政府综合财务报告好比"土法炼钢"，缺乏应有的编制基础和流程。无论国家和地方政府的资产负债表、政府综合财务报告，还是自然资源资产负债表，必须要根据一套统一的会计准则来产生。

东南大学教授陈志斌从国家治理的视角解析了政府会计概念框架。中南财经政法大学教授张琦阐述了政府会计系统的构建，并指出了政府预算会计系统和财务会计系统的设计难点。

会议期间，中国会计学会政府及非营利组织会计专业委员会召开了工作会议。

本次研讨会共收到论文55篇，广泛涉及政府预算制度改革、国家资产负债表、政府绩效评价、政府会计准则体系等主题。

（文章来源：（中国会计报记者）罗莎，《政府会计改革瞄准准则建立》，载于《中国会计报》2014年5月16日第1版）

期待地方编制权责发生制的政府综合财报

我国政府会计改革或再添动力。

在启动上海、浙江、广东等 10 省市地方政府债券自发自还试点之后，财政部近日又连续发布了《关于 2014 年地方政府债券自发自还试点信用评级工作的指导意见》和《关于 2014 年地方政府债券自发自还试点信息披露工作的指导意见》（下称《地方债信息披露指导意见》），分别对地方政府债券的信用评级和信息披露做出了进一步的细化规范。

近年来，我国地方政府性债务问题备受社会关注，十八届三中全会、中央经济工作会议也明确提出"建立以政府债券为主体的地方政府举债融资机制"。地方政府举债融资机制的形成，将有可能成为我国政府会计改革包括编制政府财务报告改革的重要动力。

编制政府财报为规范地方政府举债融资机制奠定基础

近日召开的中共中央政治局会议审议通过了《深化财税体制改革总体方案》，吹响了新一轮财税体制改革的进军号。

财政部部长楼继伟在解读深化财税体制改革总体方案时表示，地方政府债券自发自还试点还将继续扩大，同时要做好两项基础性工作，其中之一是推行权责发生制的政府综合财务报告制度，即编制政府的"资产负债表"，向社会公开政府家底。

目前，地方政府债务信息披露还主要局限于传统的财政预算管理信息，还未将政府综合财务报告也纳入信息披露范畴。

厦门国家会计学院高级讲师刘用铨分析，债权人最关心债务人的偿债能力。以企业偿债能力指标体系为例，其偿债能力指标包括经营活动现金净流量与负债比、经营活动现金净流量与到期债务比、经营活动现金流量比率、利息保障倍数、权益债务比率、负债结构比率、流动比率、速动比率、现金比率等指标。这些指标按照指标来源分为现金流量表指标、利润表指标和资产负债表指标，前两类指标属于流量指标，第三类指标属于存量指标。

而近日发布的《地方债信息披露指导意见》所要求披露的指标主要是流量指标，要求的存量指标较少。事实上，存量指标与流量指标对于分析债务人的偿债能力一样重要。

因此，刘用铨认为，地方政府债券发行信息披露需要增加诸如资产负债率等偿债能力存量指标，否则，那将难以充分、准确地揭示地方债券的风险，也难以准确地对地方政府债券进行科学的信用评级。

而计算、披露资产负债率等存量指标需要地方政府编制真实、透明、完整的政府资产负债表以及政府综合财务报告，以真实、完整反映一级政府资产、负债财务信息。

事实上，地方政府综合财务报告最重要的作用之一就是为规范地方政府举债融资机制奠定基础。

政府会计改革的重要动力

在很多业内人士看来，地方政府融资机制改革也是我国政府会计改革包括编制政府财务报告改革的重要动力。

政府会计和预算管理领域的国际知名学者、美国芝加哥伊利诺伊大学原会计系主任陈立齐表示，地方政府债券自发自还是我国地方政府融资机制的一次重要改革，它将增强债主及金融市场对发债政府的信息披露要求，因而有可能推动中国的政府会计改革。而有效实现这一可能的途径便是要求财务信息必须来自政府的采用权责发生制的会计制度。

陈立齐对美国政府会计进行了多年的深入研究，他告诉记者，美国各个州管理本州内的地方政府的会计和财务报告，编制和披露政府财务报告是发行地方债的必要条件之一。从20世纪70年代以来，评级机构将财务报告的质量作为影响评级的因素之一。于是，守法和争取好评级成为美国地方政府改革会计和财务报告的主要动机。

虽然十八届三中全会所作《决定》明确提出要建立权责发生制的政府综合财务报告制度，并为政府会计改革指明了目标和方向，但是，要实现这个目标，还有一个循序渐进的过程。如今，地方政府融资机制将是推动政府会计改革的一次重要契机。

地方政府债券信用评级和信息披露是地方政府债券管理的重要基础。近日，财政部发布了关于信用评级和信息披露的文件，而满足文件的相关要求则可以增加发债的地方政府的透明度。不过，陈立齐表示，如果相关文件能够直接要求发债地方政府编制和及时发布政府财务报表，那就更好。

陈立齐认为，最有效推动地方政府编制财务报告的方法就是将其列为发债的条件之一，另外一个方法就是将财务报告的编制和质量与信用评级挂钩起来。

厦门大学副校长、中国会计学会政府及非营利组织会计专业委员会主任李建发在接受记者采访时表示，我国政府会计改革思路要总体规划，顶层设计，先易后难，重点突破，逐步推进。

政府会计要先预算后财务、会计，先单位后政府，先地方后中央。财务报告要先内后外，循序渐进；先单位、部门层面，再推进到政府层面。

如此来看，推动发债地方编制权责发生制的政府综合财报将有助于我国政府会计改革的推进。

（文章来源：（中国会计报记者）罗晶晶，《期待地方编制权责发生制的政府综合财报》，载于《中国会计报》2014 年 7 月 25 日第 12 版）

第二部分　新预算法与政府会计

新预算法加快政府会计制度
向权责发生制过渡

十年磨一剑，新《预算法》的出台更近一步。近日召开的十二届全国人大常委会第十次会议正对预算法修正案草案进行第四次审议。

与之相随，政府会计制度也已真正进入改革时间。

新《预算法》最大的亮点是将"强化预算约束"补充入立法宗旨，确立了四本预算的全口径预算体系，即一般公共预算、政府性基金预算、国有资本经营预算以及社会保险基金预算。但全口径预算体系的执行还需要政府会计制度改革的配合。也就是说，只有实现政府会计制度向权责发生制过渡，才能令全口径预算管理不打折扣。

中央财经大学财政学院教授白彦锋在受访时表示，构建全口径的预算体系有助于社会公众全面了解政府收支行为，一方面可避免"只见树木不见森林"的"一管之见"，另一方面也有助于减少重复计算，从而还原政府财政收支的"原貌"。

中国社会科学院财经战略研究院财政研究室主任杨志勇表示，全面规范、公开透明的预算改革，必须建立在"全口径预算"的基础之上。

另外，省级政府必须要让中央全部了解其"全口径预算"。因此，我国"全口径预算"的全面实现依然任重道远。

财政部财政科学研究所副研究员王晨明认为，实现"全口径预算"、强化预算约束，与政府会计改革密切相关。这些目标的实现，尚需政府会计改革予以配套，尤其是需要构建政府会计准则及综合财务报告制度体系。

十八届三中全会所作《决定》给出的解决方案就是推行权责发生制的政府综合财务报告制度，向社会公开政府家底。

现行以收付实现制为基础的预算会计制度重点反映政府资产资源流量信息的情况，而以权责发生制为基础的政府财务会计能更为全面地反映政府资产资源的流量和存量信息，比如可以反映政府财务资源的米源渠道及用途，即形成什么资产和债务，结转结余情况怎样，产生了怎样的结果和效果，政府成本和绩效情况如何等，从而对财务资源进行较好的管理和监督。

此次《预算法》的修订，与中央决定的财税体制改革总体方案衔接较好，将成为对推动改革具有全局性影响的一部重要法律。随着全面深化改革的推进，新《预算法》或将很快获得通过并推进实施，这势必将加速推进政府会计制度改革进度，倒逼政府会计制度的完善。

事实上，此次预算法修正案做出的诸多明确规定，必将为反映和核算政府预算管理和监督活动的政府会计领域改革指明方向，甚至引发政府会计领域的深度变革。

"单一推行一项改革的成效并不大。当前，统筹推进《预算法》和《会计法》的修订，深化预算与政府会计改革，特别是构建权责发生制的政府综合财务报告制度，也将推动和保障新《预算法》的有效落实，进而助力全面深化改革。"王晨明说。

据悉，财政部正就拟订权责发生制政府综合财务报告制度改革方案征求意见。与此同时，作为编制政府综合财务报告基石的政府会计准则的起草工作，也正在进行中。

（文章来源：(中国会计报记者) 高红海，《新〈预算法〉加快政府会计制度向权责发生制过渡》，载于《中国会计报》2014 年 8 月 29 日第 1 版）

政府会计改革将迈出更为实质性步伐

财政部当前正就拟定权责发生制政府综合财务报告制度改革方案征求意见，并酝酿制定政府会计准则。这些都是攸关政府会计改革进程的核心举措。随着近日新《预算法》的面世，其方向变得更加明确，并将迈出更为实质性的步伐。

"这是因为随着相关方案的逐步清晰，下一步政府会计改革将有明确的顶层设计、责任部门、时间表等，加之有强有力的法律保障，这势必对加快政府会计改革形成强大推动力。"财政部财政科学研究所副研究员王晨明说。

大环境越来越有利于政府会计改革

其实，针对政府会计改革的相关研究已开展多年，并形成了很多较为成熟的成果，但囿于各种因素，政府会计改革此前推进的时机尚不成熟，推进的步伐也不是很快。

近年来，社会和经济环境越来越有利于推进政府会计改革。

"当下，大的社会和经济环境需要更多关于政府的财务信息，比如地方债、转移支付、三公经费等方面的信息。财务信息的生成自然需要会计。随着信息需求的不断增加，政府作为信息供给方就必须结合中国的实际国情和信息需求进行信息的供给。也就是通过标准化的政府会计准则对业务事项进行确认、计量、记录、报告，帮助管理层进行决策，同时满足社会公众的信息需求。"王晨明说。

与此同时，随着新《预算法》对预算管理提出更高的要求，作为预算管理抓手的会计须予以配合，并按会计的逻辑，也就是做到标准先行，建立相应的政府会计准则体系，明确政府会计的主体、目标、核算基础、会计要素和信息质量要求等，特别是明确政府的资产、负债、收入、费用等会计要素的确认、计量、记录和报告等。

"比如全国每年的转移支付资金量大，需进一步规范。另外，现实中有大量地方政府性债务。此次《预算法》对转移支付和地方债的主体、方式、规模、范围、程序等都做出了明确规定。"中国社会科学院财经战略研究院财政研究室主任杨志勇说，全面规范、公开透明的预算改革，必须建立在"全口径预算"的基础之上，有了这些明确要求，政府会计方面就要细化相应的会计安排。

权责发生制政府综合财报制度改革亟待推进

社会对政府会计信息的需求日益扩大，尤其是对政府资产资源存量信息的需求越来越大，这就亟需扩大权责发生制在政府会计核算中的运用范围。

北京工商大学会计学博士生导师杨有红表示，从政府层面看，权责发生制政府综合财务报告有利于反映政府的受托责任履行情况和履行效果，有利于政府相关部门通过对经济政策和经济环境的研判正确预测收支情况，从而服务于国家的宏观调控。道理很简单，无论是反映过程还是预测未来，权责发生制会计都优于收付实现制会计。

从行政事业单位自身来看，权责发生制政府综合财务报告也有利于真实反映担负国家特殊行政事业任务的单位所拥有的经济资源以及资产的利用效果，对行政事业单位固定资产计提折旧就是一个很好的例子。

在王晨明看来，这方面的推进工作正有条不紊地进行。"当前，北京、上海、天津、浙江、四川等很多省市已陆续开展了试编权责发生制政府综合财务报告工作，并取得了一些经验。尽管目前是根据报表调整生成权责发生制的政府综合财务报告，但这已经是一个很大的进步。"王晨明表示，在核算层面运用权责发生制进行确认、计量、记录、披露并生成政府综合财务报告，更有助于管理层进行决策及提高管理效能。但考虑到现实国情，在此前长期运用收付实现制的情况下，先转而求其次，将各部门收付实现制的报表汇总起来进行调整，形成修正的权责发生制政府综合财务报告，待时机成熟后逐步实现在核算层面运用权责发生制，形成较为全面的权责发生制政府综合财务报告，这也是一个有效的推进路径。同时，国际上也有不少国家是采用这种方式编制权责发生制政府综合财务报告的。

杨有红也表示，这几年的局部试点的做法是基本上不改变日常的核算系统，而只是在年终进行调整。权责发生制政府综合财务报告制度建立和实施要求解决以下难点：建立一套集要素与报表体系高度相容、科目设置、核算口径、核算流程、计量手段、编报方法为一体的会计标准体系；在权责发生制政府综合财务报告制度实施前全面梳理政府债权债务，对以往以历史成本计量的所有资产进行价值核实，为旧制度向新制度过渡提供技术支持；培训财会人员和预算管理人员，在权责发生制政府综合财务报告制度实施之前确保所有相关人员的胜任能力。

也就是说，随着财政部拟定中的权责发生制政府综合财务报告制度改革方案的逐步明确，权责发生制的运用范围、程度及报告生成和披露形式等也将逐步清晰，从而实现实质性的推进。

政府会计准则将加快制定

说到政府会计改革，自然离不开当前热议的政府会计准则的制定。据了解，财政部当前正拟设置专门的政府会计准则委员会，协调推进相关的工作。

杨有红表示，西方国家通常不采用准则和制度并用的形式。

通常而言，会计准则规范的是会计确认、计量、报告，但科目设置、核算流程、将账户数据转化为报表项目中的数据等内容都是制度规范的内容。在我国政府会计改革初期，采取准则与制度并行的方式，符合我国会计工作实际，有利于在现有体系向权责发生制政府综合财务报告过渡中保证会计信息的质量。但是，与我国企业会计改革一样，将来随着政府会计准则体系的健全，权责发生制政府综合财务报告必然要建立在政府会计准则基础之上。

可以想见，权责发生制政府综合财务报告制度改革方案逐步明确后，必然会对政府会计改革进行通盘部署，其中自然会涉及对政府会计准则制定的要求。而政府会计准则作为编制政府综合财务报告的标准，也必然会在其概念框架中明确权责发生制的运用，并在有关具体准则和应用指南中对建立什么样的权责发生制政府综合财务报告、编报主体是谁、权责发生制运用程度如何、报告的内容有哪些、编制的原则是什么、以什么方式报告、给哪些对象看等进行明确。

权责发生制政府综合财务报告制度与政府会计准则这两方面必然相互促进，共同推进政府会计改革走向深入。

（文章来源：（中国会计报记者）高红海，《政府会计改革将迈出更为实质性步伐》，载于《中国会计报》2014 年 9 月 5 日第 1 版）

新预算法将引发一场政府财务
信息全面公开的变革

在历时 10 年的预算法修订终于落定之后，我国政府会计改革无疑将提速。

这部素有"经济宪法"之称的预算法备受瞩目，是因为其服役 20 年后的首次大修将为我国未来的多项改革定调，其中就包括提出多年的政府会计改革。

其中，预算法中突出强调的预算公开将引发一场政府财务信息公开的变革，为政府会计改革铺路。

从根本上打破政府发布财务信息的传统观念

"预算法的修订恰似一张多米诺骨牌，它将从法律层面进一步提升政府信息公开的程度，引发一场政府财务信息全面公开的变革。"中南财经政法大学政府会计研究所教授张琦说。

新预算法在第一条就明确要"建立健全全面规范、公开透明的预算制度"，这就传递出一个信号，即进一步提升财政透明度，这就要求建立健全信息披露体系。

而且，新预算法在第十四条明确：经本级政府财政部门批复的部门预算、决算及报表，应当在批复后二十日内由各部门向社会公开，并对部门预算、决算中机关运行经费的安排、使用情况等重要事项作出说明。

现代预算最本质的特征是透明，从这次新预算法来看，预算的公开透明无疑将是未来的重点。

自 2008 年国务院发布《中华人民共和国政府信息公开条例》之后，中央各部委启动了公开预决算、"三公"经费等方面信息的相关工作，并且越来越细化。

这表明了政府的一种姿态。但是，预决算、"三公"经费等信息不是政府财务信息的全部。

如今，在公开预决算、"三公"经费几年之后，将预算公开写入"经济宪法"中，无疑从根本上打破了政府发布财务信息的传统观念，并使其接受了公开的理念。

财政部长楼继伟在十二届全国人大常委会第十次会议闭幕后的新闻发布会上表示，新预算法做了一些约束，最重要的约束就是预算必须完整，然后必须公开。除涉密信息之外，原则上都要公开。"公开是最好的阳光"。

而且，我国在2013年第一次实现了全口径的预算公开，这次新预算法规定实行全口径预算管理，包括四本预算，即一般公共预算、政府性基金预算、国有资本经营预算和社会保险基金预算，都必须公开。

张琦认为，预算公开只是政府财务信息公开的一个维度，它将引发更广泛的财务信息公开，包括政府资产、负债以及成本等权责发生制信息的全面公开，这就对我国政府会计改革有重大的促进作用。

预算公开需要载体，而载体正是一套完整的会计核算系统及其会计报表体系。未来，社会公众需要政府提供的将不只是资产负债表，而是包括资产负债表在内的全套数据。

政府综合财报将从幕后走向台前

新预算法第九十七条进一步明确："各级政府财政部门应当按年度编制以权责发生制为基础的政府综合财务报告，报告政府整体财务状况、运行情况和财政中长期可持续性，报本级人民代表大会常务委员会备案。"山东大学管理学院副教授路军伟表示，此项规定明确了以权责发生制为基础的政府综合财务报告公开的对象，这意味着，原来主要体现预算管理部门对预算会计信息的需求，现在则不局限于上级政府和财政部门等预算管理部门对预算会计信息的需求，同时明确了政府综合财务报告应向同级人民代表大会公开，这一点非常重要。

其实，完全以预算管理为主要取向的会计系统难以满足要求，需要变革。

虽然政府会计学界早就提出政府综合财务报告的信息使用者应是公众及人大代表，但这仅为学术观点，没有法律依据，这样在政府会计改革中就会遇到很多现实问题。比如，大家会自然认为政府综合财务报告的使用者首先是债权人。

如今，新预算法中明确了政府综合财务报告要报本级人民代表大会常务委员会备案，相关问题也就迎刃而解了。

由于会考虑人民代表大会常务委员会对其的使用，后续研究制定的政府综合财务报告等方面的规章制度，或许会有所不同。

路军伟认为，公开是第一步，政府综合财务报告报本级人民代表大会常务委员会备案后，就意味着政府会计信息将从幕后走向台前。

"公开将促进监督，在监督之下，政府综合财务报告将会进入一个持续优化的轨道，这将是长期利好。"路军伟说。

（文章来源：（中国会计报记者）罗晶晶，《新预算法将引发一场政府财务信息全面公开的变革》，载于《中国会计报》2014 年 9 月 19 日第 8 版）

会计改革护航预算公开

《预算法》刚刚完成了20年来的首次大修，并将于2015年起正式实施。毫无疑问，新《预算法》与国家财税体制改革的方向紧密结合在一起，而其中的一个重要亮点在于首次对预算公开做出了明确的规定。

财政部部长楼继伟在日前详解新《预算法》时表示，将预算公开实践成果总结入法，形成刚性的法律约束，是《预算法》修改的重要进步，有利于确保人民群众知情权、参与权和监督权，提升财政管理水平，从源头上预防和治理腐败。

这意味着预算公开这一要求从现在开始有了法律层面上的依据和保障，而与之对应的会计改革则是护航预算公开踏实落地的重要手段。

会计改革将愈加精细

事实上，此次新《预算法》对预算公开的全面规定都预示着下一步政府会计改革的方向。与原《预算法》相比，新《预算法》第14条对预算公开的范围、主体、时限等提出明确具体的要求，对转移支付、政府债务、机关运行经费等社会高度关注事项要求公开作出说明，并在第92条中规定了违反预算公开规范的法律责任。

记者通过采访了解到，目前社会高度关注的预算信息在很大程度上还未能通过会计得到反映。以政府债务为例，目前政府的债务信息仍然是统计口径下的信息反映，只是根据零散的信息进行汇总和分类，对此，会计上目前还没有深度跟进。

"既然现阶段已引入了债务的概念，且其在会计要素中得以体现，那么，下一步在会计计量的基础、标准以及披露的口径等多个方面就都需要及时地跟进。而反映的程度则需根据信息需要者的要求以及能提供的数据质量两方面共同决定。从长期来看，包括养老金债务和或有债务等多种更加细化的事项都需进行进一步的公开。"一位地方会计管理部门负责人这样告诉记者。

另外，楼继伟在此前新《预算法》审议通过后答记者问时提到，要减少专项转移支付比重。那么，与会计相关的收入如何确认、时点如何判断、权责如何匹配等问题，都需在接下来的会计工作中予以进一步的明确。

与此同时，社会公众较为关注的机关运行经费在此次新《预算法》中也有具体规定。财政部财政科学研究所副研究员王晨明在接受采访时表示，机关运行经费的公开体现出了国家对预算成本控制的要求，信息的公开在满足公众知情权的同时，可以为今后年度经费的管理和控制起到决策支撑作用。因此，相关的会计处理应当体现出一定的成本效益原则，并建立相应的成本考评的指标体系。同时，与预算信息公开相关的范围、口径、标准也都应与会计制度相衔接。

一方面，预算公开本身对下一步政府会计改革提出了更加细化的要求，而另一方面，"看不懂"作为预算公开的另一个问题也需将相关的会计处理做得更为精细。

新《预算法》第32条、37条、46条等多处对预算不够细化的问题作出了明确规定，其中重点强调今后各级预算支出要按其功能和经济性质分类编制。记者了解到，功能性的预算体现了支出的具体职能，经济性的预算体现了支出的用途。

王晨明认为，不同的分类在会计核算的科目上应更加细化。

"信息公开是一项系统工程。预算管理与会计管理是紧密相连的。

预算支出的经济性和功能性分类应对应到会计账目体系中的科目，通过具体核算后最终编制和生成财务报告。这意味着，会计明细科目的标准以及核算都需要进一步精细化。"王晨明说。

相应的会计准则和制度同时需要跟进

事实上，预算公开这一要求本身就需要相关会计准则和制度的建设来保障，进而使上述执行层面的内容能得以落地实施。对于预算公开而言，公开的内容和时限都已有了法律层面的规定，而信息公开需要载体，几乎所有的受访专家均认为，这一载体就是权责发生制的政府综合财务报告。

而作为政府综合财务报告制度建设的基石，政府会计准则同样需要在下一步的制定过程中及时跟进。王晨明认为，政府会计准则下一步亟需建立起完整的概念框架体系，尤其需要明确政府主体的概念。她表示，在这样一个明确的主体范围基础之上才能够形成财务报告的主体，进而可以讨论财务报告中纳入哪些会计要素、机关运行经费是否需要建立单独的财务报表等更加细化的内容。

王晨明表示，今后会计准则和制度的设计需要更加精细化和更加透明。"预算有前瞻性和引领性。要落实预算公开的问题，会计是必备的手段和核心，能起到会计控制的作用。今后，作为通用性语言的会计准则更需标准化，形成公开透明的信息披露制度，从而形成良性的信息披露机制以助力整个政府管理。这是下一步政府会计整体改革的核心思路。"

（文章来源：（中国会计报记者）刘安天，《会计改革护航预算公开》，载于《中国会计报》2014 年9 月 19 日第 1 版）

新预算法提升政府会计对
预算管理的支撑力

新《预算法》落定之后，必将有力推动我国新一轮财税体制改革的进程，其中就包括政府会计改革。

需要一套完备的政府会计体系

"新《预算法》提升了政府会计对预算管理在技术层面与方法层面的支撑。"中央财经大学财经研究院院长、教授王雍君表示，新《预算法》中对预算管理的规定需要权责发生制的政府会计制度进行支持。

预算管理有3个基本目标：一是要实现财政的可持续性。二是对资源进行合理配置。三是进行绩效评价，明确投入产出关系。王雍君说，要实现这3个基本目标，都需要对现有的政府会计制度进行改革。

其一，要实现财政的可持续性，主要是保证政府有能力清偿到期债务。这需要政府对其财务状况做出合理评估。

其二，要对资源进行合理配置，就需要对各种用途、各地的资源型优先性进行排序，掌握资源配置的轻重缓急。这就需要编制的政府财务报告中能够提供完全成本信息，从而使政府掌握政策成本。

王雍君举例说，比如制定涨工资的政策，这项政策会造成未来每年工资基数增加，而不只是影响一年，这样一来，有可能出现现金流短缺的情况。所以，政府需要在了解公民需求是否迫切以及满足公民需求的成本情况下，才能更科学合理地做出决策。

显然，收付实现制下的现金成本不能为政府提供政策决策的支撑，因为资产损耗、利息等没有纳入成本进行核算，这样就会低估成本，导致政策紊乱。

其三，实现绩效评价，就是要评估政府公共服务成本，以目前收付实现制为基础的会计制度仍然无法满足对公共成本服务的要求。

新《预算法》加大了预算的公开性，增强了预算的全面性，提出了预算执行的绩效要求，这些变化是今后预算管理改革的主要原则。为保障这些原则的落实，必须要有一套完备的政府会计体系与之相适应。

明确引入权责发生制

中南财经政法大学教授王金秀认为，会计是控制预算执行过程、实现政府预算管理的技术手段，政府会计核算必须体现政府预算管理及其改革的需要，政府会计基础以及有关会计科目、核算内容也应该体现预算管理的要求，其中，政府会计基础是关键。

新《预算法》中，有两处直接提到权责发生制。

一处是第五十八条："各级预算的收入和支出实行收付实现制。特定事项按照国务院的规定实行权责发生制的有关情况，应当向本级人民代表大会常务委员会报告"。

另一处是第九十七条："各级政府财政部门应当按年度编制以权责发生制为基础的政府综合财务报告，报告政府整体财务状况、运行情况和财政中长期可持续性，报本级人民代表大会常务委员会备案"。

以收付实现制为基础的会计适合处理实际发生现金流量的交易，以权责发生制为基础的会计除了处理现金交易以外，还可以处理资产和负债，尤其是可以提供政府活动的成本、费用和绩效的信息。

王金秀表示，要将会计基础和政府预算管理结合起来考察，收付实现制适合核算当期预算收支活动的执行情况，便于实现传统的投入式预算模式，推动预算收支的"合规"管理。权责发生制可以提供以往的和当期预算资金积累形成的资产和负债等财务信息，为评估公共部门活动的完全成本和绩效提供适当框架，这不仅有利于结果取向的预算"绩效"管理的发展，更有利于政府预算公共化、透明化进程的改革需求。

显然，新《预算法》明确引入权责发生制，为推进下一步的政府会计改革、构建一套完备的可以支撑预算管理的政府会计体系指明了方向。

关于新《预算法》第五十八条中的"特定事项按照国务院的规定实行权责发生制"，王雍君解释，"特定事项"主要包括三项：一是转移支付。例如，若中央对地方安排的转移支付在年初尚未支付，用权责发生制来表达就更准确，因为现金收付制对此则无法及时进行反映。二是隐匿性活动。如行政事业单位创收部分。三是以后会逐步涉及的准财政活动，比如担保等会形成一些或有负债。

　　当然，王雍君同时希望下一步能对预算会计作出更为明确的规定。比如，现在的预算会计还不能逐笔、全程、实时地记录公款的流动，他希望以后能够解决这个问题。

　　（文章来源：（中国会计报记者）罗晶晶，《新预算法提升政府会计对预算管理的支撑力》，载于《中国会计报》2014 年 9 月 26 日第 7 版）

跨年度预算需政府会计改革配合

新《预算法》由原来的 79 条增加至 101 条，改动共计 82 处。这其中，跨年度预算平衡机制是此次预算制度改革的重点之一。

实际上，跨年度预算平衡机制早在十八届三中全会审议通过的《中共中央关于全面深化改革若干重大问题的决定》中就已被提出，而同时被提到的还有"建立权责发生制的政府综合财务报告制度"。

这说明，建立跨年度预算平衡机制需要政府会计改革的配合。

专家指出，建立跨年度预算平衡机制背后的深层含义在于将逐步引入中期预算框架，在编制年度预算的同时编制 3 年或 5 年滚动预算，实现年度预算与中期预算的统筹规划和有机衔接，由年度平衡扩展到周期性平衡，从而提高预算的前瞻性和连续性。

"跨越"会计时间节点

十余年磨一剑，跨越三届人大、历经四次审核的《预算法》在这次修订后能有多锋锐，令人满怀期待。

政府预算收入和支出"怎么分"是个技术问题，这就涉及预算会计制度。但在现行会计制度下，资产、债务以及一些应付款项、应收款项，都难以在预算中得到反映，这让社会期待的"全口径"预算难以真正实现。而通过这次修订，我国预算管理将完全实现"全口径"和"跨年度平衡"。

财政部部长楼继伟表示，预算制度改革中对预算控制方式进行了创新。建立跨年度预算平衡机制，让支出预算变得更加硬化、刚性，而收入预算则从约束性转向预期性，收入管理更强调依法征收、应收尽收。这从法律上切断了超收收入和结余资金随意转化为支出的可能性，增强了年度预算的约束力。

财政部财政科学研究所副所长白景明分析说，跨年度预算平衡机制就是将年度预算审核重点由收支平衡转到支出政策上，收入预算从任务改为预期，预算确定的收支平衡状态在执行中有可能被打破。为确保财政的可持续，就要建立跨年度预算平衡机制。

这也意味着，跨年度预算平衡机制的推行对政府会计改革将提出更高要求。

一张政府预算表中左边收入、右边支出，收入和支出一一对应，由于我国一直实行年度预算体制，是纯粹从会计记账的角度来操作，到了时间节点就牢牢卡死，这样的话，政府的收入情况、支出情况在某些程度上会"扭曲"实际情况。

事实上，虚列或少列预算支出都严重违背了会计真实性原则，在财政预算年终决算时提供错误、不实的预算收支信息，不利于决策部门进行重大决策，也严重削弱了预算的严肃性。

"年度预算更多关注'资金'而不是'政策'，很容易使政府只考虑年度收支安排，有多少钱花多少钱，不利于长远规划财政资源和收支政策。建立跨年度预算平衡机制，对长期以来实行的'量入为出、收支平衡'原则提出了新的要求。"白景明表示。

"以政府土地出让收入为例，有可能政府招商流程都走完了，却没有收到资金，就跨年了。从会计角度看，这是递延收入的概念。

之前的制度相对模糊，这就造成前后两年重复将收入计入的情况。由于土地出让收入金额数量较大，计入的那年的预算收入势必就会增多。但通过跨年度预算平衡机制，打破会计时间节点的界限，以项目和流程来操作，从政府会计角度来做分析，这样的话，时间是连续的，也可以把收入和支出放在原来该放的地方，还原了收入和支出，让收入和支出达成完全对应。"一位地方会计管理部门负责人举例说明了这背后的意义。

会计制度需向权责发生制过渡

在采访过程中，多位专家表示，预算制度改革急切需要政府会计制度改革的配合。

光大证券首席经济学家徐高认为，目前，总预算会计核算以收付实现制为基础，换句话说，财政部每月公布的财政收支数据就是当期实际发生的财政收入和支出现金数额。

"政府会计是预算资金收支的完整细化记录，既反映现金流量状况，也反映资产、负债状况。

与收付实现制相比，权责发生制能更为广泛地反映政府受托理财的努力程度和运营绩效，更真实地反映政府财务活动情况和财务状况。"南开大学会计系副教授陆宇建强调。

简言之，要建立跨年度预算平衡机制，必须改成权责发生制才有实际意义。

与收付实现制相比，权责发生制更强调效率，将更好地反映政府行为，是中国政府会计制度的改革方向，但中国现阶段难以立刻转为完全的权责发生制，仍需循序渐进。

事实上，北京、江苏等地方都提出要探索跨年度预算平衡机制，同时，也有很多地区开始试点编制权责发生制的政府债务报告。

陆宇建建议，应结合中国的实际条件，在现行收付实现制的基础上，先部分引入权责发生制，再逐步向比较完善的权责发生制过渡。可以通过制定相应的会计核算补充规定的方式来解决现实中难以操作的问题，如建立适当的固定资产折旧方法；对跨期收支的业务，在相关科目中部分推行权责发生制。在现行反映预算收支情况及结果的预算会计报表或财政收支决策报告的基础上，构建能全面反映公共部门财务状况、公共资金使用情况和政府性受托情况的综合财务报告。

（文章来源：(中国会计报记者) 肖祯，《跨年度预算需政府会计改革配合》，载于《中国会计报》2014 年 9 月 26 日第 1 版）

地方债管理推动政府财报
制度建立进程

有"经济宪法"之称的《预算法》首次修改备受关注。新《预算法》清晰、明确地折射出国家下一步财税体制改革方向，同时也对政府会计的改革指明了方向，而这其中至关重要的一点就是建立起权责发生制的政府综合财务报告制度。

另外，新《预算法》对地方政府债务管理的首次明确规定或许将成为建立政府综合财务报告制度的强力催化剂。

地方债管理需求最为强烈

新《预算法》中针对地方债管理的相关规定体现在第 35 条和第 94 条中，其从举债主体、用途、规模、方式、监督制约机制和法律责任等多方面做了规定。财政部部长楼继伟在此前详解新《预算法》时指出，目前地方政府债务风险虽总体可控，但大多数债务未纳入预算管理，脱离中央和同级人大监督，局部存风险隐患。而此次预算法的修改从法律上解决了地方政府债务"怎么借、怎么用、怎么还"等问题。

从现状看，目前地方债的管理仍存在一定的缺位，使得上述问题的解决失去了某种基础。

东南大学经管学院财务与会计系主任陈志斌认为，地方债管理有 3 方面的问题：第一，借债主体多元化。目前有政府直接作为借债主体的，有政府通过企业平台或融资平台借债的，也有政府承诺形成隐性负债的；第二，融资方式多样化，有银行贷款，有发行政府债券，有政府承诺形成的转移支付；第三，获取负债规模弹性化。现行地方债的界线不清、总额主要靠统计或估测，不但不同单位反映出来的地方债总量和规模相差比较大，更严重的是数据不准确，给国家相关决策带来困难。

中南财经政法大学政府会计研究所所长张琦将上述问题总结为债务的边界界定不够清楚。他表示，此次新《预算法》对地方债管理的有关规定从实质意义上说是以资本市场市政债券替代融资平台债，这使得政府债务显性化且制度化了，这对国家从宏观层面加以控制提供了有利条件，也使得会计的确认和计量更加方便。同时，债务显性化之后，相应的政府会计准则也会及时跟进。

陈志斌认为，国家要求地方政府编制政府综合财务报告从客观上对政府会计改革提出了要求，势必推动我国政府会计的发展。政府会计的建立和健全为编制政府综合财务报告奠定了基础，为有效解决好地方政府债务的借、管、还问题提供了最有价值的工具之一。

中国人民大学商学院会计系教授林钢表示，下一步针对地方债管理的政府会计改革最首要的一点是引入权责发生制的记账基础。"权责发生制是真正了解政府财务状况的记账基础。具体到债务，目前隐性债务在报表中难以体现，而采用了权责发生制之后，所有的债务形式都会得到规范，只要政府承担了责任，其在报表中就能够体现出来。"在这个基础之上的政府综合财务报告能够更加完整地反映出政府债务。陈志斌表示，目前新《预算法》已经对政府债务的举债主体、举债方式和债务用途作出了明确的规定，这不但给地方债无序扩张进行了约束，而且有利于将地方政府债务明晰化。加上政府会计体系的建设，这势必将地方政府负债边界模糊状态引渡到边界清晰状态，使其由地下隐性状态转变为显性状态、数量混乱状态过渡到客观准确状态。编制政府财务报告比单纯的统计能够更加科学、客观和准确地反映出政府债务的规模和数量。

重点关注用途和偿债能力

实际上，新《预算法》中对政府债务管理规定的最大亮点在于对举债用途做出了唯一的规定。

新《预算法》第35条规定："举借的债务应当有偿还计划和稳定的偿还资金来源，只能用于公益性资本支出，不得用于经常性支出。"张琦认为，地方政府举债用途此次作为重点被写进新《预算法》中，其背后的深层次意义一方面是政府在避免地方政府债务风险，另一方面是要解决地方财政资金不足的问题，要把这笔钱用在刀刃上。

"我们看到，新《预算法》中地方债务职能用于公益性资本支出的这一规定，是一个规避地方债务风险的保障机制。因为用于公益性支出的债务不是消耗性的支出，通常是基础设施建设等项目，最终会形成资产，从而不影响地方政府的资产负债率。

这一规定其实并不是在盲目地在扩大政府债务，而是通过对举债用途的规定，很好地约束了债务风险。"张琦说。

事实上，举债用途的规范化是政府债务责任的一种体现。在此前，政府负有担保责任的债务很难在报表中得以体现。而未来通过发行债券、银行借款等形式而形成的债务是可以通过会计核算体现在报表中的。举债用途和形式的规定是对政府作为举债主体所要承担具体责任的一次有效规范。而这对于编制政府综合财务报告而言具有很大的促进作用。

陈志斌表示，除了上述政府负有直接举债责任的债务之外，此前政府通过平台公司和企业举借的债务实际上也是政府负债，这些债务在政府综合财务报告中也应该有所体现。"要按照政府在整个投资中所占比重，对这些企业的负债在财务报告中进行反映。也就是说，我们的政府资产负债表不仅仅反映政府本身作为举债主体所举借的债务，还要包括实际控制、控股公司所举借的债务按照股份比例或责任比重应负担的部分。"陈志斌说。

另一方面，受访专家还提到在政府综合财报中应当体现出政府的偿债能力。林钢表示，会计不仅是记账，也有管理职能和监督职能。而偿债能力在财报中予以体现，就是会计在行使管理和监督的职能。

张琦表示，在政府综合财报中，除了负债之外，体现偿债能力最重要的是资产，财务报表中需要对资产进行合理的确认。没有资产，偿债能力和风险反映是不全面的。

陈志斌表示，依据健全的政府会计体系编制的政府综合财务报告能清晰地反映一级政府的资产负债状况，这不但有利于客观分析一级政府的偿债能力，而且能客观地分析一级政府的资产结构、负债结构、净资产结构以及资产与负债的期限结构、币别匹配结构等，科学地、客观地考察政府的持续融资能力和债务风险状态，提高财政的精细化管理能力，提升政府公共管理水平和政府治理能力。

（文章来源：（中国会计报记者）刘安天，《地方债管理推动政府财报制度建立进程》，载于《中国会计报》2014 年 10 月 10 日第 1 版）

新预算法为政府会计体系
奠定法律地位

新《预算法》的修订不仅涉及预算管理的变革，还为以权责发生制为基础的政府会计体系奠定了法律地位，对我国的政府会计改革具有指引作用。

明确编制权责发生制的综合财务报告

"在政府会计改革方面，西方发达国家已经探索多年。如今，新《预算法》为以权责发生制为基础的政府会计体系奠定了法律地位，对我国的政府会计改革具有指引作用。"中国石油大学（华东）财务与会计系副教授刘福东表示。

从内容来看，新《预算法》突出体现了公共预算管理的受托责任导向。公共受托责任的完全解除，要求政府不仅要履行好行为受托责任，即要"把事情做好"，而且要对履行职责结果进行披露，即"把事情的结果"报告出来。前者更多要求政府优化预算管理过程，是"过程观"；后者要求全面披露政府预算管理的效率、效果等情况，更多体现为"结果观"。

刘福东认为，两者结合，构成闭环管理，使得预算管理的动态性、可持续性得到保障，而且信息披露的广度、深度和方式等在一定程度上反映了财政民主的发展水平。从技术角度分析，新《预算法》有利于政府将预算会计与政府财务会计结合起来，为政府配置资源提供更为全面的会计技术支持。

事实上，新《预算法》第九十七条恰恰明确了"各级政府财政部门应当按年度编制以权责发生制为基础的政府综合财务报告，报告政府整体财务状况、运行情况和财政中长期可持续性，报本级人民代表大会常务委员会备案"。

山东大学管理学院副教授路军伟表示，从内容来看，新《预算法》对会计信息的需求实际上超越了预算管理。

其中，新《预算法》要求报告政府整体财务状况，而且它对地方政府负债的举债主体和规模做出了规定。对此，刘福东认为，这是对政府财务要素全面性、完整性的尊重。

在过去一段时期内，对于政府债务的计量、确认和报告等技术环节，没有完善的法律依据和技术规范，政府财政风险隐性化。"此次新《预算法》在一定程度上使政府债务问题得到官方认可，为地方政府债务的会计处理和风险控制提供了法律依据。"刘福东说。

此外，新《预算法》要求报告政府整体的运行情况，这主要体现在政府收入支出表、政府收入费用表的编制方面。刘福东认为，如果从技术发展的角度前瞻，从财政管理精细化出发，财政管理与具体公共活动的联系将更为紧密，未来应该采用合理的方式计算行政成本并进行披露。"掌握严格的会计意义上的政府成本，对于衡量政府绩效具有重要意义，这应该也是未来政府会计改革的命题。"刘福东说。

新《预算法》还要求报告政府的财政可持续性，路军伟表示，这要求通过确认、计量、记录和报告等一系列会计程序，将政府所控制的资源、承担的支付义务以及收入、支出和赤字情况纳入核算和披露范围，反映在政府的综合财务报告之中，并与其他宏观信息一起用于评估政府财政的可持续性。显然，收付实现制的会计制度无法满足这一要求。

为政府会计改革留有空间

新《预算法》的第九十七条内容，实际上要求披露的内容已经不局限于政府的年度预算收支信息。

路军伟表示，一方面，虽然关于政府综合财务报告披露的内容相对比较模糊，没有指明报表体系由具体哪些报表构成，但是，这也体现了灵活性，比如用资产负债表反映政府整体财务状况，用收入费用表等反映政府的运行情况，用其他报表从不同角度反映政府的中长期可持续性，"这就为政府会计改革留有空间。"另一方面，会计反映过去，现有财务状况基于现在的税基，未来政府能否维持整体运转要依据权责发生制的会计信息。会计信息不可或缺，管理者要依据现有的会计财务信息来讨论分析财政的可持续性问题。"但是，不能单纯依靠会计信息来判断财政的中长期可持续性问题，它与宏观经济还有很密切的关系。"路军伟说。

欧洲财政危机让政府一度陷入困境，美国政府也曾出现停摆。地方债的风险也让我国财政可持续性成为关注焦点。因此，规范地方债相关管理将成为政府会计改革的突破口。

业内人士普遍认为，地方债问题将成为一种刺激因素，对政府编制权责发生制的综合财务报告提出需求，因此，政府会计改革将会提速。

财政部部长楼继伟近日表示，中央层面需按照新预算法确定的原则及授权，抓紧修订预算法实施条例，研究制定财政转移支付、财政资金支付、政府债务管理、政府综合财务报告等方面的规章制度。

路军伟建议，在编制权责发生制的政府综合财务报告之后，应该引入审计，形成事后审查和稽核机制，以确保会计报表生成过程的规范性，确保政府综合财务报告是严格按照政府会计准则来编制的。

（文章来源：（中国会计报记者）罗晶晶，《新预算法为政府会计体系奠定法律地位》，载于《中国会计报》2014 年 10 月 17 日第 11 版）

新《预算法》"落地"亟待
政府会计跟进

2015 年的脚步越来越近，肩负护航深化财税体制改革使命的新《预算法》，亦将步入"落地"时刻。

细观新《预算法》，我们不禁惊叹于其对公众关注热点回应的全面，譬如实行全口径预算、规范专项转移支付、"预算公开"入法、严格债务管理、贯穿"绩效"理念等；我们也更惊喜于其对财政预算改革的顶层设计所作的一些衔接性规定，这为下一步改革留出法律空间。譬如改进年度预算控制方式、建立跨年度预算平衡机制、编制权责发生制政府综合财务报告。

而这些举措的落地实施，都对提供核算支撑的政府会计提出了更新更高的要求。这些要求不仅是技术上的，也是观念上的。尤以编制权责发生制政府综合财务报告更具基础作用，更引人关注。

建立权责发生制政府综合财务报告制度是十八届三中全会作出的一项重要部署，是国家治理体系和治理能力现代化的重要基础，是建立现代财政管理制度的必然要求。

新《预算法》对此予以落实和强调，其重要意义体现为"两个转变"，即由预算会计向财务会计转变、由决算报告向综合财务报告转变。

长期以来，政府财务管理工作以预算会计为主体，仅反映预算管理资金的收支情况。编制政府综合财务报告则要求政府更加注重政府财务会计，从而全面清晰地反映政府资产负债、收入费用和运行成本等信息。

而且，政府会计由收付实现制向权责发生制转变，则将政府预算管理的主线从预算编制和执行延伸到资产管理和绩效管理，并通过政府成本会计核算推动预算编制的精细度和准确度，形成一个综合、联动、有序的循环机制，并能全面、完整、系统地反映一级政府的财政财务状况，向社会各界提供更为大众化、更通俗易懂的政府履职能力情况。

　　预算工作要求越高，对政府会计的支撑期望就越大，就越需要夯实政府会计技术基础。当前，业内对于尽快出台政府会计准则的呼声就是例证。

　　政府会计准则是编制政府财务报告的基础，直接决定了政府财务报告的数据质量。当务之急，是要尽快出台政府会计准则，构建政府会计准则体系。

　　更具体地说，就是要建立包括基本准则、具体准则、应用指南等在内的政府会计准则体系。尤以加快出台基本准则最为紧迫。

　　作为加快政府会计改革步伐的两大核心举措，制定权责发生制政府综合财务报告制度改革方案和建设政府会计准则体系愈显迫切。

　　一方面，随着权责发生制政府综合财务报告制度改革方案的逐步明确，其必然会对政府会计改革进行通盘部署，其中自然会涉及对政府会计准则制定的要求。另一方面，政府会计准则作为编制政府综合财务报告的标准，也必然会在其概念框架中明确权责发生制的运用，并在有关具体准则和应用指南中对建立什么样的权责发生制政府综合财务报告、编报主体是谁、报告的内容有哪些、编制的原则是什么、以什么方式报告、给哪些对象看等进行明确。

　　权责发生制政府综合财务报告制度与政府会计准则这两方面必然相互促进，共同推进政府会计改革走向深入。

　　从这样的意义上说，新《预算法》"落地"意味着政府会计改革步伐即将加快，更意味着政府会计在专业技术上即将获得更大突破。两者相辅相成。让我们拭目以待。

　　（文章来源：（中国会计报记者）高红海，《新〈预算法〉"落地"亟待政府会计跟进》，载于《中国会计报》2014 年 12 月 26 日第 1 版）

第三部分　制度制定与修订

新《行政单位财务规则》
2013 年起全面实施

执行了 15 年之久的原《行政单位财务规则》即将被废止。

在财政部日前发布的《行政单位财务规则》中，绩效管理、内部控制、负债等字眼的出现让人眼前一亮。业内人士认为，这些新鲜的字眼从点滴中折射出新《行政单位财务规则》中的现代企业管理理念。

据了解，执行了 15 年之久的原《行政单位财务规则》早已不适应当下的社会经济发展环境。

2013 年 1 月 1 日起施行的新《行政单位财务规则》将彻底改变这一现状。

绩效管理成为财务管理的重要组成部分

相比原规则，新规则在基本维持原规则结构的基础上，作了全面修改补充，并将预算绩效管理作为行政单位财务管理的主要任务之一，提出建立健全财务管理制度，实施预算绩效管理，加强对行政单位财务活动的控制和监督。

作为一名一线行政单位财务人员和全国会计领军人才，水利部松辽水利委员会财务处处长任红梅说，财务管理从传统管理向现代管理迈进，绩效评价管理是一个重要标志，财政资金绩效管理已经成为政府绩效管理的重要组成部分。

"新规则第二十三条将绩效管理明确为财务管理的组成部分，这是未来财政资金管理的导向。"任红梅说。

"绩效管理理念的引入是此次新规则的一大亮点。这一导向既是财政部推行的科学化、精细化管理理念的一种体现，也符合当下政府会计改革的整体趋势。"财政部财政科学研究所财务会计研究室副研究员王晨明说，行政事业单位与企业的本质目标是有差异的，但在管理的范畴内，管理的方法、技术及理念等都是共通的。新规则中如绩效管理等现代企业管理理念的引入，反映出新时代背景下，行政单位科学化理财及科学化运筹的趋势。

内部控制和负债首次被引入

内部控制也同样在新规则中有所体现。

对此，任红梅表示，今后，"以绩效管理为导向、以内部控制（风险防控）为核心、以全员理财为方法"的新型财务管理模式将逐步建立。

王晨明则注意到新规则中加入了财务监督的内容。她告诉记者，监督职能隶属于内控框架体系，新规则强调了财务监督工作要贯穿事前、事中、事后，体现了过程管理的思路，包括监督职能具体落实到的预算管理、收入管理、支出管理等各个环节。

"这种过程管理，是对单位的资源、资金状况的一种主动控制，有助于最大程度地防范风险。"王晨明说道。

财政部有关方面负责人告诉记者，新规则首次引入了负债的概念，并规范了应缴款项管理，强调应缴款项应是行政单位依法取得的应上缴财政的资金。

在王晨明看来，负债概念的引入意义重大。"即便行政单位不存在破产的情况，仍有必要对行政单位的债务进行核算和披露。从长期角度来看，这些负债都是风险。"他说。

王晨明分析，新规则还明确了行政单位的定位，规定行政单位不得举借债务，不得对外提供担保。

充实资产管理内容

未来，基建投资项目将纳入统一管理，新规则明确了"在建工程"是行政单位的一类资产，基建项目要编制竣工决算、基建投资项目财务管理要执行本规则。

"这些规定将多年来分散的资金管理整合在一个体系中，体现了单位财务管理的完整性。"任红梅说。

对比新、旧规则可以发现，对于资产管理的基本任务，新规则首先增加了资产的内容，把在建工程和无形资产纳入到资产范畴，又提出了配置、盘点、处置、投资等具体规定，这些条款为扭转多年来行政单位重资金轻资产的管理现状提出了要求。

除此之外，新规则对无形资产的规定，也为行政单位维护知识产权和国有土地使用权起到了很好的促进作用。

《行政单位会计制度》即将出台

上述财政部有关方面负责人还表示，下一步，一是要尽快组织好新规则的学习培训工作，指导各地方、各部门根据当地情况开展培训，保证新规则顺利实施。二是各级财政部门和行政单位要根据新规则，制定或者修订完善相关财务管理办法，贯彻落实新规则各项规定，不断提高行政单位财务管理的科学化、精细化水平和财政资金的使用效益。三是要抓紧制定新的《行政单位会计制度》和其他配套制度。

王晨明说，新规则出台对规范行政单位财务管理意义重大。而《行政单位会计制度》等配套制度的出台更能将新的财务管理理念落实到实际操作中，为行政单位会计人员的日常工作提供明确指向。

任红梅告诉记者，对于行政单位财务人员，新规则的内容并不陌生，一些规定已在实施，如预算、资产、绩效评价管理等。只要积极宣传和培训，新规则会很快被理解和接受。

（文章来源：(中国会计报记者) 惠赞瑾、于濛，《新〈行政单位财务规则〉明年起全面实施》，载于《中国会计报》2012 年 12 月 14 日第 1 版）

事业单位会计核算迎来新跨越

2013 年 1 月 1 日起，新的《事业单位会计准则》将正式实施。在财政体制改革和事业单位分类改革的大背景下，事业单位会计改革已经成为一个迫在眉睫的热点问题。

这也意味着广大事业单位将告别实施长达 15 年之久的现行准则，其会计核算水平将实现新的跨越，并将为未来政府会计改革做好铺垫。

引入权责发生制方面迈出重要一步

在新准则中，权责发生制的引入程度非常值得关注。

中南财经政法大学政府会计研究所所长张琦表示，新准则提出，事业单位会计核算一般采用收付实现制；部分经济业务或者事项采用权责发生制核算的，行业事业单位会计核算采用权责发生制的，由财政部在会计制度中具体规定。

目前，我国事业单位中有像医院这样类似于企业管理并强调成本管理的，也有像中小学校这样非常强调预算收支的，而新准则要对各种不同类型事业单位的信息需求都有所兼顾。

"引入权责发生制是新准则尝试性地走出了一步，这将对收付实现制下事业单位会计要素确认、计量的模式带来冲击，步子没有跨得太大也是必然的。"张琦说。

此外，"费用"的地位也有所明确。张琦表示，考虑到医院等采用权责发生制核算的行业事业单位，新准则更加合理地界定了会计要素，以"费用"替代"支出"，而在传统事业单位中，保留"支出"的要素也是合适的。

不仅如此，为了统一事业单位资产负债表的列报格式，便于信息使用者开展对事业单位财务状况、财务风险等的分析和评价，此次新准则借鉴了会计国际惯例和通行做法，将事业单位的资产和负债统一按流动性分为流动资产/负债和非流动资产/负债。相应地，将会计准则中的"对外投资"更进一步划分为"短期投资"和"长期投资"。

"从这些变化中不难看出，事业单位的报表体系与会计通行做法更加一致，与企业会计在报表的格式上也更加趋同了。"张琦说。

更多反映外部受托责任

事实上，随着各项财政改革以及事业单位体制改革的不断深化，现行会计准则和相关会计制度在诸多方面逐步暴露出一些不适应和不协调的地方。

与现行的准则相比，新准则有了较大的突破。对此，张琦表示，新准则针对事业单位会计核算中的突出问题，强化了对事业单位会计信息质量的要求，同时在确定准则的信息使用者时，不再仅仅局限于财政部门，而是将更广泛的信息使用者都纳入其中。

"新准则由过去的完全只注重财政预算的信息需求转向外部的受托责任。"张琦说。

新准则中明确提出，事业单位会计核算的目标是向会计信息使用者提供与事业单位财务状况、事业成果、预算执行等有关的会计信息，事业单位会计信息使用者包括政府及其有关部门、举办（上级）单位、债权人、事业单位自身和其他利益相关者。

作为一名一线行政单位财务人员，水利部松辽水利委员会财务处处长任红梅对此表示赞同："政府收支科目分类改革的一个目标，就是要让财务工作者之外的外行人，能够看得懂预算和决算报告和报表。会计信息的使用者往往不是会计。因此，对于如何反映受托责任的履行情况、如何向资源分配者和内部管理者提供决策有用且直观的会计信息，本准则做了规定。"任红梅还指出，提高会计信息质量也将满足当前政府绩效管理的需求。"财政资金绩效是政府绩效的组成部分，当前，财政部门正在积极推行财政资金绩效管理，还将出台绩效管理的'十二五'规划。绩效管理中，既有非财务指标，也有财务指标。提供完整、全面、直观的财务指标，是政府绩效管理对会计信息的要求。"另外，张琦还告诉记者，新准则在对原准则中可靠性、相关性、可比性、及时性、可理解性原则要求进行重新表述和排序的基础上，还增加了"全面性"要求，强调"将发生的各项经济业务或者事项统一纳入会计核算"，这确保了会计信息的完整性。

张琦说，"事业单位会计准则的修订，有利于提高事业单位会计信息质量，增强事业单位会计信息可比性，促进提升事业单位内部管理和决策水平，同时对促进事业单位财务会计信息公开具有重要意义。"

为政府会计改革埋下伏笔

可以说，政府会计改革一直处于箭在弦上的状态。此次新准则的实施，也为下一步政府会计改革埋下伏笔。

张琦告诉记者，新准则还明确了各会计要素确认计量的一般原则，特别是针对各会计制度中接受捐赠、无偿划拨等资产计量口径不统一、不明确以及实际执行中资产不入账等问题，新准则明确了对不支付对价情况下取得资产的计量原则，要求在没有相关凭据、同类或类似资产的市场价格也无法可靠取得的情况下，将所取得的资产按照名义金额入账。

"对无对价取得资产的计量问题作出明确规定，既有利于提高会计信息的可比性，又便于确保资产及时入账，通过资产的账实核对进一步加强事业单位的国有资产管理。"张琦说。

在张琦看来，作为会计改革的一个排头兵和试金石，新准则这一步的跨出对未来更广泛的政府会计改革具有借鉴意义，无论是费用概念的提出、折旧摊销的引入、资产的计价，还是信息使用者范围的扩大，都为未来政府会计改革做了很好的铺垫。

"这都透露出我国公共部门的会计改革的必然趋势，将由传统的仅关注预算管理目标逐渐向预算管理目标、财务管理目标、成本管理目标等多元化的目标去转变。"张琦说。

（文章来源：（中国会计报记者）惠赞瑾，《事业单位会计核算迎来新跨越》，载于《中国会计报》2012 年 12 月 21 日第 1 版）

新《事业单位会计制度》2013 年起执行

根据《事业单位会计准则》，财政部日前修订发布了《事业单位会计制度》，自 2013 年 1 月 1 日起全面施行。此举意在适应财政改革和事业单位财务管理改革的需要，进一步规范事业单位会计核算。

据了解，早在 2007 年，财政部就启动了对 1997 年发布的《事业单位会计制度》的修订研究工作，在适当借鉴国际经验并充分考虑我国事业单位实际情况的基础上，起草了《事业单位会计制度》修订初稿，并不断修改完善。

财政部会计司有关负责人说，新《制度》篇幅长达近 5 万字，通过详细规定会计科目使用及财务报表编制，较为全面地规范了事业单位经济业务或者事项的确认、计量、记录和报告。该制度实现了与《事业单位财务规则》和相关财政改革及法规政策的较好协调，既继承了原《制度》的合理内容，又体现了若干重大突破和创新。

据了解，与原《制度》相比较，新《制度》主要有八大方面的变化：一是配套新增了与国库集中支付、政府收支分类、部门预算、国有资产管理等财政改革相关的会计核算内容；二是创新引入了"虚提"固定资产折旧和无形资产摊销；三是明确规定了基建数据定期并入事业单位会计"大账"；四是着力加强了对财政投入资金的会计核算；五是进一步规范了非财政补助结转、结余及其分配的会计核算；六是突出强化了资产的计价和入账管理；七是全面完善了会计科目体系和会计科目使用说明；八是系统改进了财务报表结构和体系。

上述改革举措兼顾了事业单位财务、预算、资产、成本等方面管理的需要，将促使事业单位的财务状况、事业成果、预算执行情况得到更为全面、真实、合理的反映，对于事业单位加强科学化精细化管理、提升财务管理水平将发挥积极作用。

（文章来源：（中国会计报记者）李一硕，《新〈事业单位会计制度〉明年起执行》，载于《中国会计报》2012 年 12 月 28 日第 1 版）

修订中小学校会计制度正当其时

几乎在《高等学校会计制度（修订）（征求意见稿）》发布的同时，新版《中小学校会计制度（修订）（征求意见稿）》也于日前出炉。

可以说，教育事业的迅猛发展加速了学校会计制度的改革进程。2012年，我国财政性教育经费支出21994亿元，占国内生产总值4%以上。教育投入不断加大，需要进一步规范中小学校的会计行为，加强教育资金的有效管理，提高中小学校会计信息质量。

在加快推进政府会计改革尤其是行政事业单位会计改革步伐的同时，财政部对已经实施15年的中小学校会计制度进行修订，意义凸显。

体现义务教育政策导向

一个让人印象深刻的关键点是，这次制度修订充分体现了中小学校义务教育政策导向。尤其是遵循《事业单位财务规则》、《事业单位会计制度》，并与《中小学校财务制度》相衔接，这样一来，征求意见稿既体现了最新的事业单位预算管理要求和会计核算理念，又充分体现了中小学校的特点。

近年来，中小学校义务教育相关政策不断出台完善，社会关注度也不断提高。《中华人民共和国义务教育法》规定，义务教育学校经费需求全额纳入政府财政保障范围。按照《中小学校财务制度》的规定，义务教育阶段不得从事经营活动，不得对外投资、举借债务、提取修购基金等。

与此相适应，征求意见稿通过在相关会计科目上加以标注，区分义务教育阶段中小学校可以使用和不得使用的会计科目，以体现有关规定。

"这是让我印象最为深刻的进步。"新疆艺术学院财务处处长张慧说，"征求意见稿更加突出义务教育核算，在原制度中，各科目和业务都没有区分义务教育与非义务教育，而新制度对义务教育和非义务教育科目使用和适用范围都进行了界定。新制度也体现了义务教育阶段的全额财政支持。"在中国气象局财务核算中心副处长周欣看来，新制度从义务教育的角度，做了更规范的规定，例如，明确规定某些科目在义务教育阶段不能使用，这对规范中小学校的义务教育起到了很大的作用。从具体的会计科目来看，征求意见稿通过在相关会计科目上进行标注，以体现有关政策规定。

张慧也举了几个令她印象深刻的例子。例如，"专用基金"科目下设置"修购基金"（非义务教育阶段使用），新增"经营收入"、"经营支出"、"经营结余"科目，用以核算费义务教育阶段中小学校在教育教学及辅助活动之外开展非独立经营活动取得的收入、支出及其结余。

值得一提的是，征求意见稿还取消了"拨入专款"、"专款支出"科目。"这是一项非常贴合实际的规定。这样一来，学校老师就可以避开科研方面的工作，一心一意教书育人，以免脱离义务教育的宗旨。"周欣认为。

进一步强调成本核算

与刚出台的《高等学校会计制度（修订）（征求意见稿）》有异曲同工之处，新版中小学会计制度的征求意见稿也进一步强调成本核算，并对其进行了细化。

"培养一个学生的成本到底是多少？由哪些部分构成？中小学会计制度的特色应该在成本核算上。这一方面的问题，社会上反映也比较多。"周欣认为社会大众都有这样的疑问。

的确，目前，中小学教育成本与高校教育成本都深受关注。

尤其是，按原有制度，义务教育阶段的教育成本数据难以准确区分和核算，国家在制定政策和向社会公众报告时都缺乏数据。

值得欣慰的是，这次制度对义务教育和非义务教育阶段科目的使用提出了明确要求，应加强中小学校成本核算尤其是义务教育阶段的成本核算。

然而，中华女子学院财务处处长毛绮认为，中小学校的成本核算需要细化，但目前直接推进可能有难度。因为目前中小学校发展不均衡，大部分中小学校主体功能还是义务教育，不像高校还有科研和部分社会服务职能，因此可以根据自身或地区需求选择是否细化成本。

"可以结合各地会计核算水平和管理需求，逐步提出细化要求。"毛绮说。

另外，新制度还实现了基建会计与中小学校财务会计的并轨整合。征求意见稿增设了"在建工程"科目及其明细科目，要求中小学校基本建设在按照国家有关规定单独建账、单独核算的同时，至少按月并入"在建工程"科目反映。

总体来说，众多业内人士认为，征求意见稿很好地回应了当前中小学校预算管理和会计核算的新需求。随着今年义务教育经费的持续增长，义务教育经费的使用内容不断丰富，各种保障机制日渐完善。

"例如，义务教育的'两免一补'、校舍维修、配套设施管理、教师工资保障机制、营养餐、食堂管理、校车管理等都是新内容，这些新内容要求有相应的会计核算，以适应财务管理的需要。"张慧举例说。

促进学校后勤社会化改革探索

抓人眼球的是，此次发布的新制度还明确了食堂核算方法等内容。

现在，不少中小学后勤服务改革滞后，勤杂工过多，且提供的服务质量低价格高，增加了财政负担和学生家长的负担。

在借鉴大学后勤服务社会化改革做法基础上，近些年来，中小学后勤服务改革也在大力推进，如组建社会化后勤服务机构，引入社会力量办食堂、浴室等。

但是，中小学校的这一变革，并未在财务会计制度中予以充分体现。例如，为加强中小学校财务管理和内部控制，此次征求意见稿明确规定中小学校食堂应并入学校大账，这项规定赢得一片叫好声。

对此，毛绮认为这项规定非常值得肯定："将食堂核算纳入大账，有助于明确掌握中小学食堂收支状况，有利于为国家义务教育阶段学生伙食补贴等政策出台提供数据支持。"自营食堂理所当然应该纳入大账，征求意见稿在这方面的规定更加规范。那么，众多的外包食堂该如何核算？纳入大账显然不现实，此次制度修订也充分考虑到了这个问题。

征求意见稿将中小学校食堂分为自营食堂和外包食堂，自营食堂伙食费收支净额应定期并入本校"非财政补助结转"科目，外包食堂伙食费通过"代管款项"科目核算，编制财务报表时，要求在会计报表附注中披露本食堂的会计报表。

记者了解到，对于将外包食堂收支纳入"代管款项"管理，其实很多高校的外包食堂也是这么核算和操作的。

目前，部分学校在午餐费收取等方面并不规范，这也成为很多家长关注的重点。"有时候这个月收了午餐费，下个月又不收了，再下一个月又一次性收很多，我们也算不清楚到底是怎么收费的，感觉比较混乱，应该是内部管理不规范造成的。"一位小学生家长这样告诉记者。

因此，周欣从内部控制的角度对此进行了分析，她认为，食堂并入大账有助于加强中小学校内部控制，因为如果不并入大账，学校就容易形成"小金库"。例如，如果有些食堂对外经营，就有可能有很多额外的收入。

另外，有业内人士认为，此次制度修订中对食堂核算的规定是学校后勤社会化改革探索的表现。

（文章来源：（中国会计报记者）宫莹，《编制政府资产负债表正当其时》，载于《中国会计报》2013 年 8 月 2 日第 1 版）

新版高校会计制度变化多

我国今年进入行业事业单位会计制度修订期。

日前，财政部发布《高等学校会计制度（修订）（征求意见稿）》。

与 1998 年版的《高等学校会计制度》相比，此次修订变化较大。这是继 2009 年和 2012 年之后，财政部第三次发布高校会计制度征求意见稿。

坚持政策间的协调

高校会计制度征求意见稿几经修订，终于出炉。

"该制度吸收、巩固了 2012 年事业单位一系列财务与会计改革的重大成果，立足高等学校行业特色，解决高等学校特殊会计问题，并与《高等学校财务制度》配套协调。"厦门国家会计学院讲师刘用铨如此总结。

我国事业单位种类繁多，不同行业事业单位具有其不同的行业特色，同时具有个性的财务管理与会计核算问题，所以在统一财务规则与会计制度基础上还需要制定立足行业特色的分行业财务制度和会计制度。

为此，征求意见稿遵循以《事业单位会计准则》为基本依据、与《高等学校财务制度》相协调、以《事业单位会计制度》为基础并体现高校特点等原则，充分地吸收、巩固 2012 年事业单位一系列财务与会计改革尤其是《事业单位会计制度》等诸多重大成果。

刘用铨表示，如征求意见稿新增与国库集中支付、政府收支分类、部门预算、国有资产管理等财政改革相关的会计核算内容；引入"虚提"固定资产折旧和无形资产摊销；明确基建数据定期并入高校会计"大账"；进一步规范非财政补助结转、结余及其分配的会计核算；全面完善会计科目体系和会计科目使用说明；系统改进财务报表结构和体系等，这些都是坚持政策之间相互协调的表现。

强调成本费用核算

《高等学校财务制度》最重要的特色就是专设"成本费用管理"一章，要求高校归集核算教育、科研、管理、离退休等各项费用，逐步细化成本核算，并要求建立成本费用与相关支出的核对机制。

这次征求意见稿统一将"事业支出"科目拆分为"教育事业支出"、"科研事业支出"、"行政管理支出"、"后勤保障支出"和"离退休支出"5个一级会计科目，分别进行核算和反映。

对此，北京科技大学经济管理学院讲师张曾莲告诉记者，这些支出信息是高校需要重点掌握的会计核算信息，可以满足高校的财务分析和管理方面的需要。

目前，高校要对固定资产、无形资产等做到精确折旧很困难。

但是，征求意见稿明确"累计折旧"、"累计摊销"应当按照所对应固定资产、无形资产的用途，设置"教育"、"科研"、"行政管理"、"后勤保障"、"经营"等明细科目，并按照所对应固定资产、无形资产的类别、项目等进行明细核算。

西北大学财务处副处长任君瑞认为，修订后的会计制度引入"虚提"固定资产折旧和无形资产摊销将使财务实际工作更具可操作性。另外，征求意见稿把基建纳入大账，这在一定程度上解决了资产不实的问题。而且，征求意见稿中对资产、负债类科目的设置，为成本费用核算提供了信息整合的途径，其虽然不能完全准确反映成本费用信息，但将为高校树立成本费用意识发挥良好的推动作用。

同时，为了让高校会计信息使用者更好地理解成本费用与支出之间的关系尤其是两者之间的差异，征求意见稿在高校财务报表体系中增加"支出与成本费用调节表"，将其作为收入支出表的附表，要求高等学校清晰反映教育、科研、行政管理、后勤保障、离退休等各项事业支出经调节计算形成各项权责发生制成本费用的情况。

刘用铨认为，这既有利于落实《高等学校财务制度》要求的高校"成本费用与相关支出核对机制"的建立，又可为高等学校分摊计算科研、教学成本提供口径一致、可供验证的基础数据。

满足实际需要

"这次征求意见稿契合实际，基本满足了高校的实际需要，抓准了高校会计核算工作的主要矛盾，让财务工作有了政策依据，期待尽快出台新版高等学校会计制度。"任君瑞表示。

近几年来，高校收入来源日益多元化，至少包括财政补助收入、教育事业收入、科研事业收入、经营收入等，对应地，高等学校支出来源也多元化。为此，征求意见稿调整了事业单位统一的收入支出表的格式。

任君瑞认为，报表调整之后反映的内容更加突出，以前的报表体系强调大收大支的概念，新的报表体系将能够反映各种不同来源的收、支和结转及结余情况，解决了经费来源信息不明的问题。

而且，征求意见稿在会计科目设置上也更加合理，如增加了会计科目"待处置资产损益"。"高校往来款项中经常有长期挂账而无法解决的问题，今后将能够更加准确地分析和反映债权情况。"任君瑞说。

记者了解到，近几年财政改革步伐大、内容多，但是，高校会计工作没有进行完整的、系统的调整，而是仅对某一方面的工作进行调整，致使系统操作起来不顺畅，衔接有些问题，很多高校财务人员反映，他们在实务工作中产生了很多困惑。

为此，征求意见稿就财政改革相关的内容新增了会计核算的内容，如新增"零余额账户用款额度"，将"应缴非税费"改为"应缴国库款"和"应缴财政专户款"，将"应付及暂存款"改为"应付职工薪酬"、应付票据、应付账款、预收账款、其他应付款 5 个科目。

表内反映符合财务管理体制要求

征求意见稿中明确"高等学校在编制财务报表时，应当将校内独立核算单位的会计信息纳入学校财务报表反映"，任君瑞认为，这明确了二级财务与一级财务在政策与核算技术方面的衔接。

以前，部分高校对二级财务实行集中核算、分级管理的体制，除了资金往来，二级单位的收支情况不会在一级财务中得到体现。在实际操作中已经发现了一些问题，很多高校正在考虑怎么加强。

　　随着征求意见稿对表内反映要求的提出，二级财务的会计核算将进一步符合高校财务管理体制上的要求。

　　征求意见稿虽然在财务报表中取消了原有的支出明细表，但目前高校预算管理基本采取项目管理的模式，项目管理更符合高校经费管理的规律，也有利于对预算执行情况的反映。

　　（文章来源：（中国会计报记者）罗晶晶，《新版高校会计制度变化多》，载于《中国会计报》2013年8月16日第1版）

科学事业单位会计制度迎来变革

与其他行业事业单位一样，科学事业单位会计制度也加快了修订的步伐。

日前，财政部发布《科学事业单位会计制度（征求意见稿）》，包括此前发布的《高等学校会计制度（征求意见稿)》、《中小学校会计制度（征求意见稿)》在内，在短短2个月内，财政部已经初步修订了3份行业事业单位会计制度，并面向社会征求意见。

事实上，在去年年底出台《事业单位会计准则》、《事业单位会计制度》后，财政部就一方面着手组织相关制度的培训，另一方面投入到行业事业单位会计制度的修订中。

遵循前后协调原则

科学事业单位会计制度征求意见稿是在事业单位系列准则、制度修订的背景下发布的。

厦门国家会计学院讲师刘用铨发现，征求意见稿具体修订内容的其中一类就是与一般事业单位会计相同或类似的会计核算改革，如征求意见稿遵循了《事业单位会计准则》，体现最新的事业单位预算管理要求和会计核算理念。

这一理念具体表现在新增在建工程核算内容、增设"待处置资产损溢"科目、新增固定资产折旧和无形资产摊销核算内容、删除专用基金中医疗基金和住房基金核算内容等。

同时，征求意见稿与此前发布的《科学事业单位财务制度》保持协调一致。另外，征求意见稿新增公共财政改革涉及的会计核算，适应财政改革新要求，满足了财务管理的新需要。

这具体表现在，征求意见稿中纳入了近年来国库集中支付、政府收支分类、部门预算、国有资产管理、财政拨款结转结余管理等公共财政改革的有关会计核算内容，主要涉及"零余额账户用款额度"、"财政应返还额度"、"应缴国库款"、"应缴财政专户款"、"应付职工薪酬"、"财政补助结转"、"财政补助结余"、"非财政补助结转"、"事业结余"、"经营结余"、"非财政补助结余分配"、"财政补助收入"等科目，在相关科目设置和使用上与《事业单位会计制度》基本一致。

北京市科学技术研究院财务处处长高越告诉记者，公共财政改革对科学事业单位的预算、决算要求都更加规范，这要求会计核算也要跟上步伐，这次征求意见稿可以说满足了单位的现实需求。

满足行业自身特殊需求

征求意见稿让业内人士颇为赞叹的是，对原制度中"科技产品"科目的核算进行了改进，并考虑到科技产品在科学事业单位的特殊性，采用了企业产品成本核算方式对科技产品成本进行核算。

高越说，这是一个质的变化，科技产品此前不按照产成品进行会计核算，现在则采用企业产品成本核算的方式进行核算，这可以确保科技产品成本数据真实、准确。

值得注意的是，征求意见稿同时明确无形资产计入成本核算。高越表示，这充分考虑到了科学事业单位的现实需求。例如，有的科学事业单位会出资成立公司专门负责科研产品成果转化，这些产品成果多为无形资产，且公司采取股权激励的方式。现在征求意见稿要求把无形资产也计入成本，那么，这些科研产品的初始成本也就可以相应得到明确，以便下一步进行股权激励。

另外，征求意见稿增设"待处置资产损溢"科目，"虚提"折旧和摊销的创新性处理方法，以及计提折旧和摊销时冲减非流动资产基金的安排，高越认为，这可以完整反映科学事业单位资产处置全过程以及待处置资产价值和处置收支等，可以真实、直观地反映单位当前固定资产价值，堵塞管理漏洞。如果要报废固定资产，现在可以清楚地予以核销后再报废。

刘用铨同时发现了征求意见稿中不同于一般事业单位会计但与医院会计、高等学校会计相同或类似的会计核算改革。

如删除修购基金中修购基金核算；细化事业收入科目的设置，将统一"事业收入"科目拆分为"科研项目收入"和"非科研事业收入"两个一级会计科目分别进行核算和反映；细化事业支出科目的设置，为了更清晰地反映科学事业单位支出结构，满足科学事业单位成本费用核算需要，将统一"事业支出"科目拆分为"科研项目支出"、"非科研事业支出"、"支撑业务支出"、"行政管理支出"、"后勤保障支出"和"离退休支出"6个一级会计科目分别进行核算和反映。

不过，在支出分类方面，高越认为单位可能很难区分行政管理支出和后勤保障支出，希望能够进一步明确区分标准，否则在实际操作过程中，财务人员可能会作出错误划分。

报表有增有调

征求意见稿结合科学事业单位的行业特点，充实了对科研项目的会计核算和内部成本费用管理要求，以加强规范化科学化信息化管理，同时在报表上也做了很多调整。

业内人士关注到，考虑到科学事业单位资金来源多元化，对不同来源的资金的管理和核算要求具有显著差异，于是，征求意见稿调整了收入支出表的格式，使之既能够反映科学事业单位收入总额和支出总额信息，又能够反映各种不同来源资金的收支和结转结余情况。

同时，征求意见稿增加支出与成本费用调节表，将其作为收入支出表的附表，要求科学事业单位清晰反映科研、非科研、行政管理、后勤保障、离退休等各项事业支出经调节计算形成各项权责发生制成本费用的情况。

高越对采用成本费用调节表这种报表方式表示赞同，不过，她认为，如果每个支出项都按照财政补助和非财政补助进行区分，然后再做明细科目，单位在取数方面可能有些难度。

此次征求意见稿具有改革性，科学事业单位会计核算明显偏向企业成本核算，在观念上有了很大转变。因此，尽管目前还在征求意见阶段，高越已经在考虑新制度出台后，可以进一步发布相关指南，明确与现行制度的衔接意见。她预见会计制度的革新，将会给现有财会人员带来一定挑战，同时也会为提高科学事业单位管理水平提供助推力。

（文章来源：《中国会计报记者》罗晶晶，《科学事业单位会计制度迎来变革》，载于《中国会计报》2013年9月13日第3版）

我国实质性加快行政事业单位
会计制度改革步伐

财政部正在密集出台行业事业单位会计制度征求意见稿。

继《事业单位会计准则》和《事业单位会计制度》发布后，在短短两个月内，财政部又先后出台高校、中小学和科学事业单位等三个行业事业单位会计制度征求意见稿。

"如此密集地出台行业事业单位会计制度征求意见稿，显然传递出一个强烈的信号，即我国行政事业单位会计制度的改革步伐正在实质性加快。"中南财经政法大学政府会计研究所所长张琦表示。

分行业重新梳理会计制度

考虑到所有事业单位具有包括社会公益性这个最本质特征在内的许多共同特征，同时具有共性的财务管理和会计核算问题，财政部制定了统一的《事业单位会计准则》、《事业单位财务规则》和《事业单位会计制度》。

但是，我国事业单位种类繁多，不同行业事业单位具有其不同的行业特色，相应地，也具有其个性的财务管理与会计核算问题。因此，我国在统一财务规则与会计制度基础上还需要制定立足行业特色的分行业财务制度和会计制度。

记者了解到，原高等学校、医院、科学事业单位、中小学校、地质勘探单位、测绘事业单位等行业实行行业会计制度。

2012 年年底，财政部先后发布中小学校、高等学校、科学事业单位、人口和计划生育事业单位、文物事业单位、体育事业单位、广播电视事业单位、文化事业单位等分行业财务制度。相应地，部分行业也要更新会计制度。

目前，《医院财务制度》和《医院会计制度》已经发布并实施。但是，相较于原行业财务制度体系，地质事业单位、测绘事业单位和农业事业单位不再单独制定行业事业单位财务制度。

厦门国家会计学院高级讲师、博士刘用铨告诉记者，这是因为事业单位实施分类体制改革后，原来的许多地质、测绘、农业事业单位多转制为企业，最终保留的一些行业事业单位与一般事业单位在财务管理与会计核算方面并无很多特殊之处。

"与行业财务制度调整相适应，地质、测绘、农业等行业事业单位会计制度将可能取消。"刘用铨说。

另外，根据原行业事业单位财务制度与会计制度体系，人口和计划生育事业单位、文物事业单位、体育事业单位、广播电视事业单位、文化事业单位都只规定分行业财务制度而无需再单独制定分行业会计制度，统一的事业单位会计制度就可以满足这些行业事业单位会计核算的需要。

目前，可以期待的就是在征求意见之后，财政部将出台新的《高等学校会计制度》、《中小学校会计制度》和《科学事业单位会计制度》。

反映资产负债和成本是趋势

"从财政部发布的《事业单位会计制度》以及高校、中小学、科学事业单位等行业事业单位会计制度征求意见稿来看，它们都表现出清楚反映单位资产、债务和成本的目标，这一明显变化也是改革趋势。"张琦说。

2000 年以来，我国在政府财政财务管理中推行部门预算、国库集中支付、政府采购、收支两条线、政府收支分类以及财政拨款结转和结余管理等一系列改革，这深刻地改变了事业单位传统财务管理流程，并对会计核算提出了新的内容和方法。

刘用铨说，尤其是财政拨款结转和结余管理改革将传统结余留用改为结转和结余按规定使用，彻底改变了传统结余资金性质，也要求事业单位净资产核算方法进行改革。财政科学化精细化管理改革要求事业单位更加精细化地划分事业收入和事业支出，"这尤其在高等学校、科学事业单位会计制度征求意见稿中得到充分体现，其中要求事业单位更加完整地核算和反映资产和负债等。"

另外，事业单位体制改革明确和强化事业单位公益属性，这就要求在加大公共服务财政投入的同时提高公共财政资金使用效益。

事业单位应当加强支出绩效管理，而绩效管理的重要基础是成本核算，所以，医院、高等学校和科学事业单位财务制度都专门增加"成本费用管理"一章，相应地，会计制度都要求"应当"虚提固定资产折旧并专门设计成本核算方法。

都将是"试金石"

从去年年底至今，财政部明显在加快行政事业单位会计制度的改革步伐。

在这些行业中，医院和高校是重头戏。医院更像企业，因而强调成本费用核算，而考虑到高校预算决算需要，其更强调资产、负债等。

张琦认为，无论是征求意见稿还是新制度，都是"试金石"，是为了发现还有哪些问题需要改进，以便为日后制定政府会计准则做准备，毕竟，分行业制定会计制度不是长久之计，它们最终还是要放到公共部门会计准则中去。

不少专家学者认为，我国目前还处在政府会计改革的量变阶段，等积累到一定程度之后，其才会从量变转向质变。而对于质变的标志，大家说法不一。有的认为会出台一套统一的政府会计准则，有的认为可能会以其他一些形式出现。

张琦说，虽然离质变阶段还有很长的路，但是，目前可以做些思考。例如，倘若出台政府会计基本准则，就要仔细考虑政府主体的界定。另外，还要考虑会计要素到底是五个要素还是八个要素，这将决定是否采用财务会计和预算会计双系统并行模式。

（文章来源：（中国会计报记者）罗晶晶，《我国实质性加快行政事业单位会计制度改革步伐》，载于《中国会计报》2013 年 10 月 11 日第 1 版）

彩票机构会计核算进一步迈向制度化

日前，财政部发布了《彩票机构会计制度（征求意见稿）》，自此，彩票机构即将拥有自己的行业会计制度。这也是继今年医院、高校、中小学校和科学事业单位之后，财政部再一次对行业事业单位出台会计制度征求意见稿。

此次征求意见稿的发布距最近一次财政部发布行业事业单位会计制度征求意见稿（即《科学事业单位会计制度（修订）（征求意见稿）》）仅仅一个月时间。业内专家表示，此举可以看作是我国行政事业单位会计制度改革的又一次提速，也预示着彩票机构的会计信息质量将有很大的提升。

"征求意见稿是我国会计制度改革的重要组成部分，我们可以看到，这个文件里面规定的包括'财政专户核拨资金结转'、'财政专户核拨资金结余'、'非财政专户核拨资金结转'、'非财政专户核拨资金结余分配'等科目的会计核算与公共财政改革的很多会计核算内容息息相关。"上述专家表示。

北京工商大学商学院会计系教授王仲兵表示，从更高层面来看，事业单位会计制度改革也是完善政府会计制度并编制政府资产负债表的基础，这有利于加快建立有统一标准的政府财务报告制度及有法定依据的审计制度。

彩票机构应该以此为基础构建会计核算体系。

近年来，我国的彩票市场一直呈快速增长之势。数据显示，2013年上半年，全国彩票共销售1497.09亿元，同比增长16%。而去年全年全国彩票的销售额突破了2000亿元大关。有专家预计，2015年全国彩票的市场规模将达到4000亿元以上。如此庞大的市场规模也催生了一条从研发到生产再到销售最后到服务的完整的彩票产业链。值得一提的是，彩票筹集了大量公益金有力地支持了社会公益事业和地方体育事业的发展。而这同时也意味着，彩票机构的会计行为需要进一步规范，并且会计信息的质量亟需提高。

　　某彩票管理中心一位财务负责人在接受采访时表示，我国彩票事业经过20多年的发展，目前市场规模已经相当庞大。彩票机构是事业单位，但是承担着彩票发行、销售和管理的职能，具有市场化企业的特征，这与一般事业单位承担的行政职能和社会服务职能有着很大的区别。

　　此前，彩票机构的会计核算执行的是《事业单位会计制度》。彩票作为一种"特殊商品"，其独特属性对彩票机构的财务管理、科目设置和会计核算有其特殊要求。"例如，彩票资金的收付与核算伴随着彩票发行销售业务的全过程，资金管理特别是彩票奖金的归集、分配、兑付、代扣代缴税金等管理都有其特殊性。"

　　因此，《事业单位会计制度》不能完全满足彩票机构的需要。

　　彩票机构的财务报告应当从彩票业务的角度，反映彩票机构财务状况和经营成果，对经营情况进行财务分析。这样做才能有利于主管部门和监管部门对彩票机构进行评价和考核，而统一的《彩票机构会计制度》将为此提供强有力的支撑和保障。

　　与此同时，此次征求意见稿与此前发布的《彩票机构财务管理办法》能够有效结合在一起。

　　上述负责人告诉记者："征求意见稿在科目设置、账务处理、会计核算、财务报表等方面都能较好地体现彩票机构和彩票业务的特点，贴近彩票发行销售的实际需要，会计信息将更加完整、准确，以适应彩票业务发展的需要，也体现了《彩票机构财务管理办法》对彩票机构财务管理的具体要求。"另一方面，与医院、学校、科学事业单位一样，彩票机构的会计制度也引入了权责发生制作为记账基础。王仲兵认为，总体而言，相比原制度，新制度更加匹配政府会计改革从传统收付实现制转向权责发生制的基本趋势，适当借鉴了企业会计准则并尽可能保持中立性。

　　"例如，新制度引入了固定资产折旧和无形资产摊销，对彩票机构真实反映资产消耗水平提出了统一要求，有利于强化资产科学化、精细化管理，也为公共产品或服务的成本核算提供了信息支持，实现了实物管理与价值管理相结合。"王仲兵说，"再如，新制度系统改进了财务报表体系。彩票机构财务报表由会计报表及其附注构成。会计报表包括资产负债表、收入支出表、财政专户核拨资金收入支出表以及相关附表。这使彩票机构财务报表体系更为完整、更为有用，更好地满足了财务管理、预算管理等多方面信息需求。"新制度的这些改变，无疑将极大促进彩票机构财务状况、事业成果、预算执行情况得到更为全面、真实、合理的反映，最终为彩票机构事权和支出责任相对应、预算透明及效率提高等提供评判基础。

　　（文章来源：（中国会计报记者）刘安天，《彩票机构会计核算进一步迈向制度化》，载于《中国会计报》2013 年 11 月 15 日第 1 版）

新行政单位会计制度 2014 年
1 月 1 日起执行

——"双分录"应用范围扩大

日前，财政部修订发布了《行政单位会计制度》，自 2014 年 1 月 1 日起全面施行。此举是为了适应公共财政改革和行政单位财务管理改革的需要，以进一步规范行政单位会计核算。

新颁布的《行政单位会计制度》通过完善会计科目和财务报表体系，详细规定会计科目使用和财务报表编制，较为全面地规范了行政单位经济业务或者事项的确认、计量、记录和报告。新制度既继承了原制度的合理内容，又体现了若干重大突破和创新。与原制度相比，新制度主要有十个方面的变化：一是会计核算目标进一步明晰。定位于满足行政单位预算管理和财务管理的双重需求，不仅要反映行政单位预算执行情况，也要反映行政单位财务状况。二是会计核算方法进一步改进。在原制度仅对固定资产核算采用"双分录"的基础上，进一步扩大了"双分录"的应用范围，以实现会计核算目标。三是更加完整地体现了财政改革对会计核算的要求。近年来为适应财政改革要求分别发布的会计核算补充规定统一体现在新制度中，这就更有利于促进财政改革深化。四是进一步充实了资产负债核算内容。将原制度中的资产负债科目进行细分，新增了无形资产、在建工程等会计科目，更好地满足财务管理需要。五是新增了行政单位直接负责管理的为社会提供公共服务资产的核算规定。增设"政府储备物资"、"公共基础设施"科目，单独核算反映为社会提供公共服务资产情况，与行政单位自用资产相区分，使会计信息反映更科学。六是增加固定资产折旧和无形资产摊销的会计处理。计提折旧和摊销时冲减相关净资产，在真实反映资产价值的同时，也为下一步核算反映行政成本奠定基础。七是解决了基建会计信息未在行政单位"大账"上反映的问题。基建会计信息要定期并入行政单位会计"大账"。八是进一步完善净资产核算。增设"资产基金"和"待偿债净资产"科目，主要反映非货币性资产和部分负债变动对净资产的影响，以便准确反映单位净资产状况。九是进一步规范单位收支会计核算。调整收支类会计科目设置，更好地满足财政预算管理要求。十是完善财务报表体系和结构。增加财政拨款收入支出表，改进资产负债表和收入支出表的结构和项目。

新《制度》的实施可以全面准确反映行政单位财务状况和预算执行情况，进一步提高会计信息质量，有利于贯彻落实《中共中央关于全面深化改革若干重大问题的决定》提出的"建立权责发生制的政府综合财务报告制度"要求，有利于贯彻落实《党政机关厉行节约反对浪费条例》关于"推进政府会计改革，进一步健全会计制度，准确核算机关运行经费，全面反映行政成本"的规定，对于深化公共财政管理改革、提升行政单位财务管理水平将发挥积极作用。

（文章来源：（中国会计报记者）李一硕，《新行政单位会计制度 2014 年 1 月 1 日起执行》，载于《中国会计报》2013 年 12 月 27 日第 1 版）

多个行业会计制度"大修"后施行

——确保新制度的全面贯彻落实是下一步的工作重点

财政部连续对行政事业单位会计制度进行全面、系统、综合的修订,并于 2014 年 1 月 1 日起施行。

为了适应财政预算改革和行业事业单位经济业务的发展,财政部此前对《高等学校会计制度》、《中小学校会计制度》、《科学事业单位会计制度》等行业事业单位会计制度进行了修订,并针对彩票行业制定了专门的《彩票机构会计制度》。

其中,《高等学校会计制度》的修订历时最长。财政部会计司有关负责人介绍,财政部早在 2009 年即启动了新制度修订研究工作并形成了修订初稿。2013 年年初,财政部又结合新修订的《高等学校财务制度》,对原来形成的会计制度修订初稿进行了修改,并最终在 2013 年 12 月 30 日发布新制度。

新版高校会计制度篇幅长达 5 万多字,其通过详细规定会计科目使用及财务报表编制,较为全面地规范了高校经济业务或事项的确认、计量、记录和报告。

上述负责人告诉记者,与原制度相比较,新版高校会计制度主要有九大方面的突破和创新:一是新增了与国库集中支付、政府收支分类、部门预算、国有资产管理等财政改革相关的会计核算内容;二是创新引入了"虚提"固定资产折旧;三是明确规定了基建投资业务相关数据定期并入高校会计"大账";四是进一步细化事业支出的分类和核算;五是统一要求将校内独立核算单位会计信息纳入高校年度财务报表反映;六是全面规范了财政补助结转结余、非财政补助结转结余及非财政补助结余分配的会计核算;七是突出强化了资产的计价和入账管理;八是全面完善了会计科目体系和账务处理规定;九是系统完善了财务报表体系。

简单来说,上述重大改革举措将促使高校的财务状况、事业成果、预算执行情况得到更为全面、真实、合理的反映，对于提升高校会计信息质量和财会管理水平、强化高校资金的科学化管理、促进高校健康可持续发展将发挥积极作用。

记者了解到，下一步，财政部将加强新制度的培训和宣传，督促高校做好新旧会计制度衔接和新制度的执行工作，确保全面贯彻落实好新制度。同时，财政部将密切跟踪新制度的施行情况，做好新制度执行中政策指导、答疑解释等工作。

"这次修订和发布的包括高等学校在内的四项行业事业单位会计制度与2012年年底修订的《事业单位会计准则》和《事业单位会计制度》改革成果保持一致，如其中的理论和方法。"厦门国家会计学院高级讲师刘用铨认为，经过2013年对《事业单位会计制度》的培训和宣传，上述四项制度的贯彻和实施会比较顺利。

行政事业单位会计制度的修订，引起业内人士广泛关注。有专业人士认为，财政管理改革使行政事业单位的资金、财务管理等流程发生变化，也对其会计核算提出了新的要求。同时，行政事业单位会计制度的修订为权责发生制的政府会计改革奠定了基础。

（文章来源：（中国会计报记者）罗晶晶，《多个行业会计制度大修后"施行"》，载于《中国会计报》2014年1月10日第2版）

四类事业单位会计制度 2014 年正式实施

2014 年 1 月 1 日起，四类事业单位会计制度新规正式实施。这是我国行政事业单位会计制度改革的又一次提速。

此前，财政部对《高等学校会计制度》、《中小学校会计制度》、《科学事业单位会计制度》等三个行业事业单位的会计制度进行了修订，并针对彩票行业制定了专门的《彩票机构会计制度》。

据了解，此次修订的高校、中小学校、科学事业单位等行业会计制度，对上述事业单位核算内容和会计科目等方面都进行了较大调整，对其预算管理、财务管理、会计核算、会计信息提供都提出了新的要求。

"这次修订的《高等学校会计制度》新增了与国库集中支付、政府收支分类、部门预算、国有资产管理等与财政改革相关的会计核算内容，进一步细化了事业支出的分类和核算，让高校支出的结构更为清晰明确，同时对高校的内部成本费用管理提供了信息支持，提高了高校会计信息的完整性和可比性。"西南财经大学财务处相关负责人告诉记者。

新的《中小学校会计制度》区分了义务教育阶段中小学校可以使用和不得使用的会计科目。曾参与该制度修订研讨工作的上海市教育局相关负责人表示，这样的修订可以使中小学校会计核算更加明确，对于教育经费管理起到积极的作用。

"新制度全面完善了中小学校会计科目体系和账务处理规定，更好地指导了一线会计人实务操作，优化了财务报表结构，进一步提高了财务报表的通用性和有用性。"上述负责人分析。

此前的科学事业单位的会计制度一直沿用 1998 年颁布的制度，但是近年来，我国科技体制改革不断深入，原制度已经不能适应新形势的要求。

对此，北京天文馆财务处相关负责人指出，由于科学事业单位资金来源多元化，新制度调整了收入支出表的格式，使之既能够反映科研事业单位收入总额和支出总额信息，又能够反映各种不同来源资金的收、支和结转结余情况。这对于科研事业单位会计信息使用者全面做出经济决策来说十分必要。

在彩票机构方面，我国彩票事业经过 20 多年的发展，市场规模相当庞大。此前，彩票机构的会计核算执行的是《事业单位会计制度》。但彩票的特殊性，让该制度不能与实际紧密结合。而新出台的《彩票机构会计制度》在规范彩票机构会计核算行为上有了更为明确、详实和全面的规定。

中国福利彩票财务管理处相关负责人告诉记者，新出台的制度在科目设置、账务处理、会计核算、财务报表等方面都能较好地体现彩票机构和彩票业务的特点，贴近彩票发行销售的实际需要，从而让会计信息更加真实、完整。

四类事业单位会计制度的修订，为政府会计改革奠定了基础，对于提高事业单位管理水平、改进公共服务的质量和效率、建设服务型政府具有重要意义。财政部会计司相关负责人强调，下一步，财政部将加强四项新制度的培训、宣传、督促执行以及政策指导、释疑解惑等工作。

（文章来源：（中国会计报记者）肖祯，《四类事业单位会计制度今年正式实施》，载于《中国会计报》2014 年 1 月 24 日第 1 版）

中小学校会计制度新规出台

2014 年 1 月 1 日起，我国中小学校开始实施新的会计制度。

日前，财政部修订并发布了《中小学校会计制度》。其中，新制度中关于对食堂的伙食费收支进行单独核算、区分义务教育与非义务教育核算等全新的内容都让业内人士印象深刻。

新规六大改革备受关注

据财政部会计司相关负责人介绍，新制度制定工作历经了调研起草、征求意见、模拟测试、修改完善及定稿印发等阶段，数易其稿。

与原制度相比，新制度主要在以下六个方面进行了改革：一是新增公共财政改革涉及的会计业务。新制度纳入了近年来国库集中支付、政府收支分类、部门预算、工资津贴补贴、国有资产管理、财政拨款结转结余管理等公共财政改革的有关会计核算内容。二是新增了在建工程核算内容，实现了基建会计与中小学校会计的并轨整合。三是增设了财政补助收入支出表，服务财政管理需要。四是对食堂的伙食费收支进行单独核算。五是将财政补助收入区分为公共财政预算拨款和政府性基金预算拨款，更加清晰全面地反映政府投入。六是规定有条件的中小学校设置备查簿登记折旧和摊销。

通过上述改革，新制度进一步规范中小学校会计核算，提高会计信息质量，更好地服务中小学校预算管理和财务管理，有利于促进义务教育事业健康发展。

原制度自 1998 年 1 月 1 日起施行至今，对规范中小学校会计核算、服务中小学校预算管理和财务管理、促进教育事业健康发展发挥了重要作用。但是，随着近年来我国公共财政体制的逐步完善和教育体制改革的不断深入，原制度部分内容已经不能完全适应新形势、新要求。

此外，财政部 2012 年发布了新修订的《事业单位财务规则》、《事业单位会计准则》和《中小学校财务制度》，对中小学校的预算管理、财务管理、会计核算、会计信息提供等方面都提出了新要求。为了贯彻落实中小学校管理改革新要求，进一步规范会计核算，原制度亟待全面修订。

据上述负责人介绍，下一步，财政部将积极做好新制度的培训、宣传、解释工作，督促中小学校做好新旧会计制度衔接和新制度的执行工作，确保全面贯彻落实好新制度。同时，财政部将密切跟踪新制度的施行情况，及时解决新制度执行中的新问题。

确定对食堂的单独会计核算

新制度强调，要对中小学校食堂的伙食费收支进行单独核算。同时规定，中小学校的会计报表附注至少应披露的内容包括本校食堂单独核算的会计报表。

据业内人士介绍，对食堂的伙食费收支进行单独核算将有助于明确掌握中小学食堂收支状况，有利于国家为义务教育阶段学生伙食补贴等政策的出台提供数据支持。

另外，随着近年来义务教育经费的持续增长，其使用内容不断丰富，各种保障机制日渐完善。例如，义务教育的"两免一补"、校舍维修、配套设施管理、教师工资保障机制、营养餐、食堂管理、校车管理等都是新内容，这些新内容要求有相应的会计核算，以适应财务管理的需要。

因此，新制度体现了国家对义务教育的政策导向。对此，新制度对义务教育和非义务教育阶段科目的使用也提出了明确要求，有利于加强中小学校成本核算尤其是义务教育阶段的成本核算。

新制度通过在相关会计科目上加以标注，以体现有关政策规定，例如，"专用基金"科目下设置了修购基金（非义务教育阶段使用），新增"经营收入"、"经营支出"、"经营结余"科目，用以核算非义务教育阶段中小学校在教育教学及辅助活动之外开展非独立经营活动取得的收入、支出及其结余。

此外，新制度以《事业单位会计制度》为基础并体现了我国中小学校的实际特点。《中小学校财务制度》的修订内容与《事业单位财务规则》的修订内容基本一致，《中小学校会计制度》的修订内容也是在《事业单位会计制度》的基础上形成的，同时结合了中小学校的特点对制度总说明、会计科目设置和会计报表格式等进行了必要的调整和补充。

（文章来源：（中国会计报记者）宫莹，《中小学校会计制度新规出台》，载于《中国会计报》2014年1月24日第7版）

新制度将倒逼科学事业单位
提升预算管理水平

科学事业单位将采用新的会计制度。

日前，财政部修订并发布新的《科学事业单位会计制度》，而施行 16 年的原制度已经结束了历史使命。从 2014 年 1 月 1 日起，新制度开始实施，将进一步规范科学事业单位的会计核算行为、加强财务会计管理和监督、提高资金使用效益。

较好体现科学行业特点

"新制度较充分地体现了科学行业的特点，有利于科学事业单位将此前未能明确核算的内容单独反映出来。"中国科学院上海技术物理研究所财务处处长徐勇仔细阅读新制度后表示。

改进科技产品核算方式是新制度的变化之一。新制度明确了"科技产品"科目核算科学事业单位利用非财政性资金试制、生产科技产品的实际成本。考虑到科技产品在科学事业单位的特殊性，新制度借鉴了企业产品成本核算方式，对科技产品成本按"料、工、费"进行核算，从而确保了科技产品成本数据的真实、准确。

徐勇指出，新制度中支出类会计科目下新增了"支撑业务支出"，这是科学事业单位特有的科目，因为大多数科研项目都需要经过试验和检测等环节，很多科研单位自身具备相对独立的试验或检测平台，这些平台发生的运行费用既有别于直接的科研支出，也不同于后勤管理费用，它实质上是一种需要按照科学、合理的标准进行分摊的"间接科研支出"。新制度将"支撑业务支出"单列科目，单独核算，不仅更加细化了科研活动的成本核算，也为单位分类管理不同种类的科研活动提供了财务依据。

　　同时，新制度按照《科学事业单位财务制度》中关于专用基金的规定调整了"专用基金"科目核算内容，在该科目下保留了事业单位的共性科目"职工福利基金"，取消了旧制度中"修购基金"科目，但仍继续保留了能够体现科学行业特点的"科技成果转化基金"科目。徐勇认为，这可以反映出国家层面仍继续鼓励科技成果的转移转化和科研产品的市场化。

收支更加细化

　　调整细化事业收入支出科目的设置也是新制度的一个重要变化。北京市科学技术研究院条件处处长高越发现，新制度本着重要性原则，根据科学事业单位工作实际，取消了拨入专款和预算外资金收入两个一级会计科目，调整设置了"科研项目收入"和"非科研事业收入"两个一级会计科目，并在非科研事业收入下增加了教学活动收入二级会计科目，分别进行核算和反映。新制度还将"事业支出"科目拆分为"科研项目支出"、"非科研事业支出"、"支撑业务支出"、"行政管理支出"、"后勤保障支出"和"离退休支出"6个一级会计科目，分别进行核算，从而更清晰地反映科学事业单位支出结构，满足科学事业单位成本费用核算需要。

　　"这样的设计可以直观反映科学事业单位承担的科研和非科研工作任务对科学事业单位收支情况的影响。"高越说。

　　另外，新制度还重点强化了资产的计价和入账管理，增设"待处置资产损溢"科目，并针对科学事业单位固定资产的账务处理方式进行了细化明确，统一了计量口径、计量原则，同时还增设了"待处置资产损溢"科目。

　　高越认为，这些规定有利于提高科学事业单位会计信息的可比性，促进资产及时入账，并有利于完整反映科学事业单位资产处置全过程以及待处置资产价值和处置收支等情况，通过资产的账实核对手段加强国有资产管理，确保国有资产安全完整。

反映行业的财务制度精神

　　"《科学事业单位财务制度》要求加强科学事业单位的预算管理和财务管理，反映了财务制度的精神。"徐勇说。

　　新制度中新增了固定资产折旧和无形资产摊销核算内容。

另外，新制度规定了"虚提"折旧和摊销的创新性处理方法，即在计提折旧和摊销时冲减非流动资产基金，而非计入支出。

这一处理兼顾了预算管理和财务管理双重需要，既不影响科学事业单位支出的预算口径，又有利于反映资产随着时间推移和使用程度发生的价值消耗情况，促进科学事业单位落实"实物管理与价值管理相结合"的资产管理理念和原则，为科学事业单位进行内部成本管理提供会计数据支持。

另外，新制度系统地改进了财务报表体系，增加了"财政补助收入支出表"，并借鉴会计国际惯例和通行做法，规定对资产负债表项目按照流动资产/非流动资产、流动负债/非流动负债分类列示，同时改进了收入支出表结构，使之既能够反映科研事业单位收入总额和支出总额信息，又能够反映各种不同来源资金的收、支和结转结余情况。

徐勇认为，新制度要求单位对收支管理、资金结转结余的管理更加精细化、科学化。单位在对经济活动开始策划的时候，就必须要规划好资金来源渠道，明确是用财政资金还是非财政资金、是归在基本支出还是项目支出。这些信息都会在第一时间直接反映在经济业务支出的明细科目中，让人一目了然，这将使单位的收支管理更加透明、规范。

"以前比较粗放、笼统，核算不细。现在，将收支与结余严格区分开来，将财政资金与非财政资金严格区分开来，这就对预算管理水平提出了更高的要求。如果单位预算管理不到位，会计核算将会非常被动，也很难做到规范。"徐勇说。

与事业单位会计改革具有共性

新制度其实是在新修订和发布的事业单位会计准则、制度背景下应运而生的。因此，新制度中的很多内容与新的事业单位会计制度保持了一致。

新制度新增了公共财政改革涉及的相关会计业务，加入了近年来国库集中支付、政府收支分类、部门预算、工资津贴补贴、国有资产管理、财政拨款结转结余管理等公共财政改革的有关会计核算内容，实现了会计制度与其他财政法规政策的有机衔接，有利于促进各项财政改革政策的贯彻落实。

高越指出，涉及的相关科目主要有"零余额账户用款额度"、"财政应返还额度"、"应缴国库款"、"应缴财政专户款"、"应付职工薪酬"、"财政补助结转"、"财政补助结余"、"非财政补助结转"、"事业结余"、"经营结余"、

"非财政补助结余分配"、"财政补助收入"等。

"新制度在相关科目设置和使用上与《事业单位会计制度》基本一致。"高越说。

新制度中还新增了在建工程核算内容，明确规定了基建数据并入会计"大账"。新制度增设了"在建工程"科目，要求科学事业单位基本建设在按照国家有关规定单独建账、单独核算的同时，至少按月并入"在建工程"科目反映，实现了基建会计与科学事业单位财务会计的并轨整合，有利于提高科学事业单位会计信息的完整性，为全面加强资产负债管理、防范和降低财务风险发挥会计信息支撑作用。

（文章来源：（中国会计报记者）罗晶晶，《新制度将倒逼科学事业单位提升预算管理水平》，载于《中国会计报》2014 年 2 月 21 日第 3 版）

新制度将规范彩票机构会计核算

自 2014 年 1 月 1 日起，我国彩票机构已开始正式实施新的会计制度。

近日，财政部发布《彩票机构会计制度》，这对于规范彩票机构会计核算、提高彩票机构会计信息质量、促进我国彩票事业科学发展来说具有重要意义。

八大改革引人关注

此前，彩票机构会计核算工作依据的是《事业单位会计制度》和《财政部关于彩票发行和销售机构执行〈事业单位会计制度〉有关问题的通知》。其后在 2012 年，财政部先后发布了《彩票机构财务管理办法》、《事业单位会计准则》和《事业单位会计制度》，对彩票机构财务管理方式和事业单位会计核算工作进行了全面改革。

财政部会计司相关负责人介绍，近年来，随着我国彩票事业的不断发展，社会对彩票事业的关注度日益提高，对彩票机构财务会计管理水平也提出了更高要求，彩票机构原有的会计核算模式无法全面反映财政管理改革和彩票业务改革成果。

"基于此，经多次调研、专家研讨，我们选择以《事业单位会计准则》为依据、以《事业单位会计制度》为基础，并结合《彩票机构财务管理办法》的规定和彩票机构及其业务的特殊性，为彩票机构及其彩票资金的核算统一制定一套会计制度。"上述负责人告诉记者。

此次新制度主要对彩票机构的会计工作做出了 8 项改革：一是新增公共财政改革涉及的会计核算；二是新增彩票资金业务核算内容；三是新增在建工程核算内容；四是增设"待处置资产损溢"科目以体现事业单位国有资产处置原则和程序要求；五是新增固定资产折旧和无形资产摊销核算内容；六是新增

彩票财政专户核拨资金结转结余核算内容；七是明确"专用基金"科目核算内容；八是增加了"返奖奖金变动明细表"和"彩票资金分配明细表"附表，对返奖奖金变动情况和彩票资金分配情况进行披露。

业内专家表示，新制度与《彩票机构财务管理办法》协调一致，有利于落实彩票机构财务管理新规定，全面、完整地反映彩票机构业务和财务管理的发展改革成果；有利于规范彩票机构会计核算，提高彩票机构会计信息质量，满足财政预算管理和行业监管需要；有利于为统一彩票机构审计和检查标准提供制度保障；有利于彩票机构会计人员学习掌握会计业务，提高会计实务操作水平。

突出公共财政改革成果

我国彩票事业发展非常迅速，已形成了一条从研发到生产再到销售和售后服务的完整的产业链。这也意味着彩票机构在承担行政管理职能的同时，还具备一些市场化企业的特征。

有业内专家表示，此次新制度突出了公共财政改革的成果。

彩票机构会计制度改革是事业单位会计制度改革的重要组成部分，而事业单位会计制度改革是完善政府会计制度并编制政府资产负债表的基础，这有利于加快建立有统一标准的政府财务报告制度及有法定依据的审计制度。

与其他事业单位会计制度新规相同的是，此次彩票机构会计制度也在一定程度上引入了权责发生制的记账基础。有会计专家认为，新制度较原制度而言更加匹配政府会计改革从传统收付实现制转向权责发生制的基本趋势，并且体现了《彩票机构财务管理办法》对彩票机构财务管理的具体要求。

"例如，新制度引入了固定资产折旧和无形资产摊销。对彩票机构真实反映资产消耗水平提出了统一要求，有利于强化资产科学化、精细化管理，也为公共产品或服务的成本核算提供信息支持，实现了实物管理与价值管理的结合。"上述专家说，再如新制度系统改进了财务报表体系。彩票机构财务报表由会计报表及其附注构成，其会计报表包括资产负债表、收入支出表、财政专户核拨资金收入支出表以及相关附表。这使彩票机构财务报表体系更为完整、更为有用，更好地满足了财务管理、预算管理等多方面的信息需求。

下一步，上述负责人表示，财政部将积极做好新制度的培训、宣传、解释工作，督促彩票机构做好新旧会计制度衔接和新制度的执行工作，确保全面贯彻落实好新制度。同时，财政部将密切跟踪新制度的施行情况，并协同彩票机构做好新制度执行中的问题反馈工作。

（文章来源：（中国会计报记者）刘安天，《新制度将规范彩票机构会计核算》，载于《中国会计报》2014 年 2 月 28 日第 4 版）

第四部分　权威发布

财政部有关负责人就《事业单位会计准则》修订答记者问

为了进一步规范事业单位会计核算工作，财政部对《事业单位会计准则（试行）》（财预字〔1997〕286号）进行了修订，以财政部令第72号发布了《事业单位会计准则》（下称"新《会计准则》"），将于2013年1月1日起施行。近日，财政部有关负责人就《会计准则》修订回答了记者提问。

问：修订《会计准则》的背景是什么？

答：《会计准则》自1997年发布实施以来，对规范事业单位会计核算工作，保证会计信息质量发挥了积极作用。但随着财政改革和事业单位会计管理工作不断发展，客观要求对《会计准则》进行修订。一是2000年以来，围绕公共财政体制建设，各项财政改革不断推进，很多改革涉及会计核算的调整，对《会计准则》进行修订有利于确保相关财政改革政策的贯彻落实。二是2012年2月，我部发布了新的《事业单位财务规则》（下称"《财务规则》"），对《会计准则》进行修订，有利于通过日常会计核算将对事业单位财务管理新的要求落到实处。三是修订《会计准则》是我部强化事业单位财务会计制度建设、落实全国打击发票违法犯罪活动工作要求的重要措施。

问：修订《会计准则》遵循了哪些原则？

答：修订《会计准则》主要遵循了以下原则：一是统驭事业单位会计制度体系。新《会计准则》为事业单位会计制度体系建立统一的核算原则和框架，是制定事业单位会计制度、行业事业单位会计制度等的基础和依据。二是服务财政科学化精细化管理。发挥会计基础性作用，在兼顾财务管理需求的同时体现财政预算管理的信息需求。三是与新《财务规则》相协调，便于事业单位执行。四是强化对事业单位会计信息质量的要求。

问：新《会计准则》在哪些方面做了重大制度调整？

答：新《会计准则》共9章49条，在维持原准则基本框架结构的基础上，对大部分条款作了修改完善，在内容上规范包括事业单位会计目标，会计基本假设，会计核算基础，会计信息质量要求，会计要素的定义、项目构成及分类、一般确认计量原则，财务报告等基本事项。

与原准则相比，新《会计准则》主要在以下方面作了调整：一是明确根据新《会计准则》制定事业单位会计制度和行业事业单位会计制度。二是明确了事业单位会计核算目标应当反映受托责任，同时兼顾决策有用。三是合理界定会计核算基础，与《财务规则》相协调，规定事业单位会计核算一般采用收付实现制，部分经济业务（事项）、行业事业单位可以采用权责发生制，具体范围另行规定。四是合理界定了会计要素，考虑到采用权责发生制核算的行业事业单位，其会计要素应当以"费用"替代"支出"，明确了会计要素包括资产、负债、净资产、收入、支出或者费用。五是强化了事业单位会计信息质量要求：将第二章标题由"一般原则"修改为："会计信息质量要求"；对会计信息质量增加了全面性的要求。六是在资产构成项目中增加了"在建工程"，为将基建账套相关数据并入会计"大账"提供了依据。七是明确了各会计要素确认计量的一般原则。八是明确了事业单位对固定资产计提折旧、对无形资产进行摊销的，由财政部在相关财务会计制度中规定。九是调整了净资产项目构成，增加了"财政补助结转结余"、"非财政补助结转结余"等。十是完善了财务会计报告体系，规定财务会计报告的主要内容及相关报表的基本列报格式。

问：新《会计准则》于 2013 年 1 月 1 日起开始施行，财政部打算如何安排贯彻和执行？

答：为了贯彻落实新《会计准则》，我们将积极推动以下工作：一是尽快组织开展新《会计准则》的宣传和培训工作，加强对地方开展学习培训的指导服务，全面提高事业单位对新《会计准则》的认识和理解。二是根据新《会计准则》要求进一步完善相关配套制度和办法，尽快修订出台《事业单位会计制度》，逐步修订行业事业单位会计制度，完善事业单位会计制度体系。

（文章来源：《财政部有关负责人就〈事业单位会计准则〉修订答记者问》，载于《中国会计报》2012 年 12 月 14 日第 3 版）

财政部有关负责人
就制定新的《行政单位财务规则》
有关问题答记者问

为了深入贯彻落实科学发展观，进一步加强和规范行政单位财务管理，提高资金使用效益，《国务院关于修改和废止部分行政法规的决定》（国务院令第628号）明确《行政单位财务规则》（财政部令第9号）自2013年1月1日起废止，责成财政部重新制定。2012年12月6日，谢旭人部长签署财政部令第71号，公布重新制定的《行政单位财务规则》，自2013年1月1日起施行。近日，财政部有关负责人就新《规则》有关问题回答了记者提问。

问：制定新《规则》的必要性和基本原则是什么？

答：原《规则》是1998年1月19日经国务院批准，由财政部发布并施行的。实施十多年来，对规范和加强行政单位财务管理发挥了重要作用。然而，随着部门预算、国库集中收付制度、政府采购、非税收入管理、政府收支分类等各项财政改革的深入推进，行政单位财务管理的内容不断创新和丰富，原《规则》已经不能完全适应新形势的需要，亟需加以修订。

同时，财务管理的内容和形式也在不断发生变化，行政单位财务管理改革相对滞后，亟需通过对原《规则》进行修订，进一步规范行政单位财务活动，提高资金分配的科学性，确保行政单位履行职能需要。因此，为了进一步适应财政改革和发展的新要求，适时废止原《规则》制定新《规则》，是十分必要的。

制定新《规则》主要遵循以下原则：一是坚持厉行节约，降低行政成本；二是反映财政改革成果，体现财政改革方向；三是保持现有框架体系，充实完善相关内容。

问：与原《规则》相比，新《规则》主要有哪些新的内容？

答：新《规则》在基本维持原《规则》结构的基础上，作了全面修改补充，共分十一章六十三条。具体包括：一是扩大了《规则》的适用范围。明确各级各类行政单位的所有财务活动都要执行本规则。二是增加了行政单位决算管理内容。在第二章预算管理中增加了决算的编制、管理的内容。三是规范了行政单位收入管理。删除了预算外资金收入管理的内容，明确行政单位的收入包括财政拨款收入和其他收入；增加了收入管理的有关要求，明确行政单位的各项收入应当全部纳入单位预算，统一核算管理。四是规范了行政单位支出管理。规范了行政单位支出的分类，将行政单位支出范围修改为"基本支出"和"项目支出"；强化了支出管理要求。增加了部门预算、国库集中支付、政府采购、绩效管理、票据管理等改革的相关规定。五是规范了行政单位结转和结余管理。对结转和结余的概念分别作了规定，同时考虑到中央和地方关于结转和结余资金管理可能存在的差异，对结转和结余资金的管理仅作原则性规定。六是规范了行政单位资产管理。根据改革实践，进一步完善资产的分类和定义，规范资产的配置、使用、处置管理，鼓励行政单位开展资源共享、装备共建工作。明确规定行政单位不得举借债务，不得对外提供担保。七是规范了行政单位负债管理。引入了负债的概念，规范了应缴款项管理。八是充实了行政单位财务监督的内容。具体规定财务监督的主要内容、监督机制和内外部监督制度。此外，《规则》还对行政单位财务分析的内容和指标作出了新的规定。

问：下一步还有什么工作安排？

答：一是要尽快组织好新《规则》的学习培训工作，指导各地方、各部门根据当地情况开展培训，保证新《规则》的顺利实施。二是各级财政部门和行政单位要根据新《规则》，制定或者修订完善相关财务管理办法，贯彻落实《规则》各项规定，不断提高行政单位财务管理的科学化、精细化水平和财政资金的使用效益。三是要抓紧制定新的《行政单位会计制度》和其他配套制度。

（文章来源：《财政部有关负责人就制定新的〈行政单位财务规则〉有关问题答记者问》，载于《中国会计报》2012 年 12 月 14 日第 3 版）

财政部会计司有关负责人就修订发布《事业单位会计制度》答记者问

　　为了适应财政改革和事业单位财务管理改革的需要，进一步规范事业单位的会计核算，促进公益事业健康发展，财政部于 12 月 19 日修订发布了《事业单位会计制度》（财会〔2012〕22 号）（下称"《会计制度》"），规定自 2013 年 1 月 1 日起全面施行。日前，财政部会计司有关负责人就修订发布《会计制度》的有关问题回答了记者的提问。

　　问：请介绍修订《会计制度》的背景。

　　答：原《会计制度》发布于 1997 年，自 1998 年 1 月 1 日起施行，对规范事业单位会计核算、服务财政预算管理发挥了积极的作用。近年来，随着我国公共财政体制改革的不断深化、事业单位体制改革的逐步推进，对事业单位的预算管理和财务管理都提出了新的、更高的要求，原《会计制度》已经难以满足各方面需要。其修订必要性主要包括如下几个方面：一是适应财政管理改革的需要。2000 年以来，围绕公共财政体制建设，部门预算、国库集中收付、政府收支分类、国有资产管理等各项财政改革不断深入推进，很多改革涉及会计科目及核算方法的调整，为了实现会计标准与相关财政改革的有机衔接，确保相关财政改革政策的贯彻落实，需要修订《会计制度》。

　　二是配合《事业单位财务规则》（财政部令第 68 号，下称"《财务规则》"）实施的需要。2012 年 2 月，财政部发布了新修订的《财务规则》，并自 2012 年 4 月 1 日起施行。《财务规则》在强化事业单位预算管理以及进一步规范事业单位收入、支出、结转结余、资产、负债管理等方面提出了若干新的要求，迫切需要修订《会计制度》，通过加强日常会计核算与管理落实新的财务管理要求。

　　三是进一步规范事业单位会计行为、提高事业单位会计信息质量的需要。随着近年来事业单位内外环境的变化，原《会计制度》在诸多方面逐步暴露出不适应和不协调，如基建"游离"大账、不计提固定资产折旧、资产计量口径模糊、财政投入资金核算不清晰、会计报表结构不合理等，都影响了事业单位会计信息的全面性、准确性和有用性，亟需进行修订。此外，在近两年国务院打击"假发票"、治理"小金库"等专项治理活动中，均对修订《会计制度》，进一步规范事业单位的会计行为，确保会计信息的真实性、完整性提出了明确要求。

问：请介绍修订《会计制度》的基本原则。

答：在修订《会计制度》的过程中，主要遵循了以下原则：

一是遵循《事业单位会计准则》（下称"《会计准则》"）的原则。

修订《会计制度》与修订《会计准则》保持同步。修订后的《会计准则》于12月6日以财政部第72号令正式发布，规定了事业单位会计目标，会计基本假设，会计核算基础，会计信息质量要求，会计要素的定义、项目构成及分类、一般确认计量原则，财务会计报告等基本事项，是制定所有事业单位会计制度（包括《事业单位会计制度》和各行业事业单位会计制度）的基础和依据，在整个事业单位会计体系中起统驭地位。修订《会计制度》遵循了《会计准则》的规定。

二是与《财务规则》相协调的原则。

《财务规则》在维持现行事业单位财务管理体制和财务制度框架体系基本不变的前提下，重点针对部门预算、国库集中收付、政府采购、非税收入管理等各项财政改革对相应的内容作了修订。修订《会计制度》的基本思路和定位与修订《财务规则》相一致，即在维持现行事业单位核算基础和基本会计模式不变的前提下，重点适应财政改革、着力解决会计实务核算中的突出问题进行修订。修订后的《会计制度》在适用范围、会计核算基础定位、收入支出科目分类、资产负债确认计量等方面与《财务规则》保持了基本一致。

三是服务财政科学化精细化管理的原则。

事业单位会计制度是财政科学化精细化管理的基础性制度之一。更好地服务财政科学化精细化管理是本次修订《会计制度》所遵循的重要原则之一。

修订后的《会计制度》要求事业单位区分财政补助和非财政补助，分别核算和反映其收入、支出、结转和结余，进一步规范了非财政补助结余分配，要求各项收支按照政府收支分类科目进行明细核算，在财务报表组成中专门增加了"财政补助收入支出表"，由此所提供的会计信息更为精细、科学，将为财政预算管理、单位财务管理发挥更好的基础性作用。

四是提高事业单位会计信息质量的原则。

本次修订《会计制度》，着力解决事业单位会计实务核算中的突出问题，针对不计提折旧、基建游离大账、捐赠划拨资产不入账、财政投入资金核算不清晰、一些重要业务核算无规范、会计科目体系滞后、会计报表结构不合理等问题，都在《会计制度》中引入了相关改革举措和改进办法，从而将大大促进事业单位会计核算水平和会计信息质量的提升。

问：请介绍修订《会计制度》的过程。

答：修订《会计制度》的过程可以用充分准备、深入调研、广纳意见、注重测试等特点来概括。早在2007年，财政部即启动了《会计制度》修订研究工作，在适当借鉴国际经验并充分考虑我国事业单位实际情况的基础上，起草了《会计制度》修订初稿，并不断修改完善。2012年年初，配合《财务规则》的修订发布，对原来形成的《会计制度》修订初稿进行了修改，再经过2012年一年来的广泛调研、反复论证、公开征求社会各方面意见、多次征求财政部部内相关司局意见、选择部分具有代表性的事业单位开展实务模拟测试以及多轮修改完善，最终于2012年12月19日正式修订印发。

问：与原《会计制度》相比较，新修订的《会计制度》主要有哪些方面的变化？这些变化具有什么作用或意义？

答：新修订的《会计制度》篇幅长达近5万字，通过详细规定会计科目使用及财务报表编制，较为全面地规范了事业单位经济业务或者事项的确认、计量、记录和报告。新制度既继承了原制度的合理内容，又体现了若干重大突破和创新，与原制度相比较，主要有如下八大方面的变化：

第一，配套新增了与国库集中支付、政府收支分类、部门预算、国有资产管理等财政改革相关的会计核算内容，实现了会计规范与其他财政法规政策的有机衔接，有利于促进各项财政改革政策的贯彻落实。

第二，创新引入了固定资产折旧和无形资产摊销。新制度要求事业单位按照事业单位财务规则或制度规定确定是否计提折旧，并规定了"虚提"折旧和摊销的创新性处理方法，即在计提折旧和摊销时冲减非流动资产基金，而非计入支出。

这一处理兼顾了预算管理和财务管理双重需要，既不影响事业单位支出的预算口径，又有利于反映资产随着时间推移和使用程度发生的价值消耗情况，促进事业单位落实"实物管理与价值管理相结合"的资产管理理念和原则，为事业单位进行内部成本核算提供会计数据支持。

第三，明确规定了基建数据并入会计"大账"。原制度下，事业单位的基本建设投资执行《国有建设单位会计制度》，与基本建设相关的资产、负债及收支都只在基建账套中反映，基建账数据长期"游离"会计"大账"。新制度要求事业单位对于基建投资，在按照基建会计核算规定单独建账、单独核算的同时，将基建账相关数据定期并入单位会计"大账"。这一规定有助于提高事业单位会计信息的完整性，为事业单位全面加强资产负债管理、防范和降低财务风险发挥会计信息支撑作用。

第四，着力加强了对财政投入资金的会计核算。新制度重新界定了财政补助收入的核算口径，要求在"事业支出"科目下单独对财政补助支出进行明细核算，增设了"财政补助结转"、"财政补助结余"两个净资产科目，对于财政补助收入、支出情况以及财政补助结转和结余的形成过程设计了清晰的账务处理流程，对于实施部门预决算管理、加强财政资金的科学化精细化管理将发挥更为重要的基础性作用。

第五，进一步规范了非财政补助结转、结余及其分配的会计核算。新制度严格区分财政补助和非财政补助结转结余，通过设置"非财政补助结转"、"事业结余"、"经营结余"等科目，进一步将非财政补助资金区分结转和结余分别核算，并对非财政补助结余的形成及其分配情况设计了科学的账务处理流程。这些规定符合"财政拨款结转结余不参与预算单位的结余分配、不转入事业基金"、"专项资金专款专用"等部门预算管理规定，有助于进一步规范事业单位的支出和分配行为，促进事业单位健康、可持续发展。

第六，突出强化了资产的计价和入账管理。新制度针对事业单位实务中普遍存在的对于接受捐赠、无偿调入资产计量口径不统一、相关资产不入账等问题，进一步明确了该种情况下资产的计量原则，要求在没有相关凭据、同类或类似资产的市场价格也无法可靠取得的情况下，将所取得的资产按照名义金额入账，并要求在会计报表附注中披露以名义金额计量的资产情况。这些规定有利于提高事业单位会计信息的可比性，有利于促进取得的资产及时入账，通过资产的账实核对手段加强国有资产管理，确保国有资产安全完整。

第七，全面完善了会计科目体系和会计科目使用说明。新制度按照此次改革要求，对现行制度下的科目体系进行了全面梳理和改进，新增、取消了部分科目，对个别科目名称进行了修改，同时全面完善了各科目核算内容、明细科目设置、确认计量原则、所涉及经济业务或者事项的账务处理等内容，为事业单位会计实务操作提供了更为科学、全面的依据。

第八，系统改进了财务报表体系。新制度增加了"财政补助收入支出表"，改进了各报表的项目、结构和排列方式。例如，借鉴会计国际惯例和通行做法，规定对资产负债表项目按照流动资产/非流动资产、流动负债/非流动负债分类列示，取消了资产负债表中原来的收入、支出项目；改进了收入支出表结构，既全面反映事业单位一定会计期间的收入、支出全貌，又分资金类别列示"财政补助结转结余"、"事业结转结余"和"经营结余"，同时可以反映事业单位年度非财补助结余的形成及分配情况。这些改进一方面使事业单位的财务报表体系与会计惯例更为协调，增强了科学性；另一方面，也兼顾了事业单位的实际情况，使事业单位的财务报表体系更为完整、更为有用，更好地满足财务管理、预算管理等多方面的信息需求。

综上所述，新制度的若干重大修订将促使事业单位的财务状况、事业成果、预算执行情况得到更为全面、真实、合理的反映，对于提高事业单位会计信息质量、加强财政对事业单位的科学化精细化管理、提升事业单位的财务管理水平、促进事业单位健康可持续发展具有十分重要的意义。

问：现行事业单位会计制度体系既包括新《会计制度》，又包括若干行业事业单位会计制度，哪些事业单位适用新《会计制度》？

答：现行事业单位会计标准体系包括《会计准则》、《会计制度》和若干行业事业单位会计制度，《会计准则》在事业单位会计标准体系中起统驭作用，《会计制度》和行业事业单位会计制度的制定必须遵循《会计准则》的规定。一般来讲，如果事业单位所处的行业存在国家统一规定的行业事业单位会计制度，则该事业单位适用特定的行业事业单位会计制度（如公立医院适用《医院会计制度》）；没有国家统一规定的特定行业事业单位会计制度的事业单位，都适用新《会计制度》。

关于新《会计制度》的适用范围，还有一个排除和一个另行规定需要注意：一是纳入企业财务管理体系执行企业会计准则或小企业会计准则的事业单位不执行新《会计制度》；二是参照公务员法管理的事业单位的会计制度适用问题，将由财政部另行规定。

此外，新《会计制度》发布后，随着各项行业事业单位财务制度的发布实施，明年我们将研究行业事业单位对《会计制度》的适用问题。基本原则是，如果行业事业单位可以适用或基本适用新《会计制度》，则不再修订相关的行业事业单位会计制度，原执行行业事业单位会计制度的事业单位将转为执行新《会计制度》。

问：新《会计制度》较原制度变化较大，事业单位如何从执行原制度过渡到执行新《会计制度》？财政部对此有无具体的指导？

答：一般情况下，财政部每修订发布一项会计制度，都会同时或随后发布新旧制度衔接办法，此次发布新《会计制度》也不例外。特别是此次修订制度涉及引入"虚提"折旧、基建并账、变更收支科目结转方式等重大变动内容，新旧衔接所涉及事项和处理方法比较复杂，起草发布新旧衔接办法以统一和规范衔接政策就显得尤为重要。我们将尽快发布新旧《会计制度》衔接办法，对新旧科目结转、追溯调整事项、基建并账操作等做出具体规定，为事业单位顺利实现新旧制度过渡提供统一的政策和技术指导。

问：财政部对于贯彻实施好新《会计制度》有哪些要求或安排？

答：出于与《财务规则》、《会计准则》实施相配套的需要，新《会计制度》规定自2013年1月1日起在全国施行，实施时间紧、任务重。为确保新《会计制度》的顺利贯彻实施，各级财政部门要迅速行动、周密部署，扎实细致地做好新《会计制度》宣传、培训、贯彻实施的各项工作。

一、要高度重视，抓好宣传培训。各级财政部门要充分认识修订《会计制度》的重要意义，切实抓好新制度宣传培训工作。财政部将举办新《会计制度》全国师资培训班，对各省级财政部门会计管理机构有关人员及国务院各部委、各直属机构财会人员开展新制度培训，并通过《中国会计报》等媒体开展新制度的深入宣传。各地财政部门要抓紧制定新制度宣传培训工作计划，采取多种形式广泛、深入地开展宣传，尽快逐级开展培训，培训要做到"全覆盖"、"不留死角"。

二、要精心组织，保障制度实施。财政部将尽快出台新旧制度衔接办法，加强对新旧制度衔接的指导和监督，加强对新准则制度实施情况的监督检查，深入分析执行情况和效果，认真总结并促进各地交流实施经验，及时应对和解决执行中出现的情况和问题。各地财政部门要切实履行职能，制定周密详尽、切实可行的制度实施工作方案，落实相关工作责任，督促事业单位认真落实，积极做好事业单位新旧制度衔接的指导、监督工作，做好制度实施情况检查和实施效果调研、评估工作，切实掌握相关工作进展情况，对于制度执行中发现的情况和问题，要及时反馈，确保制度落实到位。

三、要认真执行，确保制度执行到位。各事业单位要切实执行好新《会计制度》。一是要加强学习，要认真领会新制度精髓，全面学习新制度内容，不仅要重点学习新旧制度变化，还要深入了解相关的修订背景、意义和实施要求；二是要尽快更新调整相关的会计核算软件和会计信息系统，确保按照财政部即将发布的新旧制度衔接办法做好新旧科目衔接，并确保明年年度财务报表的编制全面落实新制度的各项要求。

（文章来源：《财政部会计司有关负责人就修订发布〈事业单位会计制度〉答记者问》，载于《中国会计报》2012 年 12 月 28 日第 11 版）

财政部有关负责人就《高等学校财务制度》答记者问

2012年4月1日《事业单位财务规则》正式施行。与《规则》修订相适应，财政部和教育部对《高等学校财务制度》进行了修订，并于2013年1月1日起正式实施。财政部有关负责人就《制度》修订情况回答记者提问。

问：为什么要修订《制度》？

答：原《制度》于1997年1月1日开始实施后，对规范高等学校财务行为，提高财务管理水平，促进高等学校健康发展，发挥了重要作用。但随着公共财政体制的完善、《国家中长期教育改革与发展规划纲要（2010－2020年)》的实施和高等学校财务管理环境的变化，原《制度》已不能适应要求，需要进行修订。

一是从2000年开始，以部门预算、国库集中支付、政府采购、非税收入管理、政府收支分类、国有资产管理等为主要内容的财政改革陆续实施，不断深入推进，这对高等学校预算编制、执行及财务管理提出了新的要求。二是近年来财政部门大力推进科学化、精细化管理，强化基础管理和基层建设工作，在细化预算编制、加强预算执行、统筹使用结转结余资金、推进绩效考评、加强财务监督等方面，对高等学校财务管理提出了新的具体要求。三是随着高等教育体制改革的不断深化，高等学校的内外部环境发生了深刻变化，经济活动也更加复杂。管好、用好教育经费，确保经费使用规范、安全、有效，是高等学校财务工作的重点，因此迫切需要对原制度进行修订完善。

问：新《制度》的主要修订内容有哪些？

答：与原《制度》相比，新《制度》着重从10个方面进行了修订。主要包括：一是调整了《制度》的适用范围。"普通中等专业学校、技工学校、成人中等专业学校"不再作为适用主体；二是明确了总会计的职权职责。高等学校应当设置总会计师岗位，总会计师为学校副校级行政领导成员，协助校

（院）长管理学校财务工作，承担相应的领导和管理责任；三是完善了预算管理制度。对预算编制的依据、原则、程序和预算调整等提出了更加具体的要求，重点增加了决算管理的有关规定；四是调整了收入和支出分类与口径。根据政府收支科目改革的要求，将财政补助收入规定为从同级财政部门取得的各类财政拨款；明确界定科研事业收入不包括按照部门预算隶属关系从同级财政部门取得的财政拨款；五是增加了收支管理的内容。适应公共财政改革要求，增加了国库集中支付、政府采购、支出绩效和票据管理等内容；六是完善结转和结余管理的规定，继续设置学生奖助基金等专用基金；七是强化资产管理。调整了固定资产分类和价值标准；要求高等学校严格控制对外投资；不得使用财政拨款及其结余进行对外投资；出租、出借资产，应当按照国家有关规定经主管部门审核同意后报同级财政部门审批；投资收益及出租、出借收入，应纳入学校预算，统一核算、统一管理；八是建立健全财务风险控制机制。要求高等学校规范和加强借入款项管理，严格执行审批程序，不得违反规定举借债务和提供担保。具体审批办法由主管部门会同同级财政部门制定；九是实行内部成本费用管理。费用是指高等学校为完成教学、科研、管理等活动而发生的当期资产耗费和损失，高等学校应当在支出管理基础上，将效益与本会计年度相关的支出计入当期费用，将效益与两个或者两个以上会计年度相关的支出，以固定资产折旧、无形资产摊销等形式分期计入费用。高等学校应当加强成本核算，按照相关核算对象和核算方法，对业务活动中发生的各种费用进行归集、分配和计算。根据实际需要，逐步细化成本核算；十是完善财务监督的制度。要求高等学校对财务运行的全过程实施监督；形成事前监督、事中监督、事后监督相结合，日常监督与专项监督相结合监督机制；建立健全内部控制制度、经济责任制度、财务信息披露制度等监督制度；自觉依法接受主管部门和财政、审计部门的监督。

问：今后高校财务管理工作的主要任务是什么？

答：加强高等学校财务管理是高等学校内部管理体制改革的重要组成部分。新时期高等学校财务管理工作的主要任务包括：一是合理编制学校预算，对预算执行过程进行控制和管理。高等学校应按照"量入为出，收支平衡，积极稳妥，统筹兼顾，保证重点，勤俭节约"的原则编制学校预算，将学校各项事业活动所发生的财务收支都应纳入预算管理的范围。二是建立健全学校财务制度，加强经济核算，实施绩效评价，提高资金使用效益。高等学校应当依照有关法律、法规和财务规章制度，结合实际情况，及时制定或修订各种财务规章制度，对经济活动的合法性、合理性进行监督。同时，学校还要科学配置经济资源，节约支出，加强经济核算，建立绩效考核和追踪问效制度，提高资金的使用效益。三是加强资产管理，真实完整地反映资产使用状况，合理配置和有效利用资产，防止资产流失。四是加强对学校经济活动的财务控制和监督，防范财务风险。高等学校应强化风险意识，建立完善防范财务风险的机制，加强对经济活动的财务控制和监督，防范财务风险。

（文章来源：《财政部有关负责人就高等学校财务制度答记者问》，载于《中国会计报》2013 年 1 月 11 日第 2 版）

财政部教科文司有关负责人就文化、广电、体育、文物和计划生育五个行业财务制度修订情况答记者问

为进一步规范文化、广电、体育、文物和计划生育事业单位财务行为，加强财务管理和监督，提高资金使用效益，保障各项事业健康发展，根据《事业单位财务规则》（财政部令第 68 号），财政部会同文化部、广电总局、体育总局、文物局和人口计生委五部门修订印发了《文化事业单位财务制度》（财教〔2012〕503 号）、《广播电视事业单位财务制度》（财教〔2012〕504 号）、《体育事业单位财务制度》（财教〔2012〕505 号）、《文物事业单位财务制度》（财教〔2012〕506 号）和《人口和计划生育事业单位财务制度》（财教〔2012〕507 号，下称"五个行业制度"），自 2013 年 1 月 1 日起全面施行。近日，财政部教科文司有关负责人就五个行业制度修订情况回答了记者提问。

问：请介绍修订五个行业制度的基本原则？

答：根据《规则》和文化、广电、体育、文物、计划生育五个行业事业单位的实际情况，在修订工作中主要坚持以下几点原则：

（一）保持原制度框架。实践证明，1997 年颁布的五个行业制度框架基本可行，不必做太大改动。

（二）与《规则》保持一致。各行业财务制度修订严格按照《规则》确定的基本原则、基本要求、基本内容和基本体例进行修订，通用的规范性文字表述按照《规则》内容进行修改。

（三）体现行业特点。坚持把近年来行业发展和财政财务管理改革的有关情况体现到制度中，体现行业特色，突出各自特点，并有针对性和可操作性。

（四）突出公益属性。贯彻落实中央关于分类推进事业单位改革有关精神，突出体现行业事业单位公益属性的性质，对事业单位收入管理、对外投资和开展经营活动等都进行了严格规定。

问：与原制度相比，五个行业制度主要作了哪些修订？

答：为适应社会事业发展的新形势新要求，按照财政改革和科学化、精细化管理的要求，结合行业事业单位财务管理的特点，本次修订对五个行业制度各项内容重新进行了梳理，凡是实践证明行之有效的、符合新时期行业事业单位财务管理要求的，予以保留；反之，予以修改或补充。

（一）调整了制度的适用范围

随着文化体制改革不断深入，一些地方的事业单位已经与行业行政主管部门分开，实行管办分离，为此，五个行业财务制度修订稿均将财务制度的适用范围由"本制度适用于各级政府×××行政主管部门所属的各级各类××××事业单位的财务活动"，修改为"本制度适用于各级各类××××事业单位的财务活动。"如《文化事业单位财务制度》第二条由原"本制度适用于各级政府文化行政主管部门所属的各级各类文化事业单位的财务活动"修改为"本制度适用于各级各类文化事业单位的财务活动"；《广播电视事业单位财务制度》第二条由原"本制度适用于各级政府广播电视行政主管部门所属的各级各类广播电视事业单位的财务活动。"修改为"本制度适用于各级各类广播电视事业单位的财务活动"。

（二）完善了财务管理体制

考虑五个行业事业单位的财务部门在单位管理和决策等方面的作用均比较薄弱，为进一步加强财务管理，提高财务部门地位，防范财务风险，促进民主理财、科学理财，在五个行业制度中都强化了财务部门设置、财务人员任职要求和财务部门主要职能和重要作用等，如五个制度都在"总则"中增加了"××××事业单位应当按照国家有关规定设置财务会计机构，配备具备从业资格的财务会计人员。"《广播影视事业单位财务制度》还增加了"省级以上（含副省级）广播电视事业单位应当设置总会计师；规模较大的广播电视事业单位根据需要可以设置总会计师。总会计师按照《总会计师条例》规定的任职资格设置并履行职责。"

（三）规范了事业收入分类

根据五个行业事业单位的业务特点和实际情况，调整了事业收入的分类和概念，其中：《广播电视事业单位财务制度》中规定事业收入包括广告收入、收视费收入、节目销售收入、合作合拍收入、节目制作和播放收入、节目传输收入、技术服务收入、其他事业收入等；《文化事业单位财务制度》中规定事业收入包括演出收入、文化场馆服务收入、技术服务收入、培训收入、复印复制收入、门票收入、外借人员劳务收入、其他事业收入等；《文物事业单位财务制度》中将事业收入分为：门票收入、展览收入、讲解导览收入、考古调查勘探发掘收入、文物保护工程收入、文物鉴定审核收入、文物调拨交换出借补偿收入、其他事业收入等；《体育事业单位财务制度》将事业收入分为体育竞赛收入、体育公共设施服务收入、体育技术服务收入、体育衍生业务收入、其他体育事业收入等；《人口和计划生育事业单位财务制度》将事业收入分为技术服务收入、病残儿鉴定收入、培训收入、宣传品制作收入、其他事业收入等。同时对各项事业收入的内容进行了重新归类。

（四）强化了经济核算

为满足部分行业事业单位的管理需要，促进其实现社会效益和经济效益的有机结合，根据《规则》，提出了事业单位应当加强经济核算，具备条件的事业单位可以实行内部成本核算办法等有关要求。

（五）加强了资产管理

国有资产管理是事业单位财务管理的重要内容，参考《规则》对资产的分类、固定资产的定义、分类和单位价值标准、对外投资、资产的使用和处置等规定对五个制度进行了修改。此外，对一些资产的分类也进行了适当的调整，例如：考虑广播影视节目是广播电视事业单位最主要的业务体现，是供受众观赏的一种"商品"，犹如计算机软件制造商制作和销售的软件、出版社印刷和销售的图书，具有独特的管理要求和核算方式，其在管理和使用上不同于其他行业的事业单位，不宜作为无形资产管理。为进一步体现广播电视行业特点，结合当前广播电视事业单位实际情况，《广播电视事业单位财务制度》将"广播影视节目"列入"存货"管理。《文物事业单位财务制度》在"资产管理"中增加了"文物藏品"的相关内容，《体育事业单位财务制度》中进一步强化了接受捐赠和赞助消耗性物资的管理。

（六）健全了财务分析指标体系

结合各行业事业发展和改革的实际情况，为进一步提高文化行业事业单位财务分析能力和水平，增加了部分财务指标和业务指标，删除了个别不能充分反映行业财务和业务情况的指标。

问：下一步工作安排？

答：接下来的首要任务是做好五个行业制度的培训和解释工作。财政部将会同文化部、广电总局、国家体育总局、国家文物局、人口计生委五部门启动新制度的培训工作，并指导各地方根据实际情况开展培训。同时利用财政部及五部门门户网站，做好新制度解疑释惑工作，以加深有关单位和相关工作人员对五个行业制度的认识和理解。

（文章来源：《财政部教科文司有关负责人就文化、广电、体育、文物和计划生育五个行业财务制度修订情况答记者问》，载于《中国会计报》2013 年 1 月 25 日第 3 版）

第五部分　代表委员们说

政府综合财务报告：透过信息反映政府职能

建立权责发生制的政府综合财务报告制度被写进今年的全国两会政府工作报告中。这与十八届三中全会所作决定的提法一脉相承。它标志着国家将改进和优化政府会计制度作为预算管理制度改革的重点内容之一。

全国政协委员、财政部财政科学研究所所长贾康在接受本报记者采访时提出，在建立政府综合财务报告制度的过程中，应该围绕预算管理的科学化、精细化处理好其与预算报告制度之间的关系，实现二者功能的有机统一。

有所不同的实质与功能

贾康说："政府综合财务报告的实质是反映政府的财务'家底'或政府在一定时期内财务运行的存量结果，其既可以提供资产、负债方面的信息，同时又提供收入、费用等反映政府运营的流量结果情况。"

作为以权责发生制为基础，以政府财务信息为主要内容，全面反映政府财务状况、运行成果和受托责任履行情况等的综合性年度报告，政府综合财务报告的特点是在反映政府财务信息时，可以较全面地覆盖政府管理及职能发挥的具体情况。

贾康认为，政府综合财务报告实质上可反映政府在提供公共服务、改善民生、宏观调控等方面履职尽责的通盘情况，也更有利于防范公共风险，考评综合绩效。

因为其信息内容超出了财政资金当年的收支流量范围，扩展到财政资金历年的存量范围，能够全方位、多层次反映政府掌握和控制的各类资源以及承担的各类义务、责任，在政府财政管理中具有不可替代的作用。

财政部财政科学研究所研究员韩晓明一直关注政府综合财务报告制度的建

立，她认为，该制度既有利于满足政府公共财政管理需要，又是政府进行有效资产管理的基础，更是政府进行科学债务管理的必要条件。

与政府综合财务报告制度相对应，预算报告制度主要满足政府对财政年度内财政收入、支出等流量进行全面管理，并运用财政手段进行宏观调控等方面的需要，包括管理财政收入结构，完善财政支出结构，实施和调整财政政策等。

"预算报告制度是以政府预算收支信息为主要内容，全面反映政府财政资金运行情况的年度报告。政府预算会计定位于直接为国家预算管理服务，核算、反映和监督国家预算执行情况，其以反映政府预算收支活动为目的，核算范围主要限于财政资金当年的收支流量。"韩晓明说。

政府会计是共同的基础

从大的方面讲，政府综合财务报告制度与预算报告制度共同服务于履行政府职能的预算管理工作，二者相辅相成，各有侧重。贾康说："但它们有共同的基础，那就是政府会计。"虽然财政部门和政府其他部门有着不同的业务活动，预算会计和财务会计核算内容存在差别，二者在理论上各成体系，但它们在会计实务中可以统一于政府会计制度框架下，既满足政府对财政管理信息的需求，也满足政府对财务会计信息的需求。

2012 年和 2013 年，我国相继出台新的《事业单位会计制度》和《行政单位会计制度》，这是推进我国建立政府会计制度的有益探索，也开创了预算会计和财务会计有机统一的实践。新会计制度定位于满足行政、事业单位预算管理和财务管理的双重需求；充实了资产、负债的核算内容；新增了行政单位直接负责管理为社会提供公共服务资产的核算规定等。这些在一定程度上满足了市场经济体制对政府会计的要求，与我国公共财政改革的进程相适应，为逐步建立和完善政府会计体系奠定了基础。

贾康认为，政府综合财务报告制度与预算报告制度之间的有效对接、有机结合、充分协调，将成为正确处理二者关系的主线，有待于相关各方共同努力，尽快形成相对成熟稳定的全套方案与机制。

对于政府综合财务报告制度与预算报告制度在管理思路方面存在的较大差异，目前国际上主流的做法是二者既相分离，服务于不同的政府管理目标，同时也有机联系，共同构成完整的政府会计信息系统。

贾康和韩晓明建议,我国也可以考虑将两种制度进行一定程度的分离,即分别建立预算会计和财务会计两个系统,但同时,二者之间还要保持有机联系。

(文章来源:(中国会计报记者)李一硕,《政府综合财务报告:透过信息反映政府职能》,载于《中国会计报》2014年3月7日第1版)

建立以权责发生制为基础的
政府会计制度

中国共产党十八届三中全会向世人传递出强烈的改革信号，然而，改革必须以制度为依托。作为第二年履职的全国政协委员，立信会计师事务所（下称"立信"）董事长朱建弟今年提案中的一个关键词就是"建章立制"。

政府信息披露迈向纵深

近年来，政府提交给人大审议的预算报告内容越来越多，但如何让代表委员看得清楚明白一直困扰着报告编制者。

"可以借鉴资本市场的成功经验来改善政府财务信息的披露质量。"朱建弟表示。

他建议制定以权责发生制为基础的政府会计制度，构建政府资产负债表。以权责发生制为基础的政府会计制度能全面、真实地反映政府的资产和负债状况，有利于防范风险、提高资源配置效率以及政府进行长期决策。这一方法为许多发达国家所采用，而我国则一直沿用以收付实现制为主的政府会计制度。虽然目前各地正在尝试编制政府资产负债表，但因为核算基础的不匹配以及相应规则的不明确，在信息的真实性、完整性和统一性上存在一定的问题。

此外，在信息披露方面，朱建弟认为还可以效仿资本市场中上市公司的定期报告制度。

他建议，在真实、准确、完整、及时原则的指导下，相关部门应制定相应的政府信息公开披露规则，披露规则不仅要规范、细化，还要统一信息披露内容、格式和程序，而且应强调披露工作的定期性和及时性。常规信息应至少每半年公开披露一次，重大事项则应及时披露。

《合伙企业法》修订势在必行

立信是国内第一家向"特殊普通合伙"转制的会计师事务所。没有模板、缺乏经验的立信人，在起草合伙协议时只能硬啃当时的《中华人民共和国合伙企业法》（下称《合伙企业法》），看不懂法条，也没法套用其中的条款。后来，在借鉴国外经验的基础上，立信终于摸索出一条道路，成功转制。

回想起过去的经历，朱建弟暗下决心，要让同行们在转制的道路上少走弯路，推动行业的稳步发展，一定要呼吁修订《合伙企业法》。

朱建弟告诉记者，现行《合伙企业法》中的"特殊普通合伙"章节内容过于简单，已无法对大型专业服务机构的行为进行规范。

为此，朱建弟建议对《合伙企业法》中"特殊普通合伙"章节进行以下几方面的修改：

其一，在立法体例方面，应将"特殊普通合伙"作为独立的章节设立，为大型专业服务机构设定准确的行为规范。

特殊普通合伙作为单独的章节应针对专业服务机构的特点进行相关条款的设立，从工商设立条件、风险防范、破产清算等各个方面，为专业服务机构量身定制一套准确而又有实际操作意义的行为规范。

其二，修改特殊普通合伙规定中关于合伙事项一致同意这一重大立法原则。

现行《合伙企业法》的特殊普通合伙制度中规定的众多事项合伙人一致同意原则已不适应当下大型中介机构的发展态势。要求全体合伙人一致同意，在降低效率、增加运行成本之余，也制约了机构的发展。

其三，《合伙企业法》中合伙人承担责任的条款应该细化，明确合伙人有限责任的适用范围。

应当对合伙人的执业行为与非执业行为加以区别责任认定，明确合伙人责任包括侵权责任和违约责任两种形式，在不同的责任形式下对合伙人承担无限或有限责任进行清晰划分。

其四，建立完善的风险防范制度。现行《合伙企业法》对于职业保险金规定得过于笼统，可操作性差。

朱建弟建议，应建立配套性风险防范措施，包括执业风险基金、职业保险金等在内的多层次、有效的风险防范体系。实际上，作为特殊普通合伙中有限责任的重要替代赔偿机制之一的职业保险与普通的职业责任保险还有很大的区别，很多问题有待进一步研究和明确。

对于执业风险基金制度，目前国务院未做任何规定，该制度还是空白，根本无法发挥其替代补偿作用。

（文章来源：（中国会计报记者）于濛，《建立以权责发生制为基础的政府会计制度》，载于《中国会计报》2014 年 3 月 7 日第 6 版）

构建政府财务报告制度

全国政协委员、瑞华会计师事务所高级合伙人张连起立足行业，拿出了一系列提案，包括建立政府财务报告制度、尽快成立证券市场改革会计审计组、降低小微企业税负、排污费改税、推进中国公民普通护照与他国互免签证等内容，堪称一套"立体"提案。

关注建立政府财务报告制度

提案核心：适应财政管理体制改革需求，构建政府财务报告制度。

建议研究制定政府财务报告标准和编制办法，摸清家底。将以"收付实现制"为基础的会计制度向"权责发生制"转变。

建议明确政府会计目标，建立面向公众的政府财务报告体系，满足社会多元需求。

建议完善财务报告体系，提高会计信息的透明度。

建议全面反映政府公共部门的财务状况和财务活动结果。

建议全面、客观、真实地反映政府公共部门的成本费用，以及政府公共部门的受托业绩。

（文章来源：（中国会计报记者）王凯，《构建政府财务报告制度》，载于《中国会计报》2014 年 3 月 7 日第 5 版）

细数 2014 两会政府会计关键词

　　今年被认为是全面深化改革元年，刚刚拉开序幕的全国两会尤其受到关注。

　　2013 年召开的十八届三中全会通过了《中共中央关于全面深化改革若干重大问题的决定》（下称《决定》）。《决定》中明确提出建立权责发生制的政府综合财务报告制度、探索编制自然资源资产负债表等。这或将成为 2014 年全国两会上关于政府会计改革的建议和提案的主题之一。

关键词：政府财务透明

　　"李克强总理在多次讲话中提出的'砍掉政府那只乱摸的手'、'法无禁止即可为'，实际上都在强调一个主题：要以市场经济为主导，发挥市场在资源配置中的决定性作用。"中国会计学会政府及非营利组织会计专业委员会委员、山东大学经济管理学院副教授路军伟认为，如果要以市场经济为主导，就要限制政府的权力，进而需要政府的财务信息透明，而财务信息透明的一个重要方面就是要编制权责发生制的政府综合财务报告。

　　因此，今年全国两会上，部分建议或者提案涉及建立权责发生制的综合财务报告制度，强调政府财务信息的公开和透明，以回应公众对政府信息的需求。

　　目前，关于编制权责发生制的政府综合财务报告，学术界以及政府主导的研究机构可能更多倾向于通过这份报告来解决诸如地方债等相关问题。路军伟认为，这与目前我国强调发挥市场的主导作用、正确处理政府与市场之间的关系等大格局、大思路存在一定差距。人大代表和政协委员作为民意代表，可能会倡导使综合财务报告的编制从"工具导向"转向"价值导向"，即从把政府综合财务报告作为解决和治理地方债务的工具，转变为把它看作正确处理政府与市场之间关系的纽带。

事实上，虽然政府部门在财务信息包括"三公经费"信息公开方面大有进步，但是，保证政府财务信息公允客观，并且通过稳定、持续、制度化的渠道进行公开，仍然是社会公众非常期盼的。

因为，目前我国政府财务信息公开在及时性等方面做得还不够。

而且，政府财务信息披露比较零散，且太专业，一般社会公众看不到，或者看到了却看不懂。

中国科学院上海技术物理研究所财务处处长徐勇表示，编制资产负债表，就是要了解资产和债务情况，以摸清家底，最后还是要落实到信息披露上。

关键词：编制政府综合财务报告

有《决定》这个"尚方宝剑"，业内人士认为，编制权责发生制的政府综合财务报告应成为今年两会上的一个重要话题。

上海市财政局会计处副处长乔元芳认为，从编制完整科学的权责发生制的政府综合财务报告必须具备的条件入手，两会代表和委员可以提出关于提高会计人员素质、规范日常会计核算、实行规范的权责发生制事业单位会计和行政单位会计、进一步推进会计信息化等方面的建议或者提案。

徐勇也表示，行政事业单位应进一步夯实资产，以准确编制权责发生制的政府综合财务报告。而且，她认为在编制权责发生制的政府综合财务报告时，应借鉴企业会计准则，对固定资产计提折旧、提取准备金等。"一方面要尊重客观实际，反映国家的资产负债现状，同时又要反映资产质量，以预防风险。"编制权责发生制的政府综合财务报告，可以反映政府的资产负债情况以及一级政府管理人民委托财产的情况；可以反映政府履行社会责任的情况，如社保、环境保护等；可以为政府履行债务提供数据；是建立透明政府、公民社会、民主法制社会的重要基础工程。

政府综合财务报告的功能有很多。因此，其是否客观公允就显得非常重要。为此，乔元芳认为，两会代表和委员可提出引入第三方对政府综合财务报告进行审计的建议或者提案。

关键词：改变政府会计格局

建立权责发生制的政府综合财务报告制度涉及政府会计改革。《会计法》

规定会计工作管理权属于财政部门，但是，制定新的政府会计规则，需要中央、地方各个行政事业单位贯彻执行。

业内人士认为，在中央、地方各个行政事业单位施行新的政府会计规则时，很可能有单位个体因考虑成本问题而不愿采用新规则，而目前对于单位拒绝采用新规则缺乏有效的督促手段。

因此，路军伟认为，应该有代表或者委员提出改变政府会计领域秩序，如建议成立以财政部门为主导，立法部门、审计部门等参与的联合工作小组。由财政部门来制定政府会计规则，立法部门来要求强制性编制国家和地方资产负债表，独立机构来审计编制的资产负债表以保证其客观性，从而形成良性的政府会计改革决策机制与执行机制。这样的联合工作小组可以解决新规则贯彻实施的诸多问题，从而确保新规则顺利施行。

乔元芳进一步认为，在确定编制权责发生制的综合财务报告之后，应由财政部或者国务院发布《政府综合财务报告编报办法》，内容应包括编制要求、审计要求、使用要求等。

（文章来源：（中国会计报记者）罗晶晶，《细数 2014 两会政府会计关键词》，载于《中国会计报》2014 年 3 月 7 日第 3 版）

政府管理行为的一场自我革命

　　全国人大代表、香港经济学会副会长刘佩琼在两会上表示，建立权责发生制的政府综合财务报告制度对规范各级政府的财政财务管理，特别是在对债务融资管理的规范性约束和透明度方面都提出了更高的要求。因此，建立权责发生制的政府综合财务报告制度，在很大程度上是政府管理行为迈向更加科学规范的一场自我革命。

　　刘佩琼表示，西方国家引入权责发生制编制的政府财报比较普遍。目前，加拿大、澳大利亚、日本等国的官方统计部门已经定期公布国家资产负债表，并通过国家资产负债表这个视角来预警和分析金融危机。

　　在我国，2011 年，海南省作为试编政府财报工作的首批试点省份，制定了《权责发生制改革会计核算办法》，成为在全国率先完成试编省本级政府财报工作的省份之一，此次试点开始了我国政府及非营利会计制度引入权责发生制的首次尝试。

　　经过几年努力，财政部开展的政府财报试编工作已经扩至全国，在政府会计改革的深水区稳步前行。

　　"编制政府财报的实质是要在民众和政府之间真正建立起委托与受托的关系，政府负有公共受托责任。这种转变，可以进一步完善政府职能，加强政府国有资产管理，特别是有利于对地方债务情况进行清晰明确的梳理，有利于通过公开透明对政府资金进行全面的监督和评价。"刘佩琼说。

　　事实上，从国家和地方资产负债表角度深入分析风险，防范地方债务风险危机，并在此基础上加强金融监管，这个新的视角能够加深社会公众以及代表委员们对政府运行风险的认识和理解。

　　对此，刘佩琼表示，编制政府财报除了要从业务上精耕细作之外，更要从理念上加快转变。

　　另外，我国现有的政府会计系统具有自身特点，它既非单纯的预算会计系统，也非西方国家的政府会计系统。刘佩琼强调，它既有事业单位会计制度，也有分行业的事业单位会计制度，如医院、高校、中小学、科学事业单位等。让各单位的会计信息具有可比性，可以为一级政府作为主体合并财报提供基础，这是目前推动编制政府财报需要努力的目标。

　　（文章来源：(中国会计报记者)肖祯，《政府管理行为的一场自我革命》，载于《中国会计报》2014年3月14日第2版）

政府财报编制或需克服技术难题

　　以权责发生制为基础的政府综合财务报告制度的构建与国家治理体系和治理能力现代化目标的实现息息相关，是成功推进和完成新一轮财政改革任务的必然要求。

　　在记者采访中，有业内人士对政府财报编制的技术难点进行了特别关注。

不同国情下的技术难题

　　全国政协委员、瑞华会计师事务所管理合伙人张连起认为，从目前来看，我国预算会计信息的主要使用者包括各级政府、行政事业单位的管理者、立法机关和审计部门。而从改革的趋向看，随着经济社会发展和民生项目的演进，建立面向公众的政府财报体系，让公众"看得见"政府，无疑是一个牵一发而动全身的关键抉择。

　　"按要求编制的部门报表包括资产负债表、结余表、现金流量表等，增设现金流量表主要是反映政府及其各部门货币资金运动的相关信息，为政府宏观经济决策提供参考。"张连起说，而会计报表附注及其补充资料，则应充分反映本级预算执行情况、国有资产分布和使用情况、政府采购基金和专项基金的使用情况等。

　　另外，全国政协委员、国家审计署副审计长董大胜注意到，一些国土面积小的国家政府资产规模比较小，政府财报的编制相对好操作。而在这个方面，我国在政府财报编制上有其自身的技术难题。

　　对此，董大胜认为，第一，要研究确定政府资产、负债的范围和计量。"现在，我国政府部门比如财政部门的负债可以算得清楚，可国企中的负债难以确认。鉴于这些难题，我国目前不可能编制完整的政府财报，只能是一部分。"第二，要研究政府财报的编制基础。"可考虑'调整的权责发生制'，就是在权责发生制的基础上对某些项目采用收付实现制的原则来编制，例如，香港特区政府编制的政府综合财务报告不提折旧，即'调整的权责发生制'。"第三，要研究各地政府是否都要编制政府财报，包括是否编制全国汇总的综合财务报告，以及哪些项目互相抵消。"举个例子，中央财政给地方财政的转移支付，中央财政算支出，地方财政算收入，如果把各地政府的收入支出简单相加会造成重复，这些问题都需要研究。"第四，编制了政府财报，不能取消现在的以收付实现制为基础的当年的财政预算和决算报告，因为这是全国人民代表大会审查的主要项目，而这份报告应该采取收付实现制。

将财报披露细化到项

"政府财报需要做到让老百姓'看得见'、'看得清'、'看明白'、'能监督'。"张连起说，所谓"看得见"就是在网站公布。"最好是专门的网站，充分利用微信公众号、微博认证等信息发布平台。"所谓"看得清"就是指政府财报的公布要细化到项，同时建立量化标准；"看明白"即公布的信息最好辅之以非货币信息；"能监督"就是要运用各种方式做好监督工作。

"同时，政府财报应该引入资产负债表，让增量、存量、流量能被看得见、看得懂，形成一份明晰、可理解的政府体检报告。"张连起说，权责发生制的政府财报需要充分反映各级政府之间资金运动的整体财务信息，同时充分利用互联网等信息传播方式向社会各界及时、客观披露除国家机密以外的财务信息。

他强调，这份报告需要能全面反映政府公共部门的财务状况和财务活动结果。全方位披露政府公共部门各个方面、各种类型的财务活动信息，政府及公共部门全面、完整的财务状况，既包括政府层面、公共部门层面的财务状况，也包括期间的和连续的财务状况，还包括政府受托管理的公共财产权益、公共债务（显性和隐性债务）情况。从总财务状况变动、现金流量和净资产（国有资产权益）变动两个侧面反映公共部门的财务状况变动情况，突出反映预算与实际执行相比较的情况，以揭示政府公共部门预算管理能力。

政府公共部门资金使用效果或公共支出效率一般不能通过定量手段进行量化反映，只能通过定性分析加以描述。因此，考虑到政府公共部门绩效衡量的复杂性，以及许多绩效不能量化反映的事实，原来的财政收支决算报告中决算说明书或财务情况说明书应改进为财务报告附注。

　　（文章来源：（中国会计报记者）罗莎，《政府财报编制或需克服技术难题》，载于《中国会计报》2014 年 3 月 14 日第 4 版）

怎样利用政府财报管好自身债务

全国政协委员、重庆口岸管理办公室副主任王济光关注我国地方政府债务问题多年。在今年的两会上，他的发言依然与地方政府债务增长的杠杆风险有关，这也是社会各界关注的焦点问题。

2013 年年底，国家审计署公布了中国政府债务规模，其中地方政府债务迅猛发展。规模庞大的政府债务是否会引发财政风险，政府是否具有足够的偿债能力等问题，成为财政发展与改革乃至国家经济社会生活中不可回避的问题。

"有一个办法可以公开透明地回应社会对政府债务问题的关注，那就是将政府债务纳入政府综合财务报告中。"王济光说。

全国政协委员、湖南财政经济学院院长伍中信认为，在政府财报中明晰政府债务状况，不仅可以弥补之前只提供预算执行情况、不披露负债情况的现状，有效实现中央提出的"八项规定"、"六项禁令"和反"四风"的约束，更可以深入地披露政府财务运行情况，接受社会监督，有利于政府诚信的建立。

全国政协委员、财政部财政科学研究所所长贾康也表示，权责发生制政府财报的编制有助于政府更好地管理自身债务，防范和控制债务风险。

贾康认为，从我国国情看，资产、负债等政府财报信息在政府债务管理过程中的作用十分重要。一方面，由于我国政府实际拥有的资产中不仅包括支撑政务运行所必需的政府非经营性资产和提供公共服务所需的公共基础设施性资产，还包含数额巨大的国有经营性资产和国有资源性资产；另一方面，在现行法律制度框架下，这些资产的产权有可能通过一定途径进行交易，资产有变现可能，也有实现途径，政府有可能通过有效手段获得基于这些资产的现金流入。因此，权责发生制政府财报信息有助于充分发挥政府在债务管理和风险控制中的作用，有利于进行科学的政府筹资决策。

除了满足政府债务管理的需要，随着我国公共财政体系的建立，财政管理体制改革不断推进，科学化、规范化管理成为财政管理改革的趋势。政府在提高财政管理水平、公开政府财务信息、防范财政风险等方面对政府财务信息的需求日益增长，迫切需要建立系统完整、科学、详尽的政府财务信息系统。

"权责发生制政府财报制度，通过统一规范政府财报的目标、报告方法、报告内容和报告程序，提供更高质量的政府财务信息，这既有助于全面反映政府财务状况，判断财政运行的效果和可持续性，提高财政透明度，也有助于评估政府受托责任的履行情况，满足公共部门绩效管理的需要。"财政部财政科学研究所研究员韩晓明说。

具体地看，财政科学化、规范化管理除了要求制度创新以外，也需要政府财务信息提供基础性支持：一是预算编制中基本定额指标的确定，需要相关的政府财务数据支持；二是财政绩效管理，需要政府财务报告提供准确的行政成本和项目成本信息；三是提高财政透明度，会促使政府提高财政资源的分配和使用效率，政府财务数据是相关的最重要内容。

而且，随着我国财政收支规模的增长和财政政策手段的丰富，除了预算收支信息以外，政府财务状况信息对于评价财政政策的可持续性、提高财政政策决策的科学性，都十分重要。

（文章来源：(中国会计报记者) 李一硕，《怎样利用政府财报管好自身债务》，载于《中国会计报》2014 年 3 月 14 日第 5 版）

编制政府财报要做好哪些准备

全国政协委员、财政部财政科学研究所所长贾康一直关注我国引入与建立权责发生制政府综合财务报告制度的进程。在接受中国会计报记者采访时，他表示，这将大力推进我国公共财政管理改革、提升我国国家治理能力。

贾康说："从完善公共财政管理制度的角度看，这一改革思路既体现了重要的理论突破，也是适应新形势下改革实践的迫切需要。"

做好"综合"的文章

权责发生制的政府财报，是指以权责发生制为基础，以政府财务信息为主要内容，全面反映一级政府财务状况、运行成果和受托责任履行情况等的综合性报告。对于政府财报的内容，贾康给出了他的答案。他认为，其内容一般应包括财政部部长报告、审计署审计意见、政府财政经济综合分析、政府财务报表（资产负债表、收入费用表等）及其附注等。

贾康说："权责发生制政府财报提供的政府财务信息包括定性信息和定量信息两大类。其中，定性信息主要包括对宏观经济信息的描述和分析认识，定量信息则主要包括政府管理的资产、负债、收入、费用等具体情况。"

对此，研究政府财报编制多年的财政部财政科学研究所研究员韩晓明也表示，在定量信息中，资产、负债体现各级政府所拥有的各类资产和承担的各类负债，全面反映各级政府真实的财务状况，即政府的财务"家底"，是政府在一定时期内财务运行的存量结果；收入、费用则体现政府的运营情况，反映政府在提供公共服务、改善民生、宏观调控等方面的履责情况，是政府财务运行的流量结果。

对于我国政府财报设计时应涵盖的具体内容，贾康认为"综合"一词包含多重含义：一是包括各级各类政府主体，如政府部门、行政单位、事业单位等；二是包括政府的各个层级，即中央政府和各级地方政府；三是包括政府控制的各类资源和承担的各类债务，如自然资源和经济资源，显性债务和隐性债务；四是包括反映政府财务运行环境和财务运行结果的各种定性定量指标和分析等。

解决重点和难点问题

建立权责发生制的政府财报制度，需要解决的重点和难点是什么？对此，贾康表示，首先应该从我国国情出发，合理地界定我国政府财报涵盖的主体范围和合并层次。

"与国外的公共部门不同，我国政府部门涵盖的范围较为广泛，既包括行政单位，也包括事业单位以及下属的部分国有企业，因此必须明确界定政府财报的主体范围。"贾康分析说，我国实行分级财政体制，不同级次的政府财报提供不同层次的政府会计信息，由于不同级次的政府财报主体间存在大量复杂的内部交易活动，合并报表编制的难度很大，这就需要由简到繁，由易到难，逐步推进政府财报合并层次的增加。

一般来说，确定权责发生制的具体应用程度很关键。从国际经验看，各国一般都是根据本国实际，有选择地采用修正的权责发生制，因此修正的程度和范围差别很大。"从我国情况看，权责发生制的应用程度应当是一个逐步推进的过程，首先将易于确认、计量的资产和负债纳入报告，以后在条件成熟的情况下逐步扩大资产和负债的报告范围，逐步提高权责发生制的修正程度。"韩晓明说。

在贾康看来，还要处理好政府财报制度与预算报告制度之间的关系，并完善相关的法律法规，做到有法可依。他认为，建立政府财报制度，需要制定具备法律效力的政府会计准则和会计制度。

同时，政府财报制度还需要与相关经济法规尽可能协调一致，如与《预算法》、《政府采购法》、《税收征管法》等法规相互衔接。此外，还应当考虑在修订《会计法》的同时，补充政府财报制度的相关内容。

在上述问题得到解决的基础上，夯实基础，做好编制政府财报的各项工作也十分重要。对此，业内人士认为，应当制定统一、规范的政府财报制度，明确规定政府财报编制的主要内容、编制程序、职责分工等；与预算管理制度衔接，使政府财务会计工作与预算管理工作有机结合；开发政府财报信息系统，完善功能强大的政府信息平台；加强政府部门内部控制，提高风险控制水平；加强专业技术培训，提高会计人员职业技能等。

（文章来源：（中国会计报记者）李一硕，《编制政府财报要做好哪些准备》，载于《中国会计报》2014 年 3 月 14 日第 5 版）

我国应建立政府财报报送制度

在本届政府的首份工作报告中，关于财税改革最大的亮点就是实施公开透明的预算制度，打造阳光财政。

阳光财政的意义是让老百姓能看明白政府资金如何取之于民、用之于民，而建立权责发生制政府综合财务报告制度正是提高财政透明度的可行方式之一。

党的十八届三中全会明确提出，要建立权责发生制的政府综合财务报告制度，建立规范合理的中央和地方政府债务管理及风险预警机制。

引入权责发生制的政府财报是在政府与社会公众之间架起一座重要的信息沟通桥梁。

或许在不久之后，政府有多少收入，债务规模有多大，公共基础设施、房产、公共储备物资等资产价值多少……这些关系政府财务状况的信息，都将在政府财务报告中予以反映。

不过，有业内人士认为，我国在建立权责发生制的政府综合财务报告制度时，其中重要的一项内容是要建立政府财报报送制度，即政府财报在经审计部门审计之后要报送给人大审议。

全国人大代表、全国人大常委会委员、全国人大财经委委员冯淑萍告诉记者，政府财报可以完整地反映政府拥有资金的现状。简单来说，政府财报不仅有当年的财政收支，还有政府资产负债表、运营净成本表、运营活动和净资产变动表、运营净成本和预算赤字调节表、预算和其他活动现金余额变动表等。

"权责发生制突破了传统财政决算报告制度，能够完整反映各级政府所拥有的各类资产和承担的各类负债。

可以比较全面地反映各级政府真实的财务状况，像美国政府 2012 年发布的政府财报就有 300 多页，但目前，我国还没建立政府财报的报送制度。"冯淑萍表示。

不过，我国政府会计改革已于 2010 年破冰。这一年，以医院和学校为代表的公共部门会计改革拉开序幕。2013 年政府会计改革扩展到高校、中小学校、科学事业单位、彩票机构等其他事业单位。新修订的《行政单位会计制度》已于 2014 年 1 月 1 日实施。

全国人大代表、全国人大常委会委员、全国人大常委会预算工作委员会副主任姚胜告诉记者，编制政府资产负债表，摸清政府家底，在促进政府职能转变、推动财政体制改革、防范政府运行风险的同时，可以大幅度提高政府透明度，便于老百姓监督。

因此，能否像了解上市企业那样了解政府的财务状况，就成为推进权责发生制的政府综合财务报告制度的关键。

然而，建立权责发生制政府综合财务报告制度仍存有一定难度。在我国现行预决算制度下，行政事业单位的报表以收付实现制为编制基础，延续多年。此外，因会计制度的差异，各行政事业单位的数据不能直接合并。以一级政府作为会计主体的债务信息也分散于各个部门，财政部、发改委、审计署都有掌握，但是统计口径各不相同，这也是在推进这项制度中需要思考的内容。

目前来看，建立权责发生制政府综合财务报告制度的关键是要建立统一的政府会计制度，打破现有制度的制约。同时，更要进一步完善对政府财报的编制，引入审计，提高信息质量。

（文章来源：（中国会计报记者）肖祯，《我国应建立政府财报报送制度》，载于《中国会计报》2014 年 3 月 14 日第 2 版）

合理编制政府财报可提升
国家治理水平

在 2014 年两会上，全国政协委员、审计署副审计长董大胜表示，对于社会比较关注的我国地方政府资产和负债，党的十八届三中全会和"两会"政府工作报告提出的"推行权责发生制的政府综合财务报告制度"可以全面、真实、准确反映政府资产和债务等财务状况。

董大胜认为，一个国家的政府财报不能只看当年预算，还要看政府资产、负债和运营具体的情况，有没有偿还债务能力，债务发行后的使用和管理，以及编制债务预算，还有国家投入的预算资金形成的资产，这些内容在政府综合财务报告中都可以体现。

"把国家当成企业看待，编制合理的政府财报，这对提升国家治理水平很有意义，有助于摸清国家的家底，包括资产使用效益、债务管理情况以及变化趋势。目前，国际上有些国家政府编制两套报表，一个是当年现金流入流出的预算决算报表，一个是政府综合财务报告。"董大胜说。

对于政府财报信息的运用，董大胜认为，政府财报信息应该对全社会公开。本国老百姓可以清楚地知道政府的钱用在哪了，如何改善民生等；债务编入政府预算、公布政府资产负债表、对政府信用进行评级等信息，能为社会资金判断是否购买地方政府的债券提供便利；其他国家也可以根据我国的资产配比、债务情况等因素，从而判断如何购买我国国债。

"这就与提供企业财务报表给投资者看的道理是一样的。编制政府财报这件事，中央有关部门应该考虑成立联合小组，审计署可参与其中。"董大胜说，对于政府财报的审计应该依靠国家审计机构。

"以地方政府债务为例，审计署在审计地方政府债务时，将地方政府性债务划分为政府直接负有偿还责任的债务、政府负有担保责任的或有债务和政府可能承担一定救助责任的其他相关债务三种类型。这种划分是有法律基础和符合国际会计准则的。"董人胜说。

对于我国政府财报中资产和债务的划分和纳入，董大胜表示还需要通过多次研讨来逐步达成共识。"比如政府直接负债是否作为国家直接负债，或有负债还需在报告附注中列出等。对于资产和负债的准确口径，都需要进一步调研探讨。"董大胜说。

谈到2013年地方政府性债务审计工作，董大胜坦言"累"。2013年的审计，全国共动用5.44万专业审计人员，历时两个月，不仅做到了公开、透明，也遵守独立审计的要求。"这么大规模的审计不能年年举行，这就亟需地方政府编好综合财务报告，编制我国政府综合财务报告。可以从地方试点开始编制，在编制过程中汲取经验、逐步改进编制内容和方法等。"董大胜说。

（文章来源：（中国会计报记者）李一硕，《合理编制政府财报可提升国家治理水平》，载于《中国会计报》2014年3月14日第3版）

编制地方政府资产负债表
可提高预算透明度

地方债近年来成为两会关注热点之一，关于如何解决地方债问题，全国人大代表、普华永道（香港）会计师事务所高级顾问雷添良建议，政府应积极构建土地受让金管理和储备制度，编制地方政府资产负债表。

寻地方债解决"良方"

我国地方债的发行很大程度上解决了地方政府财政吃紧的问题，让地方政府可以更加灵活地筹集资金，解决发展中存在的问题。

根据国家审计署近期公布的数据显示，截至 2013 年 6 月底，我国各级政府负有偿还责任的债务已达约 20.7 万亿元，而在 2010 年 6 月底前这一数字仅为 10.7 万亿元，短短 3 年间整整翻了一倍。

尽管审计署在披露资料后表示，我国政府举债的结果是"形成了大量的优质资产"，总体的风险是可控的，总量上的指标低于国际标准，且有经营收入作为偿债来源，不大可能发生系统性风险。但是，雷添良认为，快速增长的地方债问题，已经成为当前经济发展的一大风险。

"近 20 年来，国际金融风暴频繁爆发，美国、欧洲以及日本三大世界经济发展的'火车头'居然同时陷入衰退，充分说明了经济运行的不可控性。"雷添良担忧的是，加上我国经济增长速度正在减缓，内外因素夹击的风险始终存在，一旦企业经营大面积出现问题，那将会导致政府面临相当大的困境。

对于如何解决地方政府债务过高的问题，国家发改委在 2014 年 1 月开出的"药方"是，在地方政府平台公司项目建设资金出现缺口、无法完工实现预期收益的情况下，可考虑允许这些平台公司发行适度规模的新债，募集资金用于"借新还旧"和未完工的项目建设，确保不出现"半拉子"工程。

雷添良认为，此举是对原有债务进行展期的积极举动，在地方财权、事权不匹配等体制机制性问题没有得到有效解决之前，体现了有关方面在处理地方债务问题上的灵活性，有助于化解因一些地方偿债能力不足而引发的短期债务风险。

"但是，此举仍无法在根本上解决地方债务问题，因为，相当一部分地区的地方债已经通过卖地偿还方式，绑架了房地产和地方经济发展，进而绑架了实体企业、银行等市场主体，一旦资金链断裂，那就会带来严重的后果。"雷添良进一步假设，如果银行等金融部门将发改委的说法解读为地方政府债务整体风险可控，乃至在主动支持"借新还旧"基础上进一步增加杠杆，那么，就可能意味着银行等金融机构对这类资产的追捧进一步加温，无疑会导致金融风险的再次快速累积，并可能导致流动性风险快速暴露。

为此，雷添良认为，一方面政府应积极构建土地受让金管理和储备制度，土地出让金收入经法定程序，可由土地储备机构、地方财政部门、税务部门及资产经营公司设置财政专户，保证收入及时纳入管理和储备机制内，其他部门不得私设账户。同时，以实现财政支出责任配置与财政收入筹集能力相适应为目标，建立完善土地征收绩效评价体系。

另一方面，要及早编制地方政府资产负债表，提高地方预算透明度。从中长期看，作为财政改革的重要内容，各级政府应编制完整资产负债表。政府预算报告应披露有法律效力的担保所导致的所有或有负债，并向各级人大进行报告。

控风险的配套方案

除通过编制地方资产负债表来控制风险之外，雷添良还提出配套的几个解决方案，一是我国政府应建立市场化风险评估机制和地方政府信用评级体系，实行公开透明的市场化操作，强化地方政府融资平台的外部约束机制，推进市场控制。

二是我国政府应把地方政府债务问题纳入法治轨道，进行规则控制。通过《预算法》修订，在其中设立允许地方在严格的规则之下发债并到资本市场上正常融资以及增补防控地方债务风险的相关法律条文，显然也是十分有必要的。

三是我国政府应该进一步完善分税制，加快地方税改革步伐。通过法律规范，处理好地方政府在政权、事权、财权、税基、预算、产权与举债权之间的内在关系，使得地方政府债务制度走向公开与透明，以此来实现举债还债这一政府治理过程中的科学决策和风险防控。

四是建议中央政府成立地方"坏账银行"，主要负责地方债和不良资产处置，其购入不良资产应采取债务重组方式进行处置，可以对外转让。同时建立基础设施产权交易市场，完善地方政府投资项目退出机制，以便于地方退出部分国有股权，盘活地方政府融资平台资产，通过资产证券化等金融手段为新项目筹集资金。

（文章来源：（中国会计报记者）罗晶晶，《编制地方政府资产负债表可提高预算透明度》，载于《中国会计报》2014 年 3 月 14 日第 3 版）

全国人大代表、均瑶集团董事长王均金：

建议定期编制国家资产负债表

全国人大代表、上海市工商联副主席、均瑶集团董事长王均金在 2013 年"两会"期间提出"关于定期编制国家资产负债表的建议"，认为政府也应该像企业一样定期编制资产负债表，以便提高决策效率和决策质量。

王均金在接手均瑶集团之前分管财务，并在斥资 1.08 亿元入股东航武汉公司后，较早借助财务总监才使得公司清晰掌握了航空业整体运行成本等指标，为日后成立吉祥航空积累了经验。

作为人大代表，他提议国家也应该定期编制资产负债表。

"了解国家的资产质量、资产效率、资产运行情况，并对财富增长进行量化表达，准确了解资金情况、收入来源并确保合理分配，有利于制定短、中、长期的整体运行目标。"王均金告诉记者，从宏观角度看，编制资产负债表有助于看到整个国家经济的全景，为深化改革和顶层设计提供可靠的依据。从微观角度看，可以摸清国家的家底，提高"国家财富"管理的透明度；将中短期经济政策的长期成本显性化；将结构性因素变化导致的长期成本显性化；帮助规划国有企业和养老金体系的配套改革；帮助判断人民币国际化和资本项目开放对中国对外资产负债表的影响；帮助规划地方平台问题的解决方案、提高地方财政透明度；有利于人大代表政协委员的有效监督等。

谈到定期编制国家资产负债表的细节，王均金说，就是要明确编制国家资产负债表的部门、时间、政策，明确资产负债核算概述、资产负债表编制方法、资产负债核算指标解释等。

在资产、负债的分类设置上，应根据国家实际情况和国情，区别并创新设置资产、负债分类，以达到国家资产负债管理目的。

对非经营性资产还可以细化为公益性资产、行政事业办公性资产、国有企业非经营性资产等。负债的设置可划分为中央政府的债务（内债和外债）、

"准国债"（各政府部门和政策性机构所发行的有财政担保的债券）、地方政府债务、国有企业债务、以金融不良资产及其转化形式存在的或有负债、以隐性养老金债务为主的社会保障基金缺口。

编制资产负债表的目的是为国家提供决策支持依据，因此，王均金建议建立多维度、多角度的精细化国家资产、负债分析体系，并结合国家收支预算，制定与国家中长期发展规划相适应的资源配置财务模型，并做出精细的分析报告，为国家拟定相关政策提供科学依据。

"依托细化的资产负债分类和分析体系的建立，有利于提高和促进国有经营性资产的使用效率和经营资产收益情况的分析和考核，以促进扩大国有资本经营预算收入的规模，包括：进一步扩大国有企业利润上缴的主体，除中央企业外，地方国有企业、铁路等非国资委管理的垄断性行业、国有金融企业等，也要尽快实行资本分红。同时也有利于国家控制和分析负债规模及风险。"王均金说。

王均金在临危受命公司掌门人后，提出"打造百年老店"的经营目标，而财务分析报告是他时常需要关注的重点内容。他认为，这份由国家定期编制的资产负债表也应在全国"两会"期间向人大代表、政协委员公布并接受审议，至于涉密信息，可以剔除或用其他保密形式体现。

（文章来源：(中国会计报记者) 罗晶晶，《建议定期编制国家资产负债表》，载于《中国会计报》2013 年 3 月 15 日第 2 版）

第六部分 专家观点

需要号脉国家资产负债

——专访中国银行首席经济学家曹远征

中国会计报记者　高红海

当下，关于地方债务规模的争议不断，而在中国银行首席经济学家曹远征看来，类似这些都是国家负债的一部分。

研究和分析国家资产负债表，则有可能对理解和应对这些国家债务有所裨益。

用会计算出国家资产负债

"如同企业编制资产负债表并进行分析决策一样，国家也可以尝试编制自身的资产负债表。其编制原理是一样的，那就是采用会计的原则。"曹远征告诉记者，理论上，可以把国家某一个时点的所有资产负债反映出来。

事实也是这样。曹远征组织一班人马，耗时 1 年，在已公布的 1998 年国家资产负债基础上，结合历年统计年鉴中的资金流量表（实物交易和金融交易）数据，经过会计处理，计算得到 2008 年包含居民、非金融机构、金融机构和政府四大部门的国家资产负债表。

尽管得到的并非精确数字，但从存量角度反映国家资产负债整体概况并识别和量化国家短期、中期、长期可能发生的风险，相对于仅仅看 GDP、财政收支等流量数据，这依然是一个重要参考。

在研究中，曹远征发现中国的国家资产负债表状况整体还是很好的，资产运用能力和抵御风险的能力也很强。

同时，曹远征团队尝试构建了我国政府的财政风险框架，并分类考察了我国中央政府的直接显性、直接隐性、或有显性以及或有隐性四类债务。

曹远征认为，从直接负债角度来看，中国政府债务规模不大，整体水平似乎远在警戒线以下。但如果再将转轨过程中可能存在的隐性的、或有的债务考虑进来的话，我国政府的债务规模亦不可小觑。

在他看来，随着经济体制的转轨，政府对企业的支持方式从过去的直接支持转为担保或隐性承诺，这最终会演化为政府负债。例如，福利欠账等就是我国隐性的、或有的债务。

从会计角度理解债务缺口

编制国家资产负债表在加拿大等部分国家已是法定要求，中国在这方面目前仍处于研究阶段。

尽管人们对用会计标准编制国家资产负债表没有什么疑问，但却对一些研究结果提出质疑，例如人们会争议地方债务规模到底有多大以及养老金是否存在缺口。

"之所以有一些数字争议，这主要是因为概念没搞清楚，很多人不明白国家资产负债表给出的是会计计量的概念。"曹远征解释说，很多人把有关债务缺口理解成现金流量表上的缺口。

曹远征以企业报表编制为例，指出有资产负债表就一定会有损益表和现金流量表，即使现金流量表永远为正，其损益表也可能为负，如企业尽管有现金，但经营却出现亏损。其原因可能是销售规模不够大、销售收入不够多，解决的办法通常是扩大投资、扩大产能、扩大销售能力。

这样一来，亏损的缺口就变成了投资的倒数，假定投资利润率是10%，100万元的亏损缺口就需要1000万元的投资。这1000万元的投资在资产负债表中体现为企业的资产，但如果企业没有这1000万元而去向银行借款，就体现为1000万元的负债。如此，负债规模自然比原来的亏损缺口大。

同理，在国家资产负债表中，一些负债项目虽在现金流量表上是正的，但在损益表上可能是负的。为了弥补缺口，就需要进行相应投资，而若国家拿不出这些投资，这就形成了相应的负债。

像企业一样应对国家债务

在现有制度不变的情况下，一些负债缺口在往后的年份会逐年放大。怎么应对这种情况呢？曹远征认为，还是要学习企业和家庭过日子的做法。

对于一个企业来说，决策者通常会关注分析债务的可持续性，资产负债表不牢固主要表现为结构错配、货币错配和期限错配等。以结构错配为例，企业的解决办法就是把一项资产卖掉去买需要的资产，家庭也一样，比如把汽车卖掉去还房贷。以期限错配为例，可以把短债换成长债。以货币错配为例，可以把当前风险大的币种换成当前风险小的币种。

同样的道理，解决国家负债的方法也是先看相应债务的类别，采取类似于企业和家庭的做法。例如，对于养老金缺口，可以通过国有股权划转等制度安排等予以弥补，用解决债务结构错配的方式来解决。对于铁路、地铁等投资回报期较长的基础设施建设方面的债务，可以用债务展期、发债等方式将短期债务换成长期债务，用解决债务期限错配的方式来解决。

曹远征认为，国家资产负债表对于国家的意义，不仅在于反映了某一时点的国家资产负债的整体存量信息，还在于能够像显微镜一样揭示未来的风险在哪里、在什么时点发生，从而有效应对。

"更奇妙的是，有了国家资产负债表这样的视角，我们对很多问题的看法和做法也可能会不一样。例如对于所谓的国有企业垄断和暴利问题，当发现其能够为我们提供养老金时，我们就在某种程度上成了它的股东，就会更好地对它进行监督，这样可能给国有企业的治理结构带来改变。进而从国家资产负债表的视角，也可能会对社会主义市场经济制度的完善提供新的启示，甚至可能会启动一系列改革。"曹远征说。

（文章来源：（中国会计报记者）高红海，《需要号脉国家资产负债》，载于《中国会计报》2012 年 10 月 12 日第 1 版）

政府会计引入权责发生制的思考

周秀娜　郝玉清

一直以来，我国政府预算会计传统上是以收付实现制作为会计确认基础。然而，当前我国的预算会计环境发生了许多变化，政府预算会计中存在的问题，许多都是与收付实现制会计基础有关。

鉴于现行收付实现制下我国政府会计存在的问题，我国政府会计应循序渐进地引入权责发生制，逐步调整与财政管理制度改革和国家经济政策要求不相适应的地方，分别从资产、负债和收支三方面进行改革。

资产类。政府资产的权责发生制改革应从固定资产的权责发生制核算开始进行。固定资产的确认与计量遵循公认会计原则中的历史成本原则，会计期末有确凿证据证明资产的账面价值低于可收回价值，应当按差额计提资产减值准备。

按照权责发生制标准，政府会计应确定资产资本化标准，低于这一标准的资产不能资本化，计入当期费用，高于这一标准的必须资本化。当单个资产价值低于最低标准，但这类资产作为一个整体，其金额高于最低标准时，可将这类资产归并在一起作为一类资产来确认。对于定期更新的资产，在首次购置时作为固定资产确认，此后将所有更新作为费用处理，只有资产价值发生较大变动（一般指更新的支出占原值的30%以上），才需调整资产的账面价值。资产处置时，应将处置资产所得与其账面价值的差额在处置资产的会计期间内确认收益或损失。

同时，我们应对政府及其部门运转过程中所耗费的固定资产成本通过分期计提折旧的方法予以确认和计量。对于一些比较难确认的政府资产，如军事资产等可以暂时不纳入核算范围。我们可以增设"累计折旧"、"固定资产净值"科目，以反映固定资产原值扣除累计折旧后的余额。

负债类。隐性负债主要包括政府发行的中长期国债中应由本期负担以后年度偿付的利息，应付而尚未支付的职工工资、社会保障费用，购入物资暂欠货款的应付账款等。为了降低政府的财政风险，政府会计应尽可能充分地揭示政府的隐性负债。具体做法是：在负债发生时，按取得成本作为长期负债的增加，按权责发生制的原则确认各期应分摊的本金和负担的利息，并计入当期支出和转入偿债基金，归还时减少偿债基金和长期借款。

对于社保基金的权责发生制核算，可将收取的个人和企业保险金作为单独的"社保基金收入"的增加并实行专户管理，需要由财政预估应付支出的部分列入"社保支出"项目在当期预算中安排，并转到"社保基金收入"，当期的支出通过"社保基金支出"核算。对于政府担保支出等或有负债，应分类考虑；对于已经确认为政府负债的部分，在主表中披露；对于不确定的或有负债部分，先以报表附注形式或单独列示的方法予以披露。

另外，对政府采购中出现的跨年度付款和大型采购项目在保修期结束后支付的跨年度尾款实行权责发生制。除此之外，对于政府财政收支中预算单位的上级补助收入和下级上缴收入也可以考虑使用权责发生制。

（文章来源：周秀娜、郝玉清，《政府会计引入权责发生制的思考》，载于《中国会计报》2012 年10 月 26 日第 13 版）

我国传统预算会计需革新

　　我国传统的预算会计正在发生变化。事实上，历经 60 多年的发展，传统预算会计一直在不断改进以适应预算管理需要，而随着近年来我国开展的一系列公共财政与预算管理改革的推进，预算会计需要进一步革新。

　　新中国成立以来，我国的预算会计完成了从初步形成到成熟发展的蜕变，其间大体经历了以下三个阶段：新中国成立后至 1978 年的初步创立阶段：新中国成立后建立了高度集中、统收统支的预算管理体制，财政部于 1950 年颁布了《各级人民政府暂行总预算会计制度》、《各级人民政府暂行单位预算会计制度》，这标志着我国预算会计体系的初步创立。这一时期预算会计的主要特点有三个方面：一是预算会计具体由财政总预算会计和单位预算会计两部分组成；二是会计核算基础主要采用现金制；三是财务报表包括总预算会计报表和单位预算会计报表两类。

　　1979～1999 年的形成阶段：改革开放后，为适应国家财税、金融和预算管理体制的巨大变化，财政部于 1997 年和 1998 年年初颁布实施了《财政总预算会计制度》、《行政单位会计制度》、《事业单位会计制度》和《事业单位会计准则（试行）》（简称"一则三制"），这标志着我国传统预算会计体系的正式形成。这一阶段预算会计具有以下特征：一是预算会计具体区分为财政总预算会计、行政单位会计和事业单位会计三个分支；二是会计核算基础主要采用现金制，但部分业务采用应计制；三是财务报表包括总预算会计报表、行政单位报表和事业单位报表。

　　2000 年至今的发展阶段：从 21 世纪初开始，国家先后开展了编制部门预算、政府收支重新分类、实施国库集中收付制度、推行政府采购制度等预算管理方面的改革，初步建立起与公共财政相适应的政府预算管理框架，与此相适应，财政部对现行预算会计制度进行了相应的改进。

　　我国传统预算会计主要反映政府预算资金收支情况及其结果，目的是提供满足国家宏观预算管理和控制所需的信息。从形成至今，我国传统预算会计体系在保护政府预算资金的安全完整，强化预算管理和控制等方面发挥了重要作用。然而，近年来我国开展的一系列公共财政与预算管理改革，使得传统预算会计体系难以满足服务政府绩效评价、防范财政风险与加强财政科学化精细化管理的需要，并逐渐暴露出一些局限性。

　　一是在预算会计体系"三分天下"的格局下，财政总预算会计仅记录和反映预算资金拨款阶段的交易，无法反映财政预算资金循环的全过程。

　　二是现金制核算基础下，政府资产不记录房屋、建筑物等固定资产，政府负债不包括政府发行的中、长期国债中尚未偿还的部分，以及社会保险基金支出缺口和政府为企业贷款提供担保产生的或有负债及地方政府欠发工资等，政府权益不反映我国庞大的国有企业和国有资产带来的权益，政府支出和成本费用水平反映不合理，这些因素的综合结果是无法全面完整反映政府的财务状况及政府行为长期持续能力的信息，难以对政府履行公共受托责任开展科学合理的评价。

　　三是传统预算会计只提供政府预算执行报告，而非政府财务报告，这同样使得政府财务状况不能得到全面的反映，不利于对政府财务状况进行系统的分析，更不利于立法机构和公众对政府资金分配与运行进行监督和管理。

　　（文章来源：殷红，《我国传统预算会计需革新》，载于《中国会计报》2013 年 6 月 7 日第 3 版）

"三公经费"披露开启我国政府会计信息公开

中国石油大学（华东）财务与会计系　刘福东

近日，财政部网站公布了中央本级 2012 年"三公经费"预算执行和 2013 年预算安排情况。

"三公经费"的公开披露，是政府敢于"自曝家底"的重要举措，这虽然并没有在整个政府体系中全面推广，但却受到广泛的关注和"草根"阶层的热议，其背后也折射出公众对于"政府会计信息披露"的基础性诉求。

从道理上看，公众作为委托人，将属于自己的钱、物甚至是生命交予政府，由政府代为决策和使用，公众当然希望了解这些资源的来龙去脉，关注资源配置的效率和效果。为了获得公众长久的支持，政府较明智的做法就是"及时向公众报告自己在哪些方面花了钱，做了哪些事，取得了什么效果"。

事实上，政府会计信息需求者是非常广泛的。社会各阶层，只要在政府权力范围影响下，都可能会因为利益关系而产生对政府会计的信息需求。与企业会计（私人部门）信息的需求产生过程相比，政府会计信息需求的形成机理更为复杂，而且存在明显的东西方差异。

在西方多党制的政治体制下，政府信息公开得较为彻底，其披露动机更直接地来自于外部需求者，像选民、利益集团等。

如果你现在打开美国、澳大利亚、新西兰等国地方政府或中央政府的网站，几乎都可以免费下载或阅读政府的财务报告。而这些报告都是严格依据有关政府会计准则编制的，报告的模式和内容非常规范，而且很多都经过了独立审计。

相比较而言，我国现阶段的政府会计信息披露，有的来自于外部压力，但更多地是来自于内部需求，其直接目标是政府自身希望规范权力运作，遏制腐败、浪费等权力寻租行为。

不过，"三公经费"公开更多是政府财政管理的一项局部创新，还不是真正意义上的政府会计信息披露。

笔者认为主要有以下几个原因：第一，我国拥有体系庞大的政府预算会计，但是还未真正建立严格意义上的政府会计，目前披露更多的是政府预算相关信息；第二，目前政府公开披露了"三公经费"等项目，但其披露的信息有待细化，而且还没有形成公认、通行的信息披露模式和机制；第三，有关的信息披露以后，究竟产生了什么样的效果还有待检验，毕竟信息披露本身不是目的。

但是，目前来看，有关信息披露后，公众意愿的搜集与传递，以及政府决策的调整，还缺乏行之有效的机制保障。

我们不难发现，我国政府会计信息公开披露将会有很长的路要走。但是，我们已经起步，并且这个起步是有"开创性"意义的。

（文章来源：刘福东，《"三公经费"披露开启我国政府会计信息公开》，载于《中国会计报》2013年6月7日第3版）

政府会计有助于推行绩效预算改革

厦门国家会计学院　刘用铨

准确地把握完成绩效目标需耗费的成本将是我国推行绩效预算改革的重要条件之一，而政府会计在政府绩效管理过程中发挥的主要作用就是计量政府组织投入。

成本计量和绩效评估成为以新绩效预算为核心的政府绩效管理的两大支柱。20世纪四五十年代，旧绩效预算改革失败的重要原因之一便是缺乏政府会计权责发生制改革。

20世纪90年代以来，政府成本会计兴起并日益受到重视，完全颠覆了传统政府不核算成本的经典观念，这是现代政府会计最为重大的发展之一。实际上，政府成本会计兴起与发展顺应了各国以新绩效预算为核心的政府绩效管理的需要。

组织绩效管理以组织绩效计量为基础。不论政府组织还是私人组织的投入，即消耗的各种资源，大部分都可以通过货币统一计量。企业组织生产、提供的私人产品在市场上买卖，所以市场通过价格对企业组织产出进行统一货币评价。因此，企业会计基于统一货币计量的"收入－成本费用＝盈亏"成为企业组织绩效最基本但也是最核心的评价。

但是，政府组织生产并提供的公共产品不像私人产品一样可以在市场上买卖，因此，缺乏市场价格将影响对政府组织产出进行的货币统一评价。

这就天然地造成政府组织绩效管理难题，也注定形成政府会计在政府绩效管理方面的局限性——以货币计量为基础的政府会计只能计量政府组织投入，无法计量政府组织产出。

政府组织产出至少应当从经济、政治、文化、社会和生态文明等五个维度进行计量，各国政府绩效管理通过绩效评估技术构建多维指标体系对政府组织产出进行计量，这已经突破了政府会计范畴。所以，政府会计在政府绩效管理方面发挥的主要作用是计量政府组织投入。

政府会计对政府组织投入的计量包括传统支出会计和新兴成本会计两种方法，其中成本会计比支出会计更加准确。

组织消耗各种资源首先应当获取资源，但获取资源不等于消耗资源。传统支出会计计量组织为获取资源而支付现金，但当期支付的现金并不等于组织当期消耗的资源。政府成本会计通过应计、支出资本化、折旧与摊销等权责发生制会计程序准确地计量组织当期全部资源消耗（总成本），还通过成本归集、成本分配等专门成本会计技术将总成本对象化到各项产出，进而计算各项产出资源消耗（单位成本）。

所以，成本计量和绩效评估成为以新绩效预算为核心的政府绩效管理的两大支柱，有了政府成本核算，这将直接有利于我国推行预算改革。

（文章来源：刘用铨，《政府会计有助于推行绩效预算改革》，载于《中国会计报》2013年6月7日第3版）

我国政府会计已采用修订的
收付实现制

中南财经政法大学财政税务学院　王金秀
长沙理工大学经济与管理学院财务与会计系　柳宇燕

很多人认为我国政府会计是以收付实现制为基础，事实上，我国财政总预算会计和单位会计早已不是完全意义上的收付实现制。

虽然1997年财政部规定财政总预算会计核算以收付实现制为主，但2001年我国财政部发布的补充规定中说明财政总预算会计的五大个别事项可以采用权责发生制，从而初步引入了权责发生制。

同时，为了适应财政国库管理制度改革的需要，规范地方实施改革后财政总预算会计核算，财政部2003年规定：对于年终预算结余资金可以实行个别事项的权责发生制账务处理。

此外，财政总预算会计虽然平时在日常核算时对每一笔收支都按收付实现制入账，但到每年年底、新年之初都要设置一定时期的年终结算清理期对上下级之间跨年度的上解收支、补助收支及其上下级往来按预算安排进行结算，并作会计记录入账，这类账务实际上也是某种应计制的会计处理方式，而且，这被国际会计师联合会称之为修正的收付实现制或修正的权责发生制。由此可见，从严格意义上来说，财政总预算会计并不是完全的收付实现制，而是修正的收付实现制。

相比财政总预算会计，现行行政单位会计和事业单位会计权责发生制程度更深一些。例如，虽然行政单位会计制度条款专门规定以收付实现制为核算基础，但其实际上增设了"应付工资（离退休费）"、"应返还限额"等应付未付项目的负债类会计科目，这实际上就是在一定程度上体现了权责发生制的应用。

事业单位会计制度规定，一般采用收付实现制核算，但经营性收支业务核算可采用权责发生制。

一些特殊行业的事业单位会计更早就采用了权责发生制，1989 年的医院会计制度就明确规定采用权责发生制。1998 年确定的高等学校会计制度也规定了经营性收支业务的核算可以采用权责发生制，同年开始执行的中小学校会计制度对实行内部成本核算的勤工俭学收支采用权责发生制。

当然，事业单位会计体系范畴内运用权责发生制只是具有局部性，这种局部性体现在部分行业、部分事项可以按规定采用权责发生制，并没有在全部事业会计中全面普及性地实行完全的权责发生制。今年 1 月 1 日起执行的新《事业单位会计制度》依然延续这一特点，但新制度比旧制度应用权责发生制的程度有所提高，并通过单独设置"累计折旧"、"累计摊销"科目分别核算固定资产、无形资产耗费，使得事业会计权责发生制会计基础的运用也更加规范。

2012 年 1 月 1 日起执行的新医院会计制度直接规定采用权责发生制会计基础，这应该是事业单位行业会计中权责发生制程度应用程度最宽泛、改革力度最强的会计制度。2011 年 7 月 1 日起施行的基层医疗卫生机构会计虽然按制度规定采用收付实现制基础，但实际上其设置的"财政应返还额度"、"应收医疗款"、"其他应收款"、"待摊支出"等资产类科目以及"应缴款项"、"应付账款"、"应付职工薪酬"、"应付社会保障费"、"应交税费"、"其他应付款"等负债类科目都是权责发生制或应计制运用的表现。

其实，对于会计基础而言，完全的收付实现制和完全的权责发生制是两个极端。在政府会计领域中，并不存在纯而又纯的权责发生制或收付实现制，一般是在两个极值之间进行调整，不同程度地进行应用，因而采用修正的会计基础比较多。上述事实表明，我国政府会计三大主体都已经或多或少地引入权责发生制。这说明了迄今为止我国的政府会计早已不再仅仅是以收付实现制为会计基础，至少已经采用了修正的收付实现制，或许说已经采用修正的权责发生制也不为过。

（文章来源：王金秀、柳宇燕，《我国政府会计已采用修订的收付实现制》，载于《中国会计报》2013 年 11 月 22 日第 3 版）

"新农合"制度开辟政府会计新领域

江苏大学财经学院财务管理系　李靠队

2013 年，社保基金预算纳入了预算报告，社会保险基金首次通过中央预算口径进行管理，进入公众的视野。这也标志着社会保险基金会计正式纳入预算会计体系，进一步拓展了政府会计的领域。

由于社会保险的基金性质和管理要求，对社会保险基金采取的会计方法"天然"就是基金会计，或者说社会保险基金的会计就是"基金会计"。

基金会计作为一种会计方法，并不"天然"只用于社保基金，其是国际上政府会计领域普遍采取的一种方法。

其实，早在 2008 年 1 月财政部、卫生部专门出台的《新型农村合作医疗基金财务制度》（下称《新农合财务制度》）和同年 2 月财政部发布的《新型农村合作医疗基金会计核算办法》（下称《新农合会计制度》）就探索了基金会计。它们明确了新农合基金的财务会计制度，突出了新农合核算的基金会计主体特征。

一是明确了基金会计主体地位。《新农合会计制度》规定，"新型农村合作医疗基金应当作为独立的会计主体进行确认、计量和披露。新型农村合作医疗基金独立于经办机构的固有财产及其管理的其他财产，实行专款专用。"二是强化了基金的受托责任。《新农合财务制度》规定，"任何地方、部门、单位和个人均不得挤占、挪用，不得用于平衡财政预算，不得用于经办机构人员和工作经费。"《新农合会计制度》同时规定，"经办机构要建立健全内部管理制度，定期或不定期向社会公告基金收支和结余情况，接受社会监督。"三是明确了新农合基金的会计理论基础，即：资产 = 负债 + 基金结余、基金收入 − 基金支出 = 基金结余，经办机构应当根据《新农合会计制度》的规定"编制新型农村合作医疗基金财务报表"。

新农合的社会公共性和专款专用特征，使得新农合符合基金的目的性、限制性和广泛的受托责任特征，"新农合"基金从会计角度来看已经是有特定目的和用途的公共资金（或账户），成为基金会计主体。威廉·华特在基金会计理论中指出，"基金代表了具有特定经济功能的、有指定或限制用途的财务资源以及与之相对应的义务和限制"。"新农合"基金无疑是符合基金会计核算范畴的，新农合基金会计的实践经验和做法完全可以借鉴到我国政府会计改革之中。

政府会计改革的实质是要向纳税人报告其财务受托责任的履行情况，基金会计将有利于增强政府会计的透明度，为立法机关和广大公众更好地进行监督提供条件。

新的《医院会计制度》、《高等学校会计制度》拉开了政府会计改革的帷幕，但其只是兼顾"基金"会计，而重在"预算"会计；尽管其中有对"固定基金"、"专用基金"等项目的核算，但这并非真正意义上的"基金会计"，更没构成基金报告主体。

在新农合纳入政府预算体系后，我们更应该注重其基金会计核算模式对政府会计改革的借鉴意义，从而增强信息透明度、强化公众监督，更好地履行政府受托基金责任，而不是再回归到预算会计的老路之中。

基于历史原因，"新农合"主要归属卫生部门管理，但也同时存在由社保部门管理的现状，随着政府机构大部制改革，"新农合"更需要进一步坚持和完善科学的"基金会计"内部制度，以防范基金管理和运行的财务风险，从而让这一惠民机制下的基金能够"独立"健康地运行，这也有助协调"新农合"管辖和隶属部门之争。

（文章来源：李靠队，《新农合制度开辟政府会计新领域》，载于《中国会计报》2013 年 12 月 13日第 11 版）

编制自然资源资产负债表的几个技术问题

中国社会科学院工业经济研究所　李春瑜

十八届三中全会通过的《中共中央关于全面深化改革若干重大问题的决定》提出："探索编制自然资源资产负债表，对领导干部实行自然资源资产离任审计"。

根据已公开材料，多个省市在 2014 年重点任务或折子工程中均提到了要"编制自然资源资产负债表"。自然资源资产负债表是一个崭新的课题，目前不管是国内还是国外，都没有成熟的思路和方法。鉴于此，本文对自然资源资产负债表的编制提出以下几点认识：

第一，以现有自然资源环境统计和核算体系为基础。

从本质上讲，自然资源资产负债表是自然资源核算体系的重要组成之一，属于自然资源核算基础上信息的披露与报告部分。因此，自然资源资产负债表的编制方法、内容、角度应该建立在已有的统计和核算体系之上，与已有体系在标准与格式上应尽可能对接，在核算信息基础上形成报表体系，实现原有统计和核算体系的延展和深入。

第二，从"使用目的"和"可计量"两个角度确定报表内容。

报表内容的设计应该紧贴报表的使用目的。按照《决定》，自然资源资产负债表的编制直接服务于领导干部的离任审计和绩效考核。

因此，自然资源资产负债表的内容确定应该遵循这样的基本思路：自然资源保护和利用管理工作当前重点是什么？围绕这些重点工作应该有哪些有效的考核衡量指标？围绕这些衡量指标如何在自然资源资产负债表上列报和编排相关的信息？

第三，不追求严格的会计报表平衡关系。

说到资产负债表，第一感觉就是要"平衡"，即"资产＝负债＋净资产

（权益）"的大平衡关系，以及"有借必有贷，借贷必相等"的项目平衡关系。这些平衡关系在企业资产负债表和国家资产负债表中都是存在的，但自然资源资产负债表大可不必一定要追求数据关系的平衡。

其一，这种平衡关系是一个对组织体经济关系的描述，而不是针对组织体所拥有的某项资源。其二，并不是进入自然资源资产负债表的所有资源都能够实现价值量化，在量纲不能统一到"价值"时，平衡关系就不可能存在。

当然，如果将来在自然资源的产权和交易关系方面有了重大理论突破，自然资源资产负债表的平衡关系可能会加强。但目前，自然资源资产负债表的定位应该是"管理报表"，而不是"会计报表"，可以在个别项目的勾稽关系上要求平衡或对应，但不一定非要遵循会计报表的整体平衡关系。

第四，数量、质量和价值并重。

有别于会计报表"价值计量为主"的列报方式，自然资源资产负债表应该是"数量、质量和价值并重"。

数量列报最为成熟，需要在自然资源资产负债表中列示自然资源的期初存量、本期增量、本期减少量和期末存量。质量列报也很重要，如水、空气、土壤等环境质量变化情况，只需要列示期初和期末值即可。同时，要明确自然资源的质量衡量指标，例如水质量衡量指标包括：富营养成分（总磷、无机氮等）、浑浊度、含盐量、酸度、溶氧量等。

但是相对于数量和质量计量，当前全面价值计量的必要性和可行性都并不非常紧迫。一是有了数量和质量计量，基于自然资源资产负债表的审计和绩效考核基本上具备了基础；二是全面价值计量需要自然资源产权制度和交易制度的重大突破，以及自然资源估值体系的健全与完善，这非一日之功，硬性全面"价值"化，不符合客观实际；最后，《决定》提到"完善自然资源的有偿使用和建立自然资源的补偿制度"，有偿使用和补偿都需要进行价值计量，但基于有偿使用和补偿的价值计量可以通过针对单项自然资源的专业评估去解决，不一定非要在自然资源资产负债表中解决。

即便在报表中进行了自然资源的价值列示，单项自然资源在转让和补偿时依旧需要进行专项评估。

第五，存量与流量并重。

会计报表中，以资产负债表反映"存量及其变化"，而以利润表和现金流量表反映"流量"。但由于自然资源资产负债表并不属于会计报表体系，不能认为在自然资源资产负债表之外还有自然资源利润表和现金流量表。因此，自然资源资产负债表就应该围绕绩效考核诉求，将反映绩效考核数据要求的所有关键存量和流量自然资源数据进行列报。

例如，在流量数据方面，类似污染物排放量这些数据虽然和自然资源存量没有明确的数量关系，但一定要列入。在价值数据方面，自然资源使用权、污染物排放权收入及自然资源相关的税费收入要列入，节能环保投入支出、自然资源人为破坏形成的损失等这些流量数据等也要列入。

第六，报表体系而非单张报表。

自然资源资产负债表如果要同时涉及数量、质量和价值，要对各种管理考核相关的流量和存量数据进行列报，那么，其在维度、格式方面就可能非常复杂，单张报表未必能够满足要求。其实，它是围绕"自然资源状况预警监测与管理、自然资源状况审计与考核"目的的一套自然资源管理报表体系，而非简简单单的一张报表。另外，报表实现了核算数据的集约化并展现了数据的相互关系。因此，自然资源资产负债表还要简洁，报表数量也不宜过多。应该基于以上原则去确定自然资源资产负债表体系的构成与格式。

（文章来源：李春瑜，《编制自然资源资产负债表的几个技术问题》，载于《中国会计报》2014年5月9日第3版）

从财政总会计年终结余资金核算反思权责发生制的运用

中南财经政法大学财政税务学院　王金秀

长沙理工大学经济与管理学院财务与会计系　柳宇燕

权责发生制和收付实现制都有其自身优势，两种系统不应该仅仅看作是非此即彼、相互替代的。因此，实施政府会计权责发生制改革并不需要完全摒弃收付实现制，因为权责发生制的引入会导致政府高成本的投入，其复杂性可能导致政府管理人员无法接受等问题，这些是政府会计改革者们不得不考虑的问题。笔者以年终预算结余资金（下称"结余资金"）采用权责发生制基础核算为具体实例进行分析。

早在 2003 年，财政部明确规定：对于地方财政实施财政国库管理制度改革试点形成的年终预算结余资金的财政总预算会计，按规定实行个别事项的权责发生制账务处理。

对于权责发生制应用于政府决算是否真的适合我国现实国情及其对政府决算会产生怎样的影响，笔者认为有必要进行探讨和分析。

结余资金形成原因有很多，笔者认为可能的原因存在两种情况：一种情况是，假设所有的预算资金都是预算年度急需使用的。在这种假设下，财政所下达的各单位预算指标以及追加预算额均通过周密预测和论证，预算科学，经费使用合理，极少存在贪污浪费现象。这种情况下出现预算结余资金，往往有以下几种原因：一是国库集中收付制度中的经费，特别是项目经费很难在短时间内按照规定程序使用完毕；二是当年有部分政府采购工作不能在当年完全结束，致使资金支付滞后；三是某些工作进展没有预计的那么顺利，资金支付会随着工作的延期将付款时间向后推移；四是年底资金在结算过程中出现因网络故障或者票据的传递推迟等客观原因造成的资金必须跨年度支付的情况。

这种情况下，采用权责发生制核算年终决算的预算结余能够反映现实的客观情况。因为，此时如果采用收付实现制，那就会因为资金支付跨年度问题影响财务数据的历史可比性，使会计信息失去意义，而不完整的会计信息最终将会误导信息使用者。因此，在这种情况下采用权责发生制，能够避免因客观原因造成的支付时间推迟导致支出信息不客观情况的发生。

另一种情况是，预算指标大于实际所需的预算额度。这种年终预算结余往往是由较为落后的预算管理（如以"基数"为预算编制基础、编制过程中缺乏必要的论证和预测）以及资金使用者实现自身效用最大化的做法导致的。在"经济人"假设条件下，资金使用者为实现自身效用最大化的途径有两个：一是在上年预算基础上，尽可能地扩大本年的增幅；二是因不可预见因素出现预算追加情况下尽可能获取更多的补充拨款。当预算资金超过相应的公共产品和服务必要的成本，超额的预算分配就构成了预算资源中的"租金价值"，也形成了预算管理中的"寻租"和"设租"活动。

这种情况下，采用权责发生制进行计量，往往会导致支出虚增的情况发生。众所周知，企业会计中常常使用"往来款项"形成债权债务关系，这就形成企业"虚增"或者"虚减"财务成果的蓄水池。即使有准则对企业行为的会计核算进行规范，但这仍然是相关审计机构的监控重点。在政府会计中，上下级财政以及各部门之间的往来款项纳入"暂存款"和"暂付款"核算，这也容易诱发行政事业单位自由裁量权的非规范性扩张。

对于年终预算结余资金的核算是否采用权责发生制，笔者认为不能一刀切，应该分情况并结合当地实际进行合理应用。例如，对在上述第一种情况下出现的四种原因导致的预算结余，可以采用权责发生制进行核算；在其他情况下形成的预算结余，则采用收付实现制，以避免虚列"支出"情况的发生。因此，对于同一事项的核算，政府会计应结合可能出现的各种情况来考虑会计基础的选择问题。在制定了会计计量基础的具体应用方案以后，对于会计人员能否按照规定要求作出专业判断，并选择相应的会计基础作出核算这一问题的考察，可以通过加强政府内部审计，例如核对国库的往来账目等来规制会计人员核算的合规性。

（文章来源：王金秀、柳宇燕，《从财政总会计年终结余资金核算反思权责发生制的运用》，载于《中国会计报》2014年6月6日第10版）

中国应立足国情编制基于权责发生制的政府综合财务报告

财政部财政科学研究所特聘教授　陈立齐

每个现代政府都应该有一个强有力的支撑财政政策制定及财政管理的会计体系。通常来说，由政府部门设计和运作的政府会计体系应该能够定期生成资产负债表和财务绩效表，并将预算与实际的收入和支出进行对比，同时还应提供现金流量表及其他信息。所有这些官方信息，尤其是与债务有关的信息，可以用于监测财政风险及执行财政规则。

为了确保可信度，这些财务报告应该符合权威机构制定的良好会计准则，并与先进的国际实践接近。权威的做法包括采用权责发生制的国际公共部门会计准则（IPSAS）以及国际货币基金组织（IMF）的政府财政统计（GFS）手册。目前，IMF财政事务部致力于重振财政透明度，开发更有效的财政预测和风险分析的方法，并呼吁根据权责发生制和全面覆盖原则来统一财政预算、会计和统计。

政府会计准则与制度应一致

如果国际准则要应用于中国，应该首先考虑中国政府会计改革的目标和当前的环境，同时也要加强对中国政府会计体系的管理，尤其是财务会计。

推进中国政府会计改革需要改进准则和制度。原则上，准则和制度应该一致并互为促进。

但在实践中，要使其相互协调、同步发展，是颇具挑战性的。笔者建议应该首先就政府会计改革的总体目标达成共识，即基于健全的会计和报告原则，建立有效的财务报告体系。这些原则的核心在于以权责发生制为基本计量方法，并采用综合报表的报告形式。如果中国政府要实现总体的综合财务报告，政府各个组成部分的权责发生制都必须达到共同的最低程度。

笔者认为，当务之急在于财政部要加速对政府债务的确认和计量，因为一些关注中国地方政府债务膨胀问题的机构已经发布了对中国国家资产和负债的非官方估算或推测。由于缺少统一定义和规则，这些数据不尽相同。这一情况务必尽早纠正。

鉴于此，应特别强调制定良好的、统一的政府会计准则的必要性，尤其是针对资产和负债的准则。权责发生制的政府会计重点关注财政年度末的资产和负债，而及时生成的资产负债表则反映政府会计制度的成功。

中国政府一旦决定编制政府资产负债表，就会立即面临确定报告主体所引起的问题：谁的资产？谁的负债？由于财务报告的功能之一是用于明确和履行权利和责任，其报告主体应是政府自身及其附属或下属单位。

另外一项重要的规则是关于确认某种经济资源作为报告主体的资产以及某种责任作为负债的。这些规则决定了资产负债表所报告的资产和负债。如果资产和负债的法定界限尚未明确，制定清晰的会计确认标准会相当困难，并可能引起争议。目前，这个情形也可能在中国存在。制定会计准则的积极作用是能够帮助政府澄清产权、合同责任及其他财务责任，包括对间接负债及或有负债的责任。

至于如何编制权责发生制财务报表，虽然年终调整是一条捷径，但这并不是长远之计。笔者比较赞成在整个年度采用权责发生制记账，并建议逐步实施权责发生制。权责发生制并非"一朝建成"或"一张白纸"的两极，而是由收付实现制转向完全权责发生制的一个渐进过程。同时，考虑到不同类别资产与负债的性质，可以通过不同程度的权责发生制来生成一些指标，用于衡量财政健康状况。例如，轻度的权责发生制将流动财务资产匹配流动负债而可衡量变现能力；中度权责发生制将所有财务资产匹配所有负债而可衡量偿付能力；高度权责发生制则要考虑或有负债及经济资源的市场价值，从而提供一个最全面的净值。

总之，政府会计制度需要保障数据的可信性，而可信性的基础是所用的确认标准有理论依据和可靠的定值方法。

编制资产负债表要抓住几个关键

令人欣慰的是，2013年11月，党的十八届三中全会所作《决定》要求建立权责发生制的政府综合财务报告制度，并编制全国和地方资产负债表。中国的统一财政体系本身有利于整体设计政府会计和财务报告准则以及制度，关键在于财政体系内负责编制财政预算、会计与统计的各部门必须密切合作，这样方能达到"综合"这个要求。

目前最紧迫的工作是制定政府会计准则和完善会计制度。建议在考虑权责发生制执行程度以及财政报告覆盖范围的时候，参考国际公共部门会计准则和IMF政府财政统计手册的基本内容，总结财政部门20年来的研究结果，在短期内一步到位地同时决定准则和制度的基本内容。

另一个当务之急是建立和巩固地方财政部门定期编制并向财政部提交财务报告的机制。

如果全国各地的地方政府都有一套能够记录所有财务（包括融资）交易的权责发生制会计制度，财政部便能经常定期综合全国地方政府部门的财务数据，而取代临时的问卷调查或不定期的负债审计。

但愿我们能早日见到第一份按公认会计准则编制的中国政府财务报告。

（作者系美国芝加哥伊利诺大学荣誉退休会计教授，北京大学和山东财经大学教育部特聘海外名师，财政部财政科学研究所特聘教授）

（文章来源：陈立齐，《中国应立足国情编制基于权责发生制的政府综合财务报告》，载于《中国会计报》2014年6月27日第7版）

中外政府预算与政府会计中
几个基金概念辨析

厦门国家会计学院　　刘用铨

基金（Fund）是中外政府预算与政府会计中很常用的一个术语，美国政府预算与政府会计系统是以基金为基础进行组织和运作的。可以说，基金会计是美国政府会计最基本的特征。

按照建立与社会主义市场经济体制相适应的公共财政制度的要求，我国完整的政府预算体系包括公共财政预算、政府性基金预算、国有资本经营预算和社会保障预算，所以，政府性基金预算是我国政府预算体系的重要构成部分。

除此以外，我国政府财政预算管理还有许多其他基金概念，如国家艺术基金、国家自然科学基金。这些基金概念含义各不相同，为了避免混淆，本文试辨析这几个基金概念。

不同的政府会计构成体系

根据美国政府会计准则委员会（GASB）的《政府会计和财务报告准则汇编》，基金是一个财务和会计主体，它拥有一套自我平衡的账户，记录现金和其他财务资源（如果是权益基金或信托代理基金，还有非财务资源），并记录所有的相关负债、剩余权益或与余额及其变动，且按照法律法规、限定或限制条件的要求，对特定业务或实现特定目标的活动分别建账。

美国州及地方政府会计构成体系的最突出特点是以基金为基础，没有政府单位会计。

这些基金的类型包括政府基金、权益基金和受托代理基金，美国州及地方政府会计就以这三类基金为政府会计主体分别建立政府基金会计、权益基金会计和受托代理基金会计。其中，政府基金又分为普通基金、特种（收入）基金、资本项目基金、偿债基金和永久基金，权益基金分为企业基金和内部服务基金，受托代理基金分为信托基金和代理基金。

而我国政府会计体系由政府总会计和政府单位会计构成。我国基金与预算单位是相互交叉关系：一个基金可供几个预算单位使用，一个预算单位可用到多个基金。基金是按照预算（公共）资金性质分类，预算单位是按照预算（公共）资金使用主体分类。

异曲同工的"三分法"

我国 1993 年《预算法》规定中央预算和地方各级政府预算按照复式预算编制，1995 年《预算法实施条例》进一步明确规定各级政府预算按照复式预算编制，分为政府公共预算、国有资产经营预算、社会保障预算和其他预算。

我国复式预算体系与美国州及地方政府基金、权益基金、受托代理基金的政府预算和政府会计构成体系有异曲同工之处——都是采取"三分法"。

近年来，在构建完整的政府预算体系过程中，我国将传统政府公共预算进一步细分为公共财政预算和政府性基金预算，并将传统国有资产经营预算改为国有资本经营预算。

美国政府基金会计体系中，政府基金会计中普通基金相当于我国公共财政预算即一般预算收支，特种（收入）基金（即特种税）相当于我国政府性基金预算即基金预算收支，资本项目会计相当于我国国有建设单位会计，我国没有类似偿债基金会计。权益基金会计相当于我国国有资本经营预算会计中公益性国有企业会计部分，西方国家几乎没有非公益性（竞争性）国有企业，非公益性（竞争性）国有企业是我国政府会计改革中的一个特殊现象。

受托基金会计相当于我国社会保险基金会计。目前，我国政府公共财政预算收支即一般预算收支、政府性基金预算收支和国有资本经营预算收支都在财政总预算会计核算，社会保险基金会计单独作为一个会计体系核算、反映。此外，预算外资金收支在财政专户会计核算、反映。这就是我国完整的总预算会计体系构成。

但除此以外，我国政府会计体系中还构建了政府单位会计，以反映政府单位预算收支与资产负债财务信息。

我国政府性基金概念同美国政府预算与政府会计体系基金概念的内涵与外延都不相同。

　　根据《政府性基金管理暂行办法》（财综〔2010〕80 号），在我国，政府性基金是指各级人民政府及其所属部门根据法律、行政法规和中共中央、国务院文件规定，为支持特定公共基础设施建设和公共事业发展，向公民、法人和其他组织无偿征收的具有专项用途的财政资金。

　　我国政府性基金包括各种基金、资金、附加和专项收费，例如民航发展基金、铁路建设基金、电力建设基金、三峡工程建设基金、新菜地开发基金。

　　所以，我国政府性基金比美国基金概念外延小，仅相当于特种（收入）基金（即特种税）。实际上，我国政府预算与政府会计中的公共财政预算、国有资本经营预算、社会保障预算也相当于美国政府预算与政府会计的基金，分别是普通基金（政府基金构成部分）、权益基金和受托代理基金。

　　（文章来源：刘用铨，《中外政府预算与政府会计中几个基金概念辨析》，载于《中国会计报》2014 年 8 月 15 日第 7 版）

国家艺术基金不属于政府性基金范畴

厦门国家会计学院　刘用铨

在我国政府预算管理与财务管理中，除了政府性基金外，还有许多其他基金概念，如国家艺术基金、国家自然科学基金。

以国家艺术基金为例，根据 2014 年 7 月颁布的《国家艺术基金财务管理办法》，艺术基金由国家设立，重点支持艺术的创作生产、传播交流推广、征集收藏和人才培养等方面。艺术基金的主要来源包括：中央财政拨款；依法接受自然人、法人或其他组织的捐赠资金。

政府性基金与国家艺术基金在资金性质、管理主体、管理层次、管理重点、预算管理、政府会计范畴、适用会计制度等诸多方面都存在差异。政府性基金属于非税收入，其管理主体是财政部门，当然也包括征收机构和使用单位。所以，政府性基金管理属于宏观层面财政管理范畴，其既包括收入筹集管理，也包括支出使用管理，且以收入筹集管理为重点。

政府性基金预算单独编制，自求平衡，专款专用，属于完整政府预算体系的构成部分。

政府性基金会计核算包括政府总会计核算和政府单位会计核算，《财政总预算会计制度》通过基金预算收入、基金预算支出和基金预算结余科目核算政府性基金预算收支活动。使用政府性基金的行政事业单位在开展财政拨款收入或财政补助收入核算时，应当根据《行政单位会计制度》或《事业单位会计制度》设置"政府性基金预算资金"明细科目核算。政府性基金属于非税收入的构成部分。

国家艺术基金主要来源于中央财政拨款，既可能是税收资金也可能是非税收入资金。其管理主体是作为国家艺术基金理事会办事机构的国家艺术基金管理中心。所以，国家艺术基金管理属于微观层面财务管理范畴，其管理重点是支出使用管理。

与国家艺术基金比较类似的是国家自然科学基金，两者具有共同点，即它们的财务管理重点是如何管理好、使用好财政拨款资金，而不是如何筹集基金收入来源，因为它们主要靠中央财政拨款。国家艺术基金预算由基金管理中心编制，纳入文化部部门预算，属于公共财政预算的构成部分，而公共财政预算与政府性基金预算才是对等的概念。

国家艺术基金本身不构成财务（管理）主体和会计（核算）主体，国家艺术基金管理中心才是财务（管理）主体和会计（核算）主体，这也是我国政府会计与美国政府会计的一个重要差异。

我国以单位为政府会计主体，例如国家艺术基金管理中心就是一个单位，而美国以基金为政府会计主体。单位与基金之间并不都是一一对应关系，可能一个单位用到几个基金，也可能一个基金由若干个单位使用。

但是，国家艺术基金与国家艺术基金管理中心是一一对应关系。国家艺术基金管理中心是事业单位，《事业单位会计制度》可以满足它的会计核算需要。所以，国家艺术基金会计核算主要是政府单位会计核算。

（文章来源：刘用铨，《国家艺术基金不属于政府性基金范畴》，载于《中国会计报》2014 年 8 月 22 日第 7 版）

新预算法为政府会计改革
奠定制度基础

财政部驻广东专员办监察专员　江　龙

作为国家经济领域的基础性法律、政府收支的根本大法，《预算法》在整个法律体系中处于仅次于宪法的核心地位，在一些国家甚至被称为"第二宪法"。

因此，新《预算法》的通过，预算管理体制的调整，标志着在中共十八届三中全会提出深化财税体制改革的总体方案后，我国财税体制改革已经迈出了极为关键的一步，这也为政府会计改革指明了方向，明确了要求，奠定了制度基础。

一、明确了预算管理改革的主要原则，在理念指导上为政府会计体系改革指明了方向

预算规范的对象是政府预算资金的筹集和分配，反映的是公民与政府之间的资源配置关系，表明了政府活动的范围、方向和重点。《预算法》作为政府收支的大法和行为准则，也就奠定了政府会计的制度基础，反过来说，有效的政府会计体系，对改善预算管理、提高政府治理水平，也具有很大的反作用力。

新《预算法》和原《预算法》相比，一是加大了预算的公开性，二是增强了预算的全面性，三是增加了预算的约束力，四是提出了预算执行的绩效要求。这些变化就是今后预算管理改革的主要原则，为落实这些原则，必须有一套完备的政府会计体系与之相适应。

体系的变革始于理念的转变。政府会计是指用于确认、计量、记录和报告政府财务收支活动及其受托责任履行情况的会计体系，包含政府会计准则体

系、政府会计制度体系和政府财务报告制度，其理念是为了更好地履行公共受托责任。而我国当前的会计体系还是预算会计体系，在理念上是以核算、反映、监督政府预算执行及各项财政性资金活动为导向的。与现代政府会计体系相比，由于理念的落后，当前的会计体系存在管理目标设置松散、核算内容单一、综合财务报告制度缺失等问题，已无法满足新《预算法》提出的预算管理目标。

今后政府会计体系的改革，必须以新《预算法》为依据，以实现新《预算法》提出的预算管理目标为导向，转变理念，以更好地履行公共受托责任，从根本上完成从预算会计到政府会计体系的变革。

二、奠定了政府预算的制度框架，在覆盖范围和内容的全面性上对政府会计体系改革提出了更高要求

新《预算法》对会计核算的全面性要求更高。

一是从预算内容上进行了扩展，新《预算法》第四条、第五条明确指出"政府的全部收支出都应当纳入预算"，政府预算包括"一般公共预算、政府性基金预算、国有资本经营预算以及社会保险基金预算"。

二是从时间周期上也进行了扩展，由收支平衡扩展到了跨年度的预算平衡。

政府会计信息是评价政府财政收支活动的重要依据，要达到新《预算法》的要求，必须扩大政府会计体系的核算范围，建立能够完整核算与反映政府拥有的全部资产、真实的负债水平、社会保险基金运行状况及政府的一般运行成本与费用等事项的政府会计制度，真实全面地反映出政府的财务状况，促使政府更好履行公共受托责任，提高政府执政水平。

三、奠定了政府预算的透明性基础，在信息公开的规范性上对政府会计体系改革提出了更高要求

新《预算法》对政府预算从编制到执行效果整个过程的透明性都提出了更高要求，可以说奠定了政府预算的透明性基础。

其中，在预算编制方面，新《预算法》第十四条对预算信息从公开的时间期限到公开对象的范围，都作了明确的规定；在预算执行效果的透明性方

面，新《预算法》第八十九条也规定："对预算执行和其他财政收支的审计工作报告应当向社会公开"。

同时，新《预算法》在第九十七条又规定："……按年度编制以权责发生制为基础的政府综合财务报告……报本级人民代表大会常务委员会备案"。

权责发生制的政府综合财务报告制度将从根本上提高政府财务信息的透明度，使信息需求者更加清晰地了解和掌握政府财政运行情况。这就要求在政府会计体系上必须加强政府会计信息公开的规范性，确保无论是上级部门，还是本级人民代表大会，抑或是普通社会公众，在掌握基础的政府会计相关知识的前提下，都可以从财务报告等政府会计信息中获取各自需要的关于政府收入、支出、负债、资产等详细的财务信息。尤其是对于本级人民代表大会来说，建立在权责发生制基础上的政府综合财务报告制度，可以使人大在利用报告信息审核本地财政收支情况的同时，能够从长远处着眼，改变过去片面重视支出而忽视负债的情况，从而促进地区财政的可持续发展，从根本上杜绝地方政府债务危机发生的可能。

四、奠定了政府预算的刚性约束基础，在会计核算的准确性上对政府会计体系改革提出了更高要求

新《预算法》更加强调预算的刚性，除了《预算法》原有第九条的内容，修正案第十三条、第六十九条对预算刚性做出相应规定。新《预算法》对刚性的要求更高，是保证政府行为不越位、不缺位，并规范政府管理的必要措施。

但在政府会计体系核算过程准确性不高的情况下，由于存在会计科目使用不恰当以及会计计量不及时、不谨慎等问题，政府很难掌握各类预算支出的真实数据，决算信息存在失真，事实上使得预算的刚性大打折扣。要实现预算管理的刚性要求，必须提高政府会计核算体系的准确性，按照经济社会的发展状况和现实情况，适当调整会计核算科目、计量规则，减少核算过程的自由裁量空间，确保会计核算以实际发生的经济业务为依据，按照规定的会计处理方法进行，保证对政府每一笔支出的核算与实际业务一致，且内容完备、真实、准确。

五、奠定了政府预算的绩效评价基础，在会计核算的科学性上对政府会计体系改革提出了更高要求

要了解财政资金的使用效果，确保财政收入"取之于民，用之于民"，必须对财政支出的绩效进行评价。新《预算法》明确提出了政府预算支出绩效评价的要求，在修正案第五十七条中，除了《预算法》原有的"加强管理和监督"，还增加了"各级政府、各部门、各单位应当对预算支出情况展开绩效评价"的内容。

绩效评价的开展，必须以科学、合理的会计核算为基础，因此，政府会计改革必须以实现真实、全面、客观、及时地记录与反映财政资金运动过程为目标，为政府绩效评价活动的开展提供依据。

虽然当前我国预算会计早已不是完全意义上的收付实现制，但是受收付实现制思维的影响，当前在对支出绩效进行考核时，容易忽略支出的真实成本，这就造成很多低效的支出项目"看上去很美"。应通过政府会计体系改革，提高政府会计核算体系的科学性，并在对支出绩效进行评价时，科学核算预算支出的实际收益和成本，避免收付实现制思维的缺陷。一切政府收入和支出要素的时间确认，均以权利已经形成或责任已经发生为标准，要在科学计量和核算的基础上，根据绩效评价的结果，有针对性地调整支出结构和支出内容，以规避政府财政风险，提高公共财政资金的使用效益。

（文章来源：江龙，《新预算法为政府会计改革奠定制度基础》，载于《中国会计报》2014 年 10 月 10 日第 3 版）

第七部分　改革建议

化解地方债风险需规范
政府财务信息披露

　　8月5日，《预算法》修正案草案征集意见结束。中国人大网显示，草案征集意见数已达32万多条，而在诸多征求意见当中，地方债问题一直是社会各界关注的焦点。地方债的规模究竟有多大？风险是否可控？这些都是争议中的热点问题。

　　财政部财政科学研究所研究员陈穗红指出，"这些争议都和政府会计信息有关，如果我们能够提供比较真实、准确的政府会计信息，就比较容易得出客观的结论。"

地方债规模缘何居高不下

　　在陈穗红看来，我国地方政府债务规模扩张的原因是非常复杂的，它是由供需两方面的客观因素以及地方政府融资机制和公共治理的缺陷等制度因素共同作用导致的。

　　从需求角度讲，我国城镇化进程刚刚超过50%，还有很大的空间。在城镇化进程中，地方政府对基础设施投入的资金需求是非常巨大的。在现行财政体制下，地方政府不可能完全用本身的财政收入支付这样的需求。

　　而从供给角度来说，我国居高不下的储蓄率，为满足这种需求提供了资金的基础。对于把储蓄转化为投资渠道的商业银行来讲，它们更愿意把款贷给地方政府，原因在于贷给地方政府对银行来说是最安全的，收益率也相对较高。

　　"在债务规模扩张过程中，除了这种客观的供求基础以外，还有现行制度缺陷的推动作用，包括地方政府公共治理机制的不完善，比如预算管理和监督管理不善；地方政府融资机制本身的缺陷，比如地方政府为了避开现行《预算法》的限制，迂回通过城投公司融资平台获得借款，就很难得到有效的制约和监督。" 陈穗红说，正是这一系列因素的存在，使得地方债规模居高不下。

"在我国城市化建设进程中，地方政府的融资活动是不可缺少的，简单地禁止举债并不现实，我们应当建立规范的地方政府融资机制，以公开、透明的方式来筹集建设资金。" 陈穗红表示。

需要更规范透明地披露政府财务信息

"规范地方政府融资行为，必然需要政府提供系统的财务信息。无论地方政府是向银行借款还是发行债券，市场投资者（包括金融机构和个人）和中央政府最为关注的核心问题是一样的，就是地方政府的偿债能力。而如何判断地方政府的偿债能力，这就需要编制政府财务报告并通过它向公众披露相关的信息。现在地方政府的很多财务信息是不透明的，基本上是政府只给能够提供贷款的银行提供部分政府财务信息。在发行地方政府债券（不管是中央代发还是自发）的情况下，地方政府不仅仅是面对一家或几家银行，还要面对很多社会投资者。因此，规范政府财务信息披露方式就显得非常重要。" 陈穗红认为。

与企业类似，政府同样也需要财务状况报表特别是资产负债表，它的相关信息对评价政府偿债能力来说显得非常重要。资产负债表所提供的是存量信息，可以弥补单纯使用流量信息的不足。

陈穗红给记者举了一个例子，她说，当前，人们常常用负债率（债务余额占 GDP 比例）指标来衡量地方政府的偿债能力，事实上这种做法并不可行。由于产业结构的差异，各地负债率虽然相近，但实际偿债能力存在很大的差异。比如说三个城市，一个以农业为主，一个以服务业为主，还有一个以制造业为主，这样三个市级政府的 GDP（国内生产总值）即使相近，但财政收入会差很多，其偿债能力也有很大的差异。另外，不少地方政府有很多收入来自转移支付，这与当地的 GDP 并没有直接关系。因此，负债率这个指标，用于地方政府的偿债能力分析的时候未必能够得出正确的结论。在这种情况下，资产负债表的作用就非常显著了，它有助于分析政府未来的偿债能力。

政府资产负债表和企业资产负债表不尽相同，比如说企业资产负债表可以直接用资产和负债比率来判定其偿债能力，可以通过所有的资产清算来清偿它的负债。而且，政府的资产因其专有性，直接偿债、直接变卖的可能性比较小。但是，这些并不影响政府资产负债表的意义。因为政府的资产负债和对比关系可以反映对未来政府财政平衡的潜在影响，是判断政府财务状况和未来趋势的一个重要信息。

地方政府需要怎样的资产负债表

如果从分析地方政府偿债能力的信息需求来看，地方政府资产负债表的设计应考虑以下几个方面：一是需要一个整体的资产负债表，综合反映政府整体的财务状况；二是采用权责发生制作为核算基础；三是因为政府的资产有特殊性，有必要区分哪些是能够反映政府实际清偿能力的资产。过去在看美国地方政府财务报表的时候发现，在资产负债表之外还有一个净资产变动表。通过分析可以发现净资产变动表的分类反映了哪些可以用来实际清偿的、哪些是不能动用的，这种分类对评价政府的偿债能力是很有用的。

此外，为判断地方政府的偿债能力，政府财务报告中还需要一些表外信息，这些表外信息是资产负债表所不能包括的。陈穗红指出，"在我国，可用于偿债的经济资源信息，包括土地储备的状况、国有资产产权变动的情况等，这些都是当地政府用来偿债的重要经济资源，还有就是没能列入资产负债表的负债相关信息，包括担保负债、或有负债情况，也包括债务的期限结构和利率的变动情况。"

（文章来源：（中国会计报记者）王海燕，《化解地方债风险需规范政府财务信息披露》，载于《中国会计报》2012年8月24日第6版）

国家资产负债表何时亮相

记者日前获悉，财政部正着手开展国家资产负债表相关问题的研究。

联系到日前备受关注的地方政府债务不断上升的消息，国家资产负债表被正式列入财政部的议事日程恐怕也是势之所趋。

摸清"家底"，把握经济

所谓国家资产负债表，是指包括了政府、居民、非金融机构、金融机构等所有经济部门在内的资产负债信息。它反映了整个国民经济在某一特定时点上的资产和负债的总量规模、分布、结构以及国民财富与总体经济实力的状况和水平。

"相对于仅仅看 GDP、财政收支等流量数据，我们也在研究中尝试建立国家资产负债表，这对我们从存量角度了解经济的历史和现状是一个重要进步。"德意志银行大中华区首席经济学家马骏表示，这种研究将能识别、量化中国在短期、中期和长期最可能发生的主要风险。

然而，研究国家资产负债表的深意也绝不仅仅在于此。

"从资产负债的角度观察，许多国家的财政和金融危机均源自不牢固的国家资产负债表。"中国银行首席经济学家曹远征指出。

在曹远征看来，资产负债表不牢固表现为结构错配、货币错配和期限错配。此次美国次贷危机中，便是居民"寅吃卯粮"式的资产负债结构严重失衡，最终放大了政府债务风险，这是典型的结构错配；在货币错配方面，一些中东欧国家的金融活动在经济转轨期间几乎全部以外币形式进行，货币严重错配，因此，在此次金融危机中因外资抽回而迅速陷入困境；在期限错配方面，一些新兴国家短期外债占比较高，清偿力不足，使此次遇到的金融危机进一步深化为货币危机。

"如果财政、金融、企业、家庭等方面的资产负债表都同时出现衰退，结果将变成综合性的危机。这也凸显了建立跨代际可持续的、健康的国家资产负债表的必要性和重要性。"马骏说。

曹远征和马骏均表示，深入研究我国的国家资产负债表，在当下具有重要的政策意义，其有利于摸清国家的家底，有利于帮助规划国有企业和养老金体系的配套改革，有利于帮助规划地方平台问题的解决方案，有利于帮助判断人民币国际化和资本项目开放对中国对外资产负债表的影响等。

研究机构已试编出两个样本

目前在我国，财政部、人民银行、企业、商业银行和其他金融机构等各个部门，分别在编制各自的资产负债表。

至于如何估算和编制中国的国家资产负债表，国家统计局许宪春等人在其所著的《中国资产负债表编制方法》等论文中也曾有所建议，也有一些学者从概念和方法上进行过一些讨论。

"就国家资产负债表而言，国家统计局于1995年就制定了全国统一的国民资产负债核算制度和《资产负债表试编方案》，并于1996年开始试行编表。至今已编制过数年的国家资产负债表，其中绝大多数的内容均未公布。"中国社会科学院财经战略研究院博士汤林闽透露。

"目前多数研究还停留在统计方法和数据层面，缺乏对政策含义的分析，缺乏前瞻性的判断能力。"曹远征说。

近日，由曹远征牵头的中国银行研究小组采用推测法等方法，由马骏牵头的以复旦大学为主的研究小组采用估值法等方法，参照英国、加拿大、澳大利亚等国家统计部门公布的国家资产负债表，并结合中国统计体系、经济运行与金融管理的具体情况，编制了2002～2010年的中国国家资产负债表和部门资产负债表。

"我们设计的中国国家资产负债表包括四个部门与七张子表，共分为实体部门、金融部门、政府部门、国外部门四个部分。"马骏介绍说，实体部门由企业资产负债表和居民资产负债表构成，金融部门包括中央银行资产负债表与商业银行企业资产负债表，政府部门由中央政府资产负债表和地方政府资产负债表构成，国外部门参照中国对外投资头寸表。

"就国家总体而言，总资产从2002年的95万亿元上升到2010年的358万亿元，总负债从 2002 年的 42 万亿元上升到 2010 年的 156 万亿元；2010 年政府狭义债务（包括国债和四大资产管理公司债务）为 8.05 万亿元，广义债务（还包括地方、铁路债务）为 20.65 万亿元，分别占 GDP 的 20.1% 和 51.5%。"马骏介绍说，我国政府部门的债务负担正处于显著上升态势，应该警惕政府债务负担进一步严重化。

上述研究还运用与资产负债表概念相关的方法和模型对资产负债表面临的未来风险进行了专题研究，其中包括政府债务可持续性、养老金改革、地方债务、对外净资产等问题，并提出一系列用于识别、量化和化解未来（中长期）经济风险的政策建议。

助推政府会计改革

对国人来说，国家资产负债表还是一个新生事物，其与近些年来日益受到关注的政府会计改革和政府资产负债表又有何关系呢？"首先应当说明的是，国家资产负债表与政府资产负债表有所不同。前者是属于国民经济核算范畴的内容，后者则是属于政府会计范畴的内容。宏观的国民经济核算与微观的会计核算之间存在许多差异。"汤林闽表示。

但汤林闽也指出，中国原先处于计划经济时代，国家的资产、负债与政府的资产、负债曾经有较高的统一度。即使经过多年的改革和发展，目前看来政府资产负债依然是国家资产负债中十分重要的组成部分。

"但从编制方法、数据来源等方面来看，国家统计局目前编制的国家资产负债表中关于政府部门的部分，是无法全面反映现实的中国政府资产负债状况的。"汤林闽说，应该考虑二者的范畴、相关理论、编制方法等多方面的差异，单独编制政府资产负债表来反映中国政府的资产负债状况。

"而要编制好政府资产负债表，前提条件是政府会计的改革必须要到位。"中南财经政法大学会计学院会计系副主任、政府会计研究所所长张琦表示，如果改革没到位就盲目地去编制政府资产负债表，其有多大的可信度就很难说。

张琦说："对国家的资产和承担的债务进行全面披露是一个很有必要的事情，但是怎样披露，或者说怎样披露得更好，需要认真考虑。完全脱离现有的会计系统，单独出一个所谓的国家资产负债表，所涉及的成本会很高；而要在现有的会计系统基础上做，还需要对会计系统进行优化。"另外，"目前政府部门的核算基础是收付实现制，更关注于流量信息而忽视存量的信息，其必然的结果是政府财务报表中资产和负债反映的信息不充分。"财政部财政科学研究所副研究员王晨明表示。

王晨明还指出，目前如要生成权责发生制的政府财务报告有两种方式，一是平时的会计核算就采用权责发生制来计量，从而生成权责发生制的财务报告；二是平时的会计核算仍然采用传统的收付实现制的核算基础，期末通过分析和调整收付实现制与权责发生制的差异事项，生成权责发生制的财务报表。简言之，通过调表不调账的方式产生权责发生制的信息。

除了改进完善政府部门的资产负债表，相应地，金融部分、企业和居民部分、对外部分的资产负债表在分别编制时也要考虑各自的实际情况，不断改进方法，以求精确反映，从而建立一个符合我国国情的、能全面反映各经济部门信息的、具有连续性、可比性的国家资产负债表。

（文章来源：（中国会计报记者）高红海、李嘉亮，《国家资产负债表何时亮相》，载于《中国会计报》2012 年 8 月 31 日第 1 版）

地方政府试编资产负债表

近期以来，地方版产业规划密集出台，据不完全统计，7月以来已公布的地方投资计划涉及金额约7万亿元。有市场人士惊呼，由地方政府主导的四万亿2.0版本来临。

与此同时，记者获悉，海南省、甘肃省、上海市、广东省、深圳市已先后启动试编政府资产负债表工作，河南省焦作市也早已将地方政府债务报告作为预算报告的一部分进行编写并提交人大审议。

"建立规范化的地方政府财务状况的反映和披露机制，是加强地方政府债务管理、防范财政风险的迫切需要。"财政部财政科学研究所研究员石英华从防范财政风险的角度认为，地方政府资产负债表的编制势在必行。

通过政府资产负债表，可以摸清政府"家底"，提高财政管理透明度；可以分析政府资产与负债的结构、比例、期限，揭示政府债务风险；可以借由资产负债表的可持续性保证经济发展的可持续性。

如何明确编制对象

然而，编制地方政府资产负债表并非易事。比如，编制对象覆盖到哪些部门和单位，就值得研究。

中国社会科学院财经战略研究院博士汤林闽认为，从总体来看，编制的对象应是地方政府总体；从全面的角度看，编制对象应涵盖的部门和单位应至少包括各种行政单位、非营利性事业单位、使用行政事业编制或经费来源主要是国家财政拨款的社会团体等。

"分两个角度看待编制对象是很有意义的。"汤林闽说，比如地方国有企业可能不适宜作为政府资产负债表涵盖的单位，但地方国有企业的国有资产却又应当被归入地方政府资产的范畴，这就成为一个难题。

"实际上，问题的关键不仅在于哪些部门或单位应被纳入编制对象，更在于哪些资产和负债应在政府资产负债表中被反映。从全面角度出发易于实践操作，从总体角度出发则有利于补缺堵漏。"汤林闽说。

石英华则建议，应明确政府财务报告的主体和具体列报范围，现阶段可考虑将各级地方政府整体作为会计和报告主体，地方政府所属的各政府部门、使用公共预算资源的预算单位作为政府会计主体。"国有企业、未纳入决算口径的其他国有事业单位、有严格限定用途的基金等不纳入具体列报范围，但其资本、国有权益等相关财务信息要以财务报表附注的形式反映。"

表内信息与表外信息结合

对于地方政府而言，资产和负债的确定也需要进一步厘清。

"负债方面的理论和实践应该说都已经比较成熟，其可分为直接负债、或有负债两大类，进一步可细分为直接显性负债、直接隐性负债、或有显性负债和或有隐性负债四类。"汤林闽说，而地方政府资产应包括哪些部分则比较复杂。

汤林闽认为，简单讲，地方政府资产至少应当包括三类：一是地方行政单位、非营利性事业单位、使用行政事业编制或经费来源主要是国家财政拨款的社会团体的全部资产；二是地方国有企业的国有资产；三是地方国有资源等。

"这几类资产之间可能有交叉，比如地方国有企业的国有资产中可能包括了一部分地方国有资源的价值，因而需要剔除重复的部分。"汤林闽提醒说，另一个问题在于，从法律上讲，国有土地、矿产资源的所有权都是由中央政府行使的，其在归为中央政府资产还是地方政府资产方面会有一定的分歧，需要在细节方面进一步研究完善。

另外，土地、矿山、油气以及对企业的权益投资等公共资源、公有资产，可在一定程度上反映政府的偿债能力。"但这些资产短期可变现能力差异很大，确认和计量成本较高、标准不一，应在政府资产负债表附注或附表中反映。"石英华说，不能单纯依靠政府资产负债表表内信息和流量信息评价政府财务状况和长期可持续能力，而应注重表内信息与表外信息结合、存量信息与流量信息结合。

"鉴于一些政府资产的计量与政府负债的确认仍存在障碍，尽快研究并制定资产与负债的确认、计量标准是目前编制政府资产负债表的一个关键因素。"

中南财经政法大学会计学院政府会计研究所所长张琦表示。

逐步引入权责发生制

从长远看，要使政府资产负债状况真正得到清晰反映，还应推进建立一整套较完善的政府财务会计准则体系，而不仅仅是建立政府财务报表体系，更不仅仅是编制政府资产负债表。

"与国外相比，我国在编制政府资产负债表方面最主要的薄弱环节在于政府会计很大程度上依然是预算会计，无法满足编制能全面反映政府资产负债状况的政府资产负债表的要求。"汤林闽表示。

"要逐步引入修正的权责发生制会计基础。考虑到现阶段计量技术和成本的限制，在政府财务报告建立初期，应实施修正的权责发生制会计基础。"石英华建议。

石英华表示，可先主要对政府财务资产和负债中相对容易的项目比如短期应收应付项目、确认和计量较为容易的负债项目，按权责发生制基础进行估值；再逐步将政府的长期股权投资、长期债权投资、债权应收利息等长期资产负债项目纳入政府财务报告范围；条件成熟时，逐步将符合条件的固定资产及其折旧、无形资产及其摊销等难度较大的项目纳入政府财务报告范围。

"推进政府会计改革，实行不同程度的权责发生制计量交易事项，有助于将存量信息披露到政府资产负债表中。"财政部财政科学研究所副研究员王晨明这样认为。

石英华建议，应修订《会计法》，补充政府会计准则的相关内容。此外，编制政府资产负债表还需要一系列配套改革，比如全面核定行政事业单位国有资产、对外投资数额；明确界定地方政府的各项负债；建立审计鉴证机制；积极推进财政信息化建设。

（文章来源：（中国会计报记者）高红海、李嘉亮，《地方政府试编资产负债表》，载于《中国会计报》2012 年 9 月 14 日第 1 版）

以绩效评价为导向构建政府会计体系

如今，构建效益型政府、强化政府问效的理念已经深入人心，而在传统的唯政绩是从、唯 GDP 论饱受争议之时，用什么标准衡量并考评政府"干得怎样"？如何科学合理地运用会计信息对政府绩效进行评价？这些问题都有待找到答案。

第三方评价是否合理

南京审计学院国际审计学院副教授陈希晖在接受《中国会计报》记者采访时说，政府部门的绩效评估主体一般包括政府部门自身、外部机构或中介组织等。

而在政府考评指标的设计方面，应该明确考评的视角是站在上级的视角对政府进行考评，还是站在老百姓的视角对政府进行考评？视角不同，设计的指标内容肯定有所差异。

"'自己对自己的评估'往往带有主观倾向，不同部门间的利益倾向可能导致不良互评。政府部门自己制定的绩效评估指标体系容易排除那些较难衡量或者该部门认为不应该衡量的指标，而恰恰是这些指标更能体现政府部门的绩效和工作质量。"陈希晖说。

为增强绩效评估的客观性和公正性，一些地方政府尝试使用第三方评价政府绩效的形式。2004 年，甘肃省将全省 14 个市、州级政府及省政府 39 个职能部门的绩效评价工作，委托给兰州大学中国地方政府绩效评价中心组织实施；2006 年 4 月，武汉市政府宣布邀请麦肯锡公司作为第三方机构对政府绩效进行评估。

第三方作为一种新的评估力量走入了人们的视野，但第三方评估果真就做到合理了吗？在一片叫好声中，专家也提出了质疑。

有专家表示，目前我国第三方政府绩效评价已经步入深水区，开始遭遇各种掣肘，而其要进一步发挥作用还需要从多个渠道提升评价水平。另外，外部激励的缺乏也使得政府部门更容易产生惰性。

尽量采用定量指标

事实上，绩效审计内容包括对经济效益、社会效益和环境效益的评价。

刘希晖认为，这些评价指标的设计应该是政府管理当局的工作，但审计机关可以凭借自身优势，从公共责任委托人的角度帮助政府管理当局设计绩效指标，通过开展绩效审计推进政府绩效管理。

中南财经政法大学会计学院政府会计研究所所长张琦表示，让公众相信绩效评价的客观性和真实性是首要问题，其前提是就像会计记账要有记账凭证一样，政府会计信息的获取要有依据。

"政府绩效评价尽量要采用定量指标，少用定性指标。定量绩效信息的缺乏已成为制约绩效评价理论与实务发展的瓶颈，脱离数据支持的评价体系无法准确地反映政府公共受托责任的履行情况。"张琦说。

因此，以绩效评价为导向应该是构建政府会计体系的一个重点目标。

会计信息如何发挥作用

在实际操作中，政府绩效信息的全面披露是解除政府公共受托责任的根本途径，但定量信息的缺乏则制约了政府绩效评价理论与实务的发展。

在张琦看来，政府会计恰好能弥补绩效评价体系的上述不足。一方面，政府财务报告是社会公众可以获取的、关于财产保管责任的唯一综合性报告。政府财务报告的披露在一定程度上解决了政府行为缺乏可观测性的问题，有助于社会公众评价政府及其官员的业绩。另一方面，会计作为一种货币化的经济信息系统，在提供定量财务信息方面具有天然的优势。政府可控经济资源的存量、政府债务的规模及其结构、政府财政收入和公共支出等，都可以通过会计系统采用特定方法提供的数据予以体现。在对政府会计系统进行必要改进的基础上，政府会计系统及其生成的财务报告能在最大程度上为利益相关者评价政府公共受托责任的履行情况（绩效）提供定量信息支持。

"如果从会计角度来谈政府的绩效评价，投入成本方面的信息、资产负债方面的信息可统称为政府财务状况的信息，如果将上述的财务信息和非财务信息有效地整合起来，会计系统就可以对政府绩效评价提供很好的数据支持。"张琦说。

陈希晖也表示，目前收付实现制下的会计信息在政府绩效考核中的作用比较有限。未来的政府财务会计应该整体或局部采用权责发生制，公布政府财务会计报告，并进一步发展到政府管理会计。

"在风险衡量方面，目前收付实现制下的会计信息不能反映政府的整体资产和负债状况，其反映的是历史信息，尤其是在地方债务确认计量报告方面存在缺陷，不能反映政府隐性负债。

而权责发生制下的政府会计有利于加强绩效管理、防范财政风险、加强对于国有资产和政府收支的管理，促进代际公平。"陈希晖最后表示。

（文章来源：（中国会计报记者）惠赞瑾，《以绩效评价为导向构建政府会计体系》，载于《中国会计报》2012年9月21日第16版）

给政府打分需要更为细化的指标体系

  每年的七八月份，都是上市公司半年报披露的高峰期。而通过上市公司的收入、利润等指标，社会公众能对各家公司的业绩了如指掌，股民也能更方便地"用脚投票"。

  而与此同时，社会公众对于政府的考核也同样越来越需要一张与企业类似的资产负债表，以便对于政府的任职情况进行打分，充分体现"权为民所用"的执政理念。

  而对于政府的考核，也着实面临不少难题。

政府目标具有多重性

  如果将政府绩效评价比喻为"盲人摸象"，而关于政府考核指标的设计，其中一个核心问题为考核主体，即政府对谁负责？南京审计学院国际审计学院副教授陈希晖告诉记者，在美国等国家不存在这样的问题，因为政府只对选民负责，而我国地方政府存在多重目标，既要考虑国家整体战略，又要考虑老百姓的要求。两者的要求一旦不一致，指标设计就比较难办了。

  随着国外先进绩效管理理念的引入，平衡计分卡、全面质量管理、标杆管理等绩效管理工具已经引入到我国的政府绩效管理实践中。

  "但无论采用什么方法，必须明确政府的中长期战略和年度目标。而政府部门的目标具有多元性和复杂性，且难以量化，有些部门可能很难设计统一的定量指标。"陈希晖说。

  中国人民大学商学院教授赵西卜介绍说，从国外的经验来看，政府绩效评价指标囊括了政府的所有职能，体现在政治、经济、社会管理、公共服务等各个方面，其具体内容涉及了外交、国防、教育、医疗、养老等各个领域。对政府绩效的考核模式以投入——产出模式为主，注重目标与成果，比如美国国会通过的《政府绩效与结果法案》、澳大利亚颁布的《目标与成果框架》等都把目标与成果作为评价政府绩效的基本模式，英国和瑞典也主要采用目标与结果对比的方法考核政府部门的绩效。

非财务指标需细化

赵西卜表示，政府的考核指标设计应涵盖政府职能的各个方面，包括各种财务指标和非财务指标。

中国不少地方大多以 GDP 为主要指标来衡量政府业绩，它能够反映政府的经济调节和市场监督职能，但这个指标难以反映政府在社会管理和公共服务方面的绩效。政府的社会管理和公共服务职能应主要以非财务指标反映，这些非财务指标既应包括就业、民生、社会治安等指标，也应包括当前老百姓非常关注的教育、住房、医疗等指标。财务指标相对比较容易量化，而非财务指标却很难用具体的价值数据来衡量。在国内，非财务指标的主要依据为统计数据，但由于统计口径不同，使社会公众容易对政府绩效指标的真实性产生怀疑，需要规范各项具体指标的内容和方法。

非财务指标具体包括哪些范畴？在赵西卜看来，对于政府绩效考核的非财务指标主要有以下四类：一是政务管理指标，包括行政决策有效性、行政管理效率、人均国有资产占有量和信息公开度等。

二是政府履行职责的能力，包括公共权利的分配、法规完善程度、社会福利促进度以及对于经济发展的贡献度等。

三是资源管理指标。一方面是人力资源指标，包括在职人员的知识结构和人员数量等；另一方面是政府的国有资产管理情况、财务信息完整性以及财政资金分配结构等。比如一些垄断性行业的大型央企，涉及石油、石化、银行等行业，这些大型央企每年的收入超过上千亿元，而它们利润中上缴财政的比例有多少？国有资金是否有违规使用情况？资源管理指标也包括财政资金的分配结构，比如预算支出都用在哪些方面？预算的完成情况如何？

四是对一些项目特别是大型项目的绩效考评指标，这也在一定程度上能衡量政府的执政能力。

政府财务信息如何更全面

我国目前实行的是收付实现制的政府会计，这就使得目前我国政府还不能出具完整的政府财务报告，其信息则是分散在审计报告、绩效报告、项目报告和政府工作报告等各个报告中。

赵西卜认为，当前不少地方政府设立各种名目的融资平台，替政府举债，用于项目建设和城市发展。这就给政府的运作带来许多风险，一旦某年收入减少，债务的偿还就成为很大问题。不仅如此，相关财务信息有的不够真实，有的未在政府相关报告中体现，比如政府的固定资产往往不计提折旧，发行国债、向世界银行和国际货币基金组织（IMF）贷款未在相关报告中体现等。按照目前预算执行报告显示的信息，很难对政府债务风险、资产状况、未来预算安排等进行评价，需要对现有政府会计系统进行改革。

可喜的是，当前正在进行的政府会计改革已经开始注重政府资产负债乃至费用方面的信息生成，在预算会计以收支信息为主的基础上，开始关注资产负债等政府财务会计方面的信息。

（文章来源：（中国会计报记者）王海燕，《给政府打分需要更为细化的指标体系》，载于《中国会计报》2012 年 9 月 21 日第 16 版）

政府会计研究应服务于财政管理

日前，"公共财政与政府会计跨学科研究论坛"学术研讨会在中央财经大学举行，此次研讨会的最大的特点就是跨学科讨论，来自政府会计、公共财政、公共管理、统计等方面的研究学者以及实践者共享了此次思想盛宴。

政府会计改革自 1997 年起掀起热潮。近几年，我国又加快了政府会计改革步伐，陆续修订并出台了新的《医院会计制度》、《中小学财务制度》、《事业单位财务制度》、《事业单位会计制度》、《事业单位会计准则》等，并于 2012 年试编我国政府财务报告，这无论是在学术界还是实务界都取得了一定的突破。

未来如何推动政府会计研究以及政府会计改革？厦门大学副校长李建发长期关注政府会计领域，他认为，政府会计是公共财政的关键着力点，应当在公共财政的框架下把政府会计作为公共财政改革的支撑。与此同时，要推动预算会计向政府会计方向发展。"在这种情况下，跨学科研究就具有重要意义，它可以帮助公共财政实现规范科学的运行，实现财政界和会计界的梦。"中央财经大学副校长李俊生站在财政学角度表示，未来关注的核心是政府会计的确认基础。从全球来看，政府会计目前主要有两种模式，一种是英美模式，其将权责发生制作为政府会计的计量基础；另一种是法德模式，其将收付实现制作为政府会计的计量基础。中国的政府会计应该如何选择？李俊生认为，回答这个问题需要考虑四个因素。第一，收付实现制到权责发生制转换的成本有多大？如果进行转换，会计要素、核算范围都要重新进行界定以及知识更新。第二，观念转换问题，比如或有负债的核算，不仅仅是会计核算问题。第三，政府会计体系与企业会计体系的构建有很大差异，信息披露也显然是不同的，政府会计体系要满足公众、立法等多方面的需求。第四，中国的政府会计到底采用权责发生制还是收付实现制，这种选择还应当与预算法衔接，遵循预算法的要求。

　　本次研究论坛上，有 20 多位研究学者和实践者作主题发言。论坛围绕政府会计到底应该涵盖哪些范围、高校政府会计博士生应该如何培养等话题展开热烈讨论。

　　另悉，下一次研讨会暂计划于明年在厦门大学召开。

　　（文章来源：（中国会计报记者）罗晶晶，《政府会计研究应服务于财政管理》，载于《中国会计报》2013 年 5 月 10 日第 3 版）

探索构建现代政府会计体系

今年"两会"期间，全国人大代表、均瑶集团董事长王均金提出"关于定期编制国家资产负债表的建议"，他认为政府也应该像企业一样定期编制资产负债表，以便提高决策效率和决策质量。

编制国家资产负债表恰是现代政府会计的重要部分之一，加快政府会计改革、构建现代政府会计体系已经备受期待。

已向前迈进一小步

细心观察后会发现，我国政府会计改革在近几年加快了步伐。

自 2009 年起，财政部密集地发布了一系列会计制度准则，包括《医院会计制度》、《高校财务制度》、事业单位会计制度和准则等。从 2010 年起，一些地方已经开始试编地方的政府财务报告。

这是否意味着我国正在从传统预算会计迈向现代政府会计？"我们目前仅往前走了一小步，距离构建现代政府会计还有很长的路要走。"中国人民大学商学院会计学教授林钢认为，我国目前实行的还是传统的预算会计，所反映的收支信息没有费用概念，无法对政府进行绩效评价。而现代政府会计应该实现双目标，既要满足预算管理需要，也要满足政府业务活动、资产负债管理需要，以便掌握政府的财务状况、风险程度和运行成本。

很多业内人士也表示，对于构建现代的政府会计，我国目前仍处于探索和试行阶段，很多工作还只是研究性的，出台的一些制度更多是过渡性的，主要还是满足现实之需。

比如对于新修订出台的《事业单位会计制度》，业内人士认为，由于事业单位涵盖面太广，需要制定一个针对所有事业单位的总的标准。新近出台的事业单位会计制度就比较稳健，是一个过渡性的产物。

当澳大利亚、新西兰、英国、美国、加拿大等国家纷纷采取较为激进的方式推进政府会计改革时，中国的情况又如何呢？中南财经政法大学政府会计研究所所长张琦认为，与之前的设想没有太多差别，我国政府会计改革是在一步步往前推进。

记者了解到，之所以采取渐进式的改革路径，很重要的一个原因是中国的制度环境与澳大利亚、新西兰等国很不一样。"他们都是小政府，我们的政府囊括的内容要多得多。此外，中国的政治体制与西方国家也存在较大差异，这些都对中国在借鉴西方国家的政府会计改革经验时，造成较大影响。"张琦说。

构思现代政府会计蓝图

我国要构建的现代政府会计的标志到底是什么呢？一位不愿具名的政府会计研究者表示，应该会出台一个大的统一的整体改革方案，其中包括政府财务报告、会计准则等。

由于涉及面广，甚至关乎利益分配问题，这一方案到时很可能会由国务院层面来发布。

对于构建政府会计的标准体系一事，张琦持乐观态度，并认为这是当务之急。他表示，理论上讲，技术障碍可以逐个解决，因为会计系统的构建有其自身的规律，存在着严密的证账表之间的对应关系。"构建这样一套标准体系将会对我国政府会计起到实质性的推动作用，因为现实需要一套从确认、计量到报告都进行必要的制度约束的标准。"林钢的设想是，我国可能会借鉴企业的做法，出台一个基本准则和若干具体准则。

其实，如何构建现代政府会计是一个宏大的问题，很多问题和因素都需要进行梳理。

林钢认为，有三个方面需要论证清楚。一是政府会计目标问题，到底相关信息要给谁看，起到什么作用。二是政府会计主体问题，比如国有及国有控股企业是否纳入政府财务报告的合并范围，如果合并，要如何合并？三是政府财务报告体系问题，如报告内容是什么？是否包括资产负债表、业务活动表、现金流量表、预算表？哪些项目、内容要作为报告内容？怎么报告？相关数据如何进行层层汇总？如何生成报告？对于大的工作思路，张琦建议可以选择一些重要且争议较小的会计准则先行进行设计，比如政府的资产、负债、费用等要素类的会计准则，而对于那些特殊交易与事项方面的准则则需要经过充分论证后再适时推出。"政府会计准则的制定是一个循序渐进的过程，需要实践来检验准则制定的科学性与合理性。"张琦说。

（文章来源：（中国会计报记者）罗晶晶，《探索构建现代政府会计体系》，载于《中国会计报》2013年6月7日第3版）

编制政府资产负债表正当其时

从盛极一时的"汽车之都"到一派萧条的"悲惨之城"，底特律的破产引发起人们对国内政府性债务的警觉。

自8月1日起，国家审计署将组织全国审计机关对中央、省、市、县、乡五级政府性债务进行彻底摸底与测评。一场专门针对政府债务的审计风暴即将席卷全国。

"此次政府性债务审计是全国范围的一次摸底，估计会比前两次开展的地方政府债务审计更彻底、更全面，目的是看清自2010年以来地方政府又新增了多少债务。"中央财经大学会计学院副教授王鑫表示。

警惕"底特律式"债务风险

导致底特律破产的直接原因正是无以偿还的巨额地方债。

如果把底特律政府视为一个特殊的"企业"，那么，透过其资产负债表不难发现，底特律政府连续多年收支不平衡，长期入不敷出、蚀耗资产、举债过多导致的资不抵债迹象早已显露。

以2013财年为例，底特律预期债务高达182.5亿美元，而财政预期收入仅为12.21亿美元，这是典型的资产负债表型衰退。

由此联想到国内不断攀高的地方债，人们不禁要问，到底地方债规模总额有多大？是否超过偿债率的预警线？一个严峻的事实是，由于缺乏统一的口径统计，不同机构针对地方债的估算结果相差近10万亿元。而且，中国目前尚未编制出一套统一的政府资产负债表范本。

换句话说，政府到底有多少收入，有多大规模负债，有多少公共基础设施、房产等资产价值……这些关系政府财务状况的信息还是一笔"糊涂账"。

在"看不清"、"摸不透"的情况下，一系列用于识别、量化和化解未来

（中长期）经济风险的决策也难以"对症下药"。

"底特律式风险"刺激了全球对于真实、完整和透明的政府债务信息的迫切需求。

收付实现制下的债务谜团

"正如企业的财务报告一样，在欧美债务危机背景下，政府也需要一套高质量的、完整的政府财务报告来反映完整的资产负债信息，以提升市场和利益相关者对政府的信任。"王鑫表示。

作为会计报表体系中最主要的一张报表，政府资产负债表通过政府的资产和负债，反映政府未来将面临的风险和抗风险能力。这其中，资产可能是现金或其他金融资产的形式，而要搞清楚负债非常困难，尤其是所谓的"或有负债"。

长期研究政府会计的王鑫认为，治理政府债务风险的前提是充分认识并反映政府债务，特别是地方隐性负债对宏观经济运行的影响。

事实上，由于我国政府会计系统目前还无法反映隐性债务、间接债务的经济状况，导致这类债务游离于会计核算系统之外，无法实现有力、有效的内部控制、债务监管、债务预警和风险防范。

早在20世纪80年代起，一些西方国家就遭遇"如何认清政府性债务"的考验。由于政府财政赤字快速扩张、债务不断积累，仅靠传统年度决算报告，无法全面反映政府真实的财务状况。因此，澳大利亚、新西兰、美国、英国等国家开始推行政府财务报告制度，并将政府财务报告作为政府债务信用评级的重要依据。

虽然我国现行政府会计制度要求政府编制资产负债表，但是现行的报表是按照收付实现制进行编制的，无法满足政府管理者全面了解政府债务规模、债务结构和债务风险的需求，其原因在于按照现金收付制编制的报表反映的信息存在"滞后性"和"狭隘性"。

王鑫介绍说，"滞后性"是因为只有在实际发生现金收支时才进行会计核算和报告，不能提供管理政府债务风险的前瞻性信息；而"狭隘性"是因为采用收付实现制的现行预算会计报表没有完整反映公共部门雇员养老金、贷款担保等隐性负债和或有负债信息，无法反映政府对该部分负债所承担的责任和风险，容易误导外部信息使用者对政府业绩和受托责任的正确评价。

先认清风险，再有效控制风险。底特律的破产印证了完善的财务信息披露制度既有利于增强政府债务信息的完整性和透明度，又能加强风险的防范并保持经济可持续发展。

像经营企业一样运营政府

编制全面清晰的政府资产负债表正当其时。

"我们现在有一个非常紧迫的财政体制改革的任务，就是要尽快编制政府的资产负债表，如果把这个编出来了，债务有多少就能够比较准确地反映出来，而且用什么来还债，这一问题也能比较好地研究与解决。"独立经济学家谢国忠在接受媒体采访时表示。

从市场经济角度审视，政府运营与企业经营并无二致。无论是作为市场化的承债主体，还是制定短、中、长期的整体运行目标，政府应该像企业一样编制健全的资产负债表，透过这张表，投资者、债权人以及公众能了解"国家财富"的资产与负债的结构、比例、期限，实现政府财务信息透明化。

不久前，财政部部长楼继伟在作 2012 年中央决算报告时强调，我国要加强政府债务管理，"健全债权债务人对账机制，推进政府会计改革，加快建立政府财务报告制度，全面动态监控地方政府性债务情况"。

政府债务管理的前提是拥有全面、准确、及时的债务会计信息，全面反映政府拥有的资产及其偿债能力。

借鉴企业经营中常见的权责发生制，编制全面的政府资产负债表是预测未来面临的债务风险和政府的可持续运营能力的客观需求。

"政府会计制度的改革是一个系统的长期工程，涉及确认范围、计量基础和报告类型等不同方面的改革，因此要做好统筹规划。"王鑫指出，由于政府债务种类复杂，在会计核算过程中需要合理的估算方法的支持，同时还需要充分考虑权责发生制的采用成本，在符合成本效益的原则下，结合不同债务的特点，逐步、有针对性地推进权责发生制。

（文章来源：（中国会计报记者）屈涛，《编制政府资产负债表正当其时》，载于《中国会计报》2013 年 8 月 2 日第 1 版）

政府会计改革的人才之困

我国已经进入会计制度修订期。

目前，财政部正在修订《高校会计制度》、《中小学会计制度》、《行政单位会计制度》等，而近几年，财政部已经先后出台多个关于预算单位的会计制度。

在朝着政府会计改革迈进的过程中，无论是政策制度的研究还是执行都需要大量政府会计人才，有业内人士认为，预算会计的管理现状决定了我国政府会计人才的短缺。

基层现人才瓶颈

"木桶理论"告诉大家，做好一件事情，关键要清楚短板在哪里。

政府会计改革主要需要两个层次的人才，一个是政策制定者，一个是政策执行者。"就人才而言，对我国政府会计改革造成阻碍的不在学术界和政策制定部门，而在实务部门，尤其是基层实务工作者的能力和水平制约了政府会计改革的推进。"山东大学管理学院副教授路军伟说。

记者了解到，省级预算单位的会计人才素质还好，因为这些单位比较有吸引力，有很多优秀人才来报考。相比之下，县级预算单位的会计人员素质堪忧，学历不高，知识老化严重。这其实跟很多事业单位会计部门被后勤服务化有关系。会计部门属于机关服务中心，地位不高，在现有编制下，很多人更愿意去业务部门，因为业务部门更容易争取到满意的晋升机会。

另外，县级及县级以下的预算单位人员编制少，极端的情况是，一个行政单位总共只有 3 个人，有时候压根就没有会计。但是，又不能增加人员编制，那么，只能靠提高现有人员的素质，这显得比较吃力。

其实，部分行政事业单位的会计制度在出台最终稿时，较之在征求意见稿阶段稍显保守，也主要是对来自实务部门的约束性考虑：基层会计人员是否真的能够理解并且不折不扣地贯彻和执行呢？

知识结构亟需整合

"要跟上政府会计改革的步伐，我认为，一方面要进行跨专业整合；另一方面，要进行实务与理论的整合。"中南财经政法大学政府会计研究所所长张琦抛出这个观点。

从政府会计改革需要大量的人才储备这个角度来审视，目前正出现这种现象：做财政研究的学者不懂会计，做会计研究的学者不懂财政。

张琦发现，在传统的教育体制下，会计和财政两个学科分别进行人才培养。一方面，会计专业的人员更熟悉会计技术，包括确认、计量、记录与报告等会计核算程序。相比之下，对会计反映的对象即行政事业单位的经济交易与事项了解尚浅，而这些交易与事项大多涉及财政预算管理方面的知识。此外，研究政府会计的学者多是从企业会计研究"转行"而来，他们习惯于更多地关注会计系统技术层面的设计。

另一方面，研究财政领域的专家学者对政府部门预算管理体制、经济交易与事项较为了解，但对会计技术层面的理解又相对欠缺。

这使得两类学者分别研究政府会计，有些力不从心。

为此，受访者建议，高校在考虑课程设置时，应该有所兼顾和交叉，即在财政专业里面设政府会计方向，或者建议会计专业的学生选修财政专业的相关课程。

另外，张琦认为，应该鼓励现职会计人员通过"回炉"等方式加强理论修养，同时，相关部门给理论界提供一些机会，让他们能够深入实务界看看，这样有利于相互促进，推动改革进程。

储备政府会计专业人才

目前，在预算单位从事会计工作的会计人多数没有学习过政府会计，这将抑制他们的创造力，使他们认为单位现有的会计制度就是合理的，这或将阻碍政府会计改革的推动。

但是，很多人认为政府会计简单，学过会计的人都能够胜任。路军伟表示，这实际上走入了误区。"政府会计改革之后会很复杂。政府与企业相比存在很多特殊性，如果收入也采用权责发生制，这真需要政府会计专业人才才能弄明白。"路军伟发现，在给一些地方进行政府会计培训时，学员们对美国现行的政府会计表示难以理解，更不要说去实际操作。

回到现实，虽然有的高校会计专业开设了政府及非营利组织会计这门课程，但其多作为选修课。而且，很多学生的目标是到企业从事会计工作，选修这门课的人其实很少。

路军伟认为，现在的职称考试中有预算会计内容，但其比例较少。或许可以将企业会计和政府会计的职称进行分开考试。

据了解，美国的注册会计师考试就把政府会计纳入其中。因为美国发行政府公债，需要注册会计师进行审计。

这启发了路军伟。他认为，我国在推进政府会计改革时，还要储备一批懂政府会计的审计人才。因为，随着公共资金规模越来越大，审计署其实没有办法完成全部审计，因而就会委托聘请民间审计机构，这就要求审计人员具备政府会计相应的知识。

而且，通过审计，可以倒逼政府会计改革加快步伐。

（文章来源：（中国会计报记者）罗晶晶，《政府会计改革的人才之困》，载于《中国会计报》2013年8月9日第4版）

规范高校成本费用核算是当务之急

近年来，有些高校遇到这样的困惑，在一些国际合作或者国内联合办学项目中，作为承接方的高校因不能提交规范的成本费用预算，导致合作在校方的叹息声中终止。

不得不说，规范高校成本费用核算是当务之急。日前，财政部发布《高等学校会计制度（修订）（征求意见稿)》，其中，对高校成本费用核算的规范成为一大亮点。

首次引入权责发生制核算方法

目前，我国高校的成本意识、危机意识普遍不强，国家也没有将学校的成本核算列入办学效益里面。这种观念一定程度上阻碍了我国现代大学制度的建立。

另一方面，随着高等教育体制改革的深入，高校办学模式发生了很大变化，除了全日制教学外，其还包括各种形式的社会培训、自考助学、科研项目、基地共建以及相关经营业务和经济实体。

"在这种情况下，一方面，多渠道筹资办学已成为必然趋势，另一方面，出现了资金和费用管理混乱、虚报或者隐瞒费用开支等现象，加强成本费用管理是当务之急。"中南财经政法大学武汉学院财会系主任彭浪说。

而在此次新版高校会计制度中，权责发生制的首次引入，或可从会计核算的角度缓解此类问题。

"引入权责发生制，为成本费用核算奠定了基础，也有利于进一步实现收益与成本费用配比。"彭浪说。

杭州师范大学计财处处长陈珍红也对权责发生制的引入表示极大的赞成："随着高校规模的不断扩大，资金量的不断增加，高等学校需要进一步加强会计核算、提升内部管理水平。高校财务管理要求精细化、科学化，原高校会计制度收付实现制下的大块粗放核算方法，已不能适应高校发展需要。"新制度还在报表体系中增设了"支出与成本费用调节表"，这有利于建立成本费用与相关支出核对机制，并为分摊计算项目成本提供了基础数据。

对此，陈珍红分析说："在支出与成本费用调节表中，将收付实现制下归集核算的教育、科研、管理、离退休等各项支出，调节计算形成各项权责发生制成本费用，可使成本核算更加精细、科学，从而建立支出与成本费用的核对转换机制。"

"报销型管理"转型

现行的学校财务管理仅仅是"收支两条线"管理，是一种"报销型管理"。

对此，彭浪认为："这样的管理模式，既不重视投入产出的关系，又不研究劳动成果同劳动消耗和劳动占用之间的合理比例，只注重最终向国家报账的结果，忽视了资金活动过程中的效益考核。"也就是说，这种"报销型的"管理模式使得教育管理只考虑预算，不计成本，造成了不必要的浪费。因此，进行成本费用核算有利于提高高等学校办学效益。

除此之外，在彭浪看来，高校成本费用核算不仅有利于优化高校资源配置，而且有利于高校确定合理的收费标准，有利于政府确定合理的拨款额度。

而令人欣慰的是，除去权责发生制的引入，新制度还从固定资产折旧、无形资产摊销等方面强调了成本费用的核算。

陈珍红介绍说，新制度按照高校主要职能活动分块核算和反映资产及折旧，固定资产、无形资产计提"累计折旧"、"累计摊销"时，根据资产用途进一步细分"教育"、"科研"、"行政管理"、"后勤保障"、"经营"等明细科目进行核算。

按照高校主要职能活动分块核算和反映支出，新制度还统一将"事业支出"科目拆分为"教育事业支出"、"科研事业支出"、"行政管理支出"、"后勤保障支出"和"离退休支出"5个一级会计科目。

可以说，这样的科目变化不仅规范了高校成本费用核算，而且更加细化了成本费用核算。

"财政预算改革力度不断加大，财政对高校投入的绩效考核力度不断加大，这些势必要求高校加强成本和效益管理，同时细化成本费用核算。"陈珍红说。

　　从另一方面来看，《事业单位财务规则》、《事业单位会计准则》和《高等学校财务制度》等一系列新制度的颁布，对加强高等学校预算管理和规范高校收支等方面提出了更高的要求，新版高校会计制度对成本费用核算的强调与高等学校财务制度体系的要求相互呼应，为后续成本管理工作的展开打下了基础。

　　（文章来源：（中国会计报记者）宫莹，《规范高校成本费用核算是当务之急》，载于《中国会计报》2013 年 8 月 30 日第 2 版）

政府综合财报编制还需循序渐进

2013 年 12 月，"汽车之城"底特律因 180 亿美元的负债宣布破产，成为美国历史上最大的破产城市。在震惊之余，其破产背后的政府综合财务情况是世界各国不得不深思的问题，中国亦是如此。

在十八届三中全会以后，如何通过建立权责发生制的政府综合财务报告制度，切实加强政府债务管理并防范风险已逐渐被列入了各地的议事日程。

改革面前的"拦路虎"

"编制政府财务报告要有规范的制度作为支撑，但就目前来看，一些难以解决的理论问题导致了编制工作的停滞不前。"东北财经大学会计学院教授常丽在接受中国会计报记者采访时如是说。

当前，我国的财政总预算会计、行政单位会计和事业单位会计均规定了相应的会计报表，却很难完整集中地反映各级政府的资产、负债和净资产全貌，使相关使用者难以全面、系统地考核和评价政府财务受托责任的履行情况。

"如何将彼此独立的会计系统相互协调，集中反映政府资产、负债等基本信息，是报表编制过程中的难点。"常丽坦言。

此外，政府财务报告主体的范围以及财务报告的目标也是在编制政府财务报告过程中遇到的棘手问题。

由于我国现行财政管理将具有政府功能的单位分为行政单位和事业单位，且事业单位种类繁多、性质复杂。这对报告主体范畴的界定造成了很大的障碍。

就财务报告的目标而言，财务报告应满足政府管理需要，同时反映政府履行受托责任的情况。财务报告要立足于政府管理需要提供的相关信息，为宏观经济管理服务，并在此基础上兼顾外部使用者的需要，逐步增加面向外部使用者的信息披露内容，以满足更广泛的外部使用者的需求。

但在使用主体范围和如何实现报告目标具体化等问题上，目前还没有很好的解决之道。

政府综合财务报告制度的建立也离不开信息技术的支持。在信息层层汇总的过程中，信息技术的支撑尤为关键。

人才储备也制约着改革的进程。但在常丽看来，这一问题并不是决定性因素。"研究政府综合财务报告的人才，从短期来看是可以通过培训来提升业务能力的。

同时，再辅以完善的信息系统支持，信息分析工作不会面临太大的障碍。从中长期来看，专业人才储备要跟高等教育结合起来，才是真正解决这一问题的良策。"

"分步到位"的改革模式

常丽认为，在建立权责发生制下的政府综合财务报告制度时，应遵循循序渐进的原则，建立比较系统的政府会计体系。可以考虑在试点省市先行开展政府财务会计、成本会计等基础工作，进一步完善相关体系的建设。

在改革过程中，借鉴不失为一剂良策。在常丽看来，改革要基于国情，"分步到位"的改革模式更适用于国内的现状。

目前，政府综合财务报告在国际上有多种模式。

一种是以美国为代表的"政府财务报告、部门管理采用权责发生制、预算编制采用收付实现制"的模式。在这种模式下，政府财务报告虽然采用权责发生制，但报告所反映的政府控制、运用资源及资源预测等内容，建立在完整的统计、分析系统上，并不完全通过预算编制取得。部门管理方面则引入企业的管理模式，核算部门的成本、产出，提高部门行政效率。另一种是以部分经济合作与发展组织（OECD）国家为代表的"部门会计和预算管理采用权责发生制，政府预算编制、财务报告采用收付实现制"的模式。当然，也包括诸如澳大利亚等国家权责发生制"一步到位"的模式。

不可否认的是，以权责发生制为基础建立政府综合财务报告属于共识，但问题是要考虑权责发生制的应用程度。到底采用修正的权责发生制还是彻底实行权责发生制，这是在我国改革中不得不思考的问题。

"就目前而言，修正的权责发生制更适用于国内。"常丽表示。

诸如固定资产折旧、国家性资产的确认等直接反映到报表中是比较困难的。而采用修正的权责发生制则有几大优势：一是操作难度相对较小，手续简化，并可以将资产负债表中的重要债权债务变化事项纳入会计核算的范围；二是增加了基层财务部门年终对账结账工作的时间弹性，有利于减少年终财务报表的差错率；三是我国政府会计计量基础从完全的收付实现制向修正的收付实现制的转型也基本符合国际会计改革的发展趋势，有利于今后构建有效沟通的政府会计核算与报告体系。

构建政府综合财报体系

无规矩不成方圆。没有统一的政府财务报告制度，政府会计改革也无从谈起。

"在改革进程中，要将法律体系、准则和财会行政法规有机结合起来，构建起政府综合财务报告的保障体系。"常丽表示。

建立起相应的会计准则，明确核算内容并回答基础性问题很有必要。比如，政府会计体系目标是什么？政府财务报告的主体有哪些？政府到底需要编制哪些报表？这些报表之间的关系又是怎样的？如何确认政府的资产和负债？报表应披露哪些资产、负债和收入？以上问题都要得到很好的解决。

事实上，《预算法》和《行政事业财务规则》都要求行政事业单位定期披露财务信息，这说明编制政府综合财务报告拥有很扎实的法律基础。因此，常丽认为，为推动下一步的改革，还应在已颁布的法律法规基础上，进一步加强、完善有关的法律体系。

"当然，制度设计要具有可操作性。只有可实施的制度才是好制度，要充分考虑现阶段政府会计人员、审计人员的操作能力和电子信息系统的技术水平和成本等问题。"常丽建议。

（文章来源：（中国会计报记者）李嘉亮，《政府综合财报编制还需循序渐进》，载于《中国会计报》2014年3月7日第14版）

平衡报表功能做出组合设计

在近两年的全国两会上，不断有人大代表和政协委员对政府综合财务报告给予关注。先有全国人大代表、均瑶集团董事长王均金提出"关于定期编制国家资产负债表的建议"，后有全国政协委员、瑞华会计师事务所管理合伙人张连起和全国政协委员、湖南财政经济学院院长伍中信等人提交了相关提案。

事实上，政府财务报表是政府综合财务报告中最核心的内容，如何对报表体系进行设计是未来制度安排中的重要一环。

让人读懂是第一要务

按照国际惯例，政府综合财务报告的内容一般包括首席财务官报告、审计署审计意见、政府财政经济综合分析、政府财务报表及其附注等。

"其中，政府财务报表是最核心、最客观的部分。"中国会计学会政府及非营利组织会计专业委员会委员、山东大学管理学院会计系副教授路军伟解释，像首席财务官报告、政府财政经济综合分析等都含有主观判断，可以通过文字润色进行选择披露，而政府财务报表体系有其生成机制，有标准化、格式化的特点，必须按照严格的会计程序来编制。

尽管报表体系是核心、客观的部分，但是，政府综合财务报告中应该设计哪些报表，却是由固有的会计系统和信息需求者的需求共同来决定的。

从目前实践来看，美国联邦政府和地方政府的会计系统存在差异，这就导致政府财务报表的编制种类有所不同。

另外，从信息需求来讲，生成什么报表、披露什么报表，关键要看信息需求者需要哪些信息。

一般来说，信息需求者主要有这么几个层次：一是纳税人和普通公民，他们是财务资源提供者和公共服务的接受者。二是债权人，他们是财务资源的提供者。三是上级政府和中央政府，他们需要相关信息以便进行财政风险管理等。

路军伟认为，针对不同的信息需求者，设计的报表体系也会有所不同。例如，虽然"三公经费"相关信息实际上是融入收入支出表的，但其不能被一眼看出来，我国目前之所以对"三公经费"情况单独进行披露，就是为了满足社会公众在这方面的信息需求。

因此，在对政府财务报表体系进行设计时，路军伟认为，首先要根据会计系统的特点，充分考虑外部环境和使用者素质来设计政府综合财务报告的报表体系。

而在一开始，报表设计应该通俗化，让人读懂是第一要务。

报表取舍有待商榷

报表体系是一系列会计报表的组合，不同报表承担着不同的功能和作用，因此，做好组合设计还需要平衡不同报表之间的功能。

美国联邦政府综合财务报告中的报表主要有资产负债表、净成本报表、运营及权益变动表、筹资人报表等。

业内人士认为，我国在进行报表体系设计时应充分考虑到自身的实际情况。

中国人民大学商学院会计学教授林钢表示，我国目前在编制成本报表时就遇到一定的困难，如成本的对象不易确认等，不过具体单位是可以编制成本报表的。

关于编制资产负债表，业内人士已经达成一致，因为资产负债表提供的信息有助于真实反映政府的资产、负债情况，全面掌握政府运行情况。

另外，净资产变动表可以反映出事业基金、项目结转结余增减变动情况，可以把项目都详细列示出来。因此，这张报表被认为有必要设计在其中。

但是，对于编制收入费用表、收入支出表、现金流量表、净资产变动表等政府财务报表，业内人士多持有不同意见。

有业内人士认为，在政府综合财务报告中，编制收入费用表和收入支出表的其中一张报表即可。但林钢认为，收入费用表采用的是权责发生制的会计基础，收入支出表采用的是收付实现制的会计基础。对两张表进行比较，会发现两种收入的差别以及费用和支出的差别，然后与资产负债表进行比较，还能看到其中的一些关联。而且，收入支出表与预算相衔接。

　　而关于现金流量表，有业内人士认为有必要将其纳入政府综合财务报告的报表体系中，但有业内人士认为这没有必要。持肯定意见的业内人士认为，政府在编制财务报表时应该借鉴企业的做法，编制现金流量表。而持否定意见的业内人士则认为政府和企业的组织差别太大，很难界定政府的经营活动、投资活动、融资活动，因而不能仿效企业的做法去套用这张现金流量表。

　　尽管对政府综合财务报告的报表体系设计还存在不同的声音，但是有一点大家达成了共识，那就是在编制收入支出表或者收入费用表时，可以按照支出结构、功能分类等不同维度来进行编制。

　　如按照教育、医疗、养老等分类进行编制，这样就可以反映多元信息，方便报表使用者抽取信息。

　　当然，政府综合财务报告所涵盖的会计主体范围会影响报表的设计。林钢说，如果将国企界定为政府资产而纳入政府综合财务报告中，那么，报表体系设计将发生很大变化。因此，他认为界定报告的主体是很关键的问题。

　　（文章来源：（中国会计报记者）罗晶晶，《平衡报表功能做出组合设计》，载于《中国会计报》2014 年 3 月 14 日第 5 版）

编制政府财报需多方环境支持

现阶段，编制权责发生制的政府综合财务报告仍然需从顶层设计入手，考虑各方面因素，其中包括法律、社会和财政改革等多方面环境。

权责发生制的政府财报制度应与相关制度改革协同推进，这是转变政府职能、完善现代市场体系与坚持基本经济制度共同作用的结果。政府财报既是政府今后决策的重要依据，同时也是社会公众对于摸清政府"家底"的需求。

建立清晰的法律框架体系

财政是国家治理的基础，而要想打好基础，就需要有清晰的法律依据以及框架体系，编制政府财报也是如此。目前推进这项工作的核心问题在于我国现行的法律体系中没有明确的依据，因此需要将编制政府财报纳入国家相关法律体系中。

从顶层设计的角度来看，政府财报属于国家信息的范畴。因此，在法律框架体系中，就应该体现出对披露政府财务信息的倾向性。这样，政府财报的编制才会有法律依据。

北京工商大学商学院会计系教授王仲兵表示，目前，我国的法律体系没有建立起与政府财报编制相关的概念框架。因此，权责发生制政府财报编制的基础工作之一就是理清报告制度的法律环境。

我国现行的与政府会计直接相关的部门法是《预算法》和《会计法》。东北财经大学会计学院副教授常丽认为，清晰的框架体系应该从法条中体现出来，将与编制政府财报相关的内容直接体现在《预算法》和《会计法》中。

对于如何披露，王仲兵认为，财报披露应当"充分"而非"完全"。"政府财报信息披露应遵循成本效益原则，应该关注重大信息的公开。同时还应考虑政府财报信息披露方式，即从什么角度反映政府职能及其受托责任的履行效率情况，技术层面上来看，就是要考虑信息披露结构问题。"王仲兵说。

常丽表示，信息披露需要注意层次，不同层次的披露所产生的社会效果不同，所以披露政府财报信息应当循序渐进。从技术上说，无论哪种层次的披露，都应该注意格式以及相关解释，以便于引导使用者理解相关信息。

深化财政改革以满足各方需求

如果用市场供求关系来做类比，那么政府综合财报的供给方是政府，而需求方来自两方面，一方面是政府自身对于摸清"家底"和为将来决策寻找充分依据的需求，另一方面来自于社会公众对于政府信息披露的需求。

不难看出，需求方来自于政府内外两个部分。外部需求是社会公众对于政府透明度的要求，在这一点上，常丽认为，政府有必要适度引导社会需求。"社会公众在对待政府财务信息时往往有'随大流'的心态，这会减弱政府编制财报的动力。编制政府综合财报也不能忽视内需，有必要摸清'家底'，为内部决策提供可靠依据。"王仲兵表示，政府财报制度需要社会性监督机制做支撑，以满足各类利益相关者的信息需求。

因此，财政改革要在预算管理制度科学化与精细化上发力才能为编制政府财报搭建起平台，比如国有资本经营预算与公共财政预算的边界要清晰划分。

从财政改革的角度来看，常丽认为，应将所有的财政性资金都纳入预算管理的范畴。同时，在预算实施过程中应该关注资金使用的结果，这也是绩效预算管理的要求。"以前，我们可能更加看重预算执行过程中的合法以及合规性的审查，今后，对资金使用的效益和效果应同样给予重视。"王仲兵认为，政府提供公共服务、改善民生等职责定位意味着政府财报所需原始数据的海量性，因而需要建立确保原始数据真实性的机制，主要包括国家统计制度与国家审计制度。

（文章来源：（中国会计报记者）刘安天，《编制政府财报需多方环境支持》，载于《中国会计报》2014 年 3 月 14 日第 4 版）

建立规范的财报披露规则

建立权责发生制的政府综合财务报告制度，其中非常重要的一项内容就是"披露"，即让政府财务在阳光下运行。而披露内容的全面性、准确性和及时性等方面，也引起业内人士的思考和关注。

财务核算面临新挑战

对于政府财报的披露内容，中国气象局财务核算中心处长周欣认为，对行政事业单位来说，政府财报的披露需要满足社会公众三方面的要求，即全面性、准确性和及时性。这对行政事业单位提出了新的要求。

首先，行政事业单位要改变核算方法，采用权责发生制以满足社会公众对政府财报全面性的要求。这对行政事业单位来说是个巨大的挑战。从多年的传统收支决算改为权责发生制，需要行政事业单位建立一系列制度规范，改变多个报表编制公式、模版、规则等。

"比如，依据国家在财务规范方面的要求，中国气象局今年先后调整了财务信息系统记账规则、会计科目、报销标准等，并修订了出国费、差旅费、培训费、接待费、报销管理办法等一系列制度。"周欣说。

社会公众对政府财报准确性、及时性的要求，也对行政事业单位的财务信息技术提出了挑战。

目前，很多行政事业单位的财务管理采取分散的核算模式，财务报告的统计只能采取手工汇总的方式，要实现财报的准确性和及时性，就要改变会计核算为主、事后控制为辅的财务管理模式，通过信息技术实现集中财务管理实时控制模式，减少人为因素。

"例如，作为垂直管理单位，中国气象局的财务管理辐射中央、省、地市、县四级，要想做到准确、及时，就必须依赖信息网络技术。"周欣说。

此外，杭州师范大学计财处处长陈珍红认为，财报披露还应该满足可靠性和相关性要求。

建立财报披露长效机制

对于政府财报披露，陈珍红认为应建立规范的披露规则。

"相关制度应明确，政府财报应该经过哪些程序进行披露。"陈珍红说，如公司财报披露的法定要求一般源于《证券法》或《公司法》，政府财报也应建立相应的披露规则，比如报告主体、报告公布所必需的程序、报告形式以及与社会公众互动机制等以形成报告披露的长效机制。

而对于披露内容，陈珍红建议，政府财报披露的内容应根据其目的入手，例如反映国家资源的总存量、流量以及变化情况的信息；反映一级政府、政府机构或部门综合财务状况的信息等。

因此，披露的范围应该包括政府预算报告、政府财务报告和政府或有事项披露等方面。

"对于披露的程度，应该是基于成本效益原则下的全面完整。"陈珍红说，因为不管是政府方获得信息，还是公众阅读信息，冗余的信息只是增加了交易成本。因此，政府财报应该经过法定程序审计后披露，而披露的内容是精练明确、公开透明、可稽核的可靠完整的财务信息和相关非财务信息等。

目前，公众的政治意识成熟是报告披露环境成熟的重要表现。但现实仍有一些不成熟的地方，比如政府会计制度准则尚需完善、披露规则尚未建立、各级政府相应技术手段不一致、各部门对预算公开的认识程度不同、专项预算需要整合等，这些情况不同程度地反映出政府财报披露在实际操作中的困难。

对此，陈珍红提出建议，一是加大公众的监督力度，让社会公众更多地参与政府财务监督；二是制定科学规范的政府会计准则；三是尽快加大各级政府和部门间的协调工作，健全和完善预算管理体制；四是利用信息技术系统，建立政府财务信息数据库；五是培养一批政府财报方面的专业分析人士和管理人员，对相关信息形成长效的管理和分析，以便社会公众进行监督。

（文章来源：（中国会计报记者）宫莹，《建立规范的财报披露规则》，载于《中国会计报》2014年3月14日第4版）

人才是财报编制的保障

从收付实现制向权责发生制政府综合财务报告的转变，也带来了行政事业单位等相关部门财会人员的转型。

他们中的很多人，从上岗开始，使用的就是收付实现制的预算会计制度，编制的报告也是基于收付实现制，多少已形成了一定的行为惯性、思维惯性。

但对于并不是那么熟悉的权责发生制，他们仍然充满了信心，也已做好了转型的准备。

编制政府财报涉及的不仅是对编制报告的行政事业单位财会人才的培养，还包括对报告实施监督的相关部门或机构的人才储备。而对政府财报的监督是多方位的，既包括国家审计部门，也包括财政部门自身的监督检查，还应包括社会审计。这样才能确保政府财报的真实性、权威性。

因此，建立政府财报制度对人才的需求也将是多层次的，不仅涉及行政事业单位财务人员、国家审计部门的专门人才，还涉及社会第三方中介机构的审计人才。

厦门大学宏观经济研究中心副主任林致远表示，就人才而言，实现收付实现制到权责发生制的转变，技术上并不存在太大的问题。无论是企业财务人员还是行政机关单位、事业单位的财会人员，他们在接受财会基础知识教育阶段大都涉及权责发生制的原理和应用，已有一定的知识储备。而且，一些行政机关单位和事业单位的财会人员可能早期还在企业工作过，更不存在技术上的难题。但是制度落地前的培训也很重要，相关部门需要对行政事业单位的财会人员进行技能等方面的培训，使其知识得到及时更新。

同时，政府财报在递交人大或向公众公布时，必须是经过审计的报告，这也需要一支过硬的、具有卓越政府审计能力的审计机构队伍。

对于审计机构而言，对政府财报的审计监督无疑也是一项新的工作，这也需要一支能够胜任政府财报审计的专业队伍。

　　对此，松辽水利委员会财务处处长任红梅表示乐观："近年来，会计师事务所的整体执业质量在提高，财政部门对会计师事务所的发展十分关注，培育了一批大所，对政府财报进行审计正需要这样一些在业界具备专业实力、享有较高声誉和信任度的大所。"

　　在强调为政府财报制度储备人才的同时，林致远也表示，编制政府财报固然要做好人才储备工作，但更关键的是要提供一个良好的制度框架和一个周全的培训计划，做好顶层设计，开展专门的人才培训。

　　（文章来源：（中国会计报记者）张瑶瑶，《人才是财报编制的保障》，载于《中国会计报》2014年3月14日第4版）

政府综合财务报告制度：
在探索中前行

继十八届三中全会明确提出"建立权责发生制的政府综合财务报告制度"之后，这一重大财政改革任务日前出现在政府工作报告之中。

"建立权责发生制的政府综合财务报告制度，是做实国家治理体系和治理能力现代化的重要基础。但与此同时，这一制度目前在内容方面缺乏准确的界定，这令制度建设进程更加艰巨漫长。"中南财经政法大学政府会计研究所副所长王芳表示。

应由财政部门主导编制政府综合财务报告

"建立权责发生制的政府综合财务报告制度，就要发布一套规章制度，以保证政府综合财务报告常态化、可持续的工作机制。"厦门国家会计学院高级讲师刘用铨表示。

就在去年年底，中国社科院编制并公布了一份国家资产负债表。而在2012年，德意志银行大中华区首席经济学家马骏牵头的以复旦大学为主的研究团队、中国银行首席经济学家曹远征牵头的中国银行团队、中国社科院副院长李扬牵头的中国社科院团队等三个团队尝试编制了中国的国家资产负债表。

三份国家资产负债表不禁让人有些眼花缭乱。三个团队编制国家资产负债表的目的是梳理政府有多少"家底"，能够承受多大程度的债务压力。但是，三份报表在政府的资产、负债方面给出了不同的答案，而在定性中国主权债务前景上，三份报表甚至得出了完全相反的结论。

到底由谁来负责政府综合财报的编制？业内的统一共识是应由财政部门主导编制政府综合财务报告。刘用铨解释说，由于政府财报是合并报表的概念，其由财政部门负责编制最为合理。另外，报表附注也应由财政部门主导。

同时，这一制度还应明确需要哪些单位进行配合，以及配合的内容；对于特殊数据的提取，由哪些单位给予支持等。

"比如，关于税收数据的取得，就需要税务部门和海关的支持；关于基础设施方面的数据，就需要交通、水务等部门的支持。"刘用铨说，制度同时要明确审计报告是政府财报的重要构成部分。

报告内容尚待商讨

关于政府财报，目前我国学术界和实务界对其概念和内容尚未形成统一的认识。从国外政府会计实践来看，各国在政府财报方面的做法也并不一致。

"譬如，美国联邦政府财务报告不仅包括资产负债表、净成本表等 6 张财务报表及其附注，还包括管理层讨论与分析、补充管理信息等资料。法国政府财务报告主要由资产负债表、损益表、现金流量表和报表附注构成。"王芳介绍。

在王芳看来，我国在界定政府财报的概念和内容时，需要充分考虑我国政府会计所处的政治与经济环境，"只有充分了解我国政府财报使用者的信息需求、明确政府财报的目标和主体，才能对政府财务报告的概念和内容进行准确的界定。"我国政府财报目标是既要提供能够准确反映预算执行情况的信息，也要提供能够全面反映政府财务状况的信息。

资产负债表和损益表能够为了解政府的资产"家底"、控制政府债务风险、核算政府行政成本和评价政府绩效等提供有用的信息。

譬如，资产负债表中的固定资产折旧和无形资产摊销不仅有利于报表使用者了解政府拥有的固定资产和无形资产的真实价值，也为归集政府的行政成本提供了信息。

"此外，完善的政府财务报告还应该包括财务报表的附注。"王芳说，由于财务报表的篇幅有限，主表无法提供所有政府财务信息。政府财报的使用者可以通过报表附注来了解主表中各项目的明细信息，增强对政府财报的理解。

尽管如此，业内一致认为，政府财报应该建立在严格意义上的合并报表上得出结果，需要依赖会计手段进行持续记录、严谨控制，最后进行通盘考量。

在王芳看来，现有的政府会计系统无法为建立一套完善的政府财报提供技术上的支持。"因此，必须深化政府会计改革，解决政府会计在确认、计量等方面的难题。先改革如何全面反映政府债务、提高政府债务透明度，再修订资产负债表对政府资产的统计口径，使信息使用者能够将政府负债与政府资产结合起来，进而综合判断政府的债务风险和偿债能力，真正摸清家底。"

（文章来源：（中国会计报记者）屈涛、罗晶晶，《政府综合财务报告制度：在探索中前行》，载于《中国会计报》2014 年 3 月 14 日第 2 版）

创新政府综合财务报告
完善财政财务内控机制

　　建立权责发生制政府综合财务报告制度已经成为国际公共财政管理的发展趋势。

　　在安徽省财政厅厅长罗建国看来，建立政府综合财务报告制度意义重大，既体现了为民理财的责任，也体现了提升政府治理能力的需要。

综合财报势在必行

　　据了解，财政部从 2010 年开始在一些地方进行了权责发生制政府综合财务报告的试编工作，安徽省自 2013 年开始试编。

　　罗建国告诉记者，在这次全国"两会"提交审查的中央和地方预算报告中，明确提出了要加快建立权责发生制政府综合财务报告制度。一是能够完整反映各级政府所拥有的资产和承担的负债，从而全面反映各级政府真实的财务状况，即政府的财务"家底"。二是能够反映出政府履行职责的情况，满足社会公众对政府财政财务信息全面性、准确性和及时性的需求，便于公众监督。三是能够及时反映政府财务风险情况，提高防范财政风险的能力。

　　对于地方政府治理是否需要一份资产负债表，综合财务报告是否能够防范财政风险、增强财政可持续性等问题，罗建国认为，地方需要编制资产负债表为其决策提供参考。编制政府综合财务报告的核心是编制政府资产负债表。各级政府和财政部门通过编制资产负债表，可以全面准确地反映政府财务状况，为及时监控政府债务规模，制定合理的融资、偿债计划，有效配置政府资源提供科学、有效的信息支持，有利于促进政府资产负债管理、风险管理等职能作用发挥。

　　"从规避财政风险上讲，编制资产负债表可以增强财政的可持续性，推动建立稳固财政。"罗建国表示,地方编制资产负债表,需要关注的内容主要包括资产负债率、非金融资产(包含固定资产、存货、无形资产、公共基础设施等)占比以及地方政府债务的规模和偿债率。财政部门在为政府当参谋、做决策时,需要充分利用上述数据进行比对分析,尽量避免或减少政府面临的财务风险。

"从安徽省前期试编工作来看,地方政府资产负债表在编制过程中在制度、技术上还有诸多难题。"罗建国表示,十八届三中全会决定为此项改革提供了制度保障,今年的预算报告又进行了具体安排,但改革任务仍然艰巨,政府综合财务报告制度相关的制度体系包括预算法、会计法、政府会计准则、政府会计制度等,都需要完善。

从技术上看,地方政府资产情况比较复杂,由于历史的、现实的原因,难以准确、全面地掌握政府资产负债的底数。按权责发生制编制地方资产负债表也是一项全新的工作,编制人员对权责发生制财务会计的业务不熟悉,知识和技能方面的更新和培训需要一个过程。

财政内控机制亟待完善

"综合财务报告和财政财务内控机制是相辅相成、相互促进的,都是提升政府治理能力的重要举措。"在谈到两者关系时,罗建国如是说。

在去年的全国财政厅局长座谈会上,财政部部长楼继伟要求各级财政部门要大力推进行政事业单位内控机制建设。今年2月11日在国务院第二次廉政工作会议上,楼继伟就加强财政内控机制建设提出一系列要求。

记者了解到,为贯彻落实以上要求,安徽省财政厅召开了全省财政系统反腐倡廉建设工作视频会议,着力加强财政内控机制建设,增强财政风险防控,推进财政反腐倡廉建设。

罗建国认为,财政风险防控是一项系统性、长期性工作,涉及资金、政策、项目管理,涉及社会、市场、法律法规,必须规范流程、明晰责任,最大限度地防范和控制风险。

他告诉记者,风险防控要从两方面下功夫,一方面要进一步练好财政内功,加强财政内控机制建设,健全预算编制、执行、监督相互制约、相互协调的财政运行机制。按照财政部模式成立内控委员会,定期或不定期地对财政内部控制工作情况进行研究,通报风险情况、分析原因、研究制定改进措施等。

对直接掌管资金分配和政策制定等高风险单位和岗位的权力进行限制和制约，压缩和规范各种权力的自由裁量空间，最大限度地降低权力失控、腐败发生的几率。深入推进财政干部轮岗交流工作，在轮岗中推广经验做法，在轮岗中锻炼培养干部，避免干部长期在同一岗位任职带来的廉政风险。

另一方面，要推动预算部门单位完善财务会计内控制度，实现财政工作与防治腐败同步部署、同步实施，财政财务同向同行，为建设法治财政、民生财政、稳固财政、阳光财政、效率财政提供坚实的制度基础。

（文章来源：（中国会计报记者）惠赞瑾，《创新政府综合财务报告　完善财政财务内控机制》，载于《中国会计报》2014 年 3 月 21 日第 3 版）

编制政府综合财报难度
大于企业财报

　　建立权责发生制的政府综合财务报告制度无疑是我国推进新一轮财政改革的重大举措。

　　这项制度的建立影响深远，其不仅能够为政府部门提供更完整和更具前瞻性的信息，便于财政部门更好地评估政府真实的财务状况、管理财政风险，而且还将成为政府部门改进决策机制和加强绩效管理的重要抓手。

　　正因为此，专家们普遍认为，政府活动看似没有企业经营活动那么复杂，但相较于编制企业财务报表，编制政府综合财务报告或更难。

原理相同但应用更复杂

　　谈到编制政府综合财务报告，人们很自然地会将其与企业财务报告进行对比。对此，专家普遍认为，虽然财政部门编制权责发生制的政府综合财务报告与企业编制财务报告的基本原理相同，但两者的实际应用很不相同，财政部门应用权责发生制编制财务报告所面临的困难将明显大于企业。

　　中央财经大学财经研究院院长王雍君表示，政府管理的许多公共资产如遗产、基础设施和军事资产等，很难确定历史成本、重置成本或允许价值。这主要是由于政府和企业编制报告的目的不同，政府部门采用权责发生制来编制财报并非为了实现收益与费用的匹配以便更好地核算盈亏，而是为了支持绩效导向的管理改革，以及更完整更及时地披露真实的财务状况。

　　松辽水利委员会财务处处长任红梅也表示，相对于企业财务报告的编制，政府综合财务报告的编制即使并不涉及复杂的衍生金融工具，但也并不简单。

　　"企业编制的财务报告相对来讲更直观一些，其中的企业规模、负债状况、实现利润、股东权益等的逻辑清晰。但是，作为公共部门的综合财务报告，政府综合财务报告既要提供财务信息，也要提供非财务信息，既有定量指标，也有定性指标。从这个角度而言，政府综合财务报告反映的是综合的绩效指标考核结果，这比企业财务报告的内容更丰富、更完整。"

财报综合性更强

相对于应用权责发生制编制政府综合财务报告，我国当前实施的采用收付实现制编制的非综合性财务报告，主要采取的方式为实收实付，即当时发生了的计入当期报告，在当期产生、需以后偿还的债务并没有列入这一期的报告。这就产生了寅吃卯粮、竭泽而渔的情况，为了做大业绩，当期政府过度收入、对未来资源过度开发。

政府综合财务报告制度的实施将有效避免这种情况。任红梅表示，政府综合财报的综合性非常强，不仅包括财务信息，还包括非财务信息，它将反映纳税人的资金运用情况、政府履行职责的情况，也将反映出政府行为的不足。

以政府综合财报中政府占有资源的情况为例，这份报告包括资金和资产的信息、各种基金以及借贷款情况，其中资产信息还将包括政府当前资本性的投入情况，而仅这一项所需要反映的内容就非常庞杂。

王雍君表示，政府综合财报的高度综合性无疑增加了编制报告的难度，但采用权责发生制编制的政府综合财报的全面性，也将使得这一制度在风险管理方面的优势更突出地显现出来。

从数字到成果

对于企业而言，财务报告上的数字基本可以说明企业的经营业绩，并且有对业绩指标的追求。但对于政府而言，政府综合财报上的数字并不能反映所有成绩和问题，即便是能够以数字量化的工作，也需要将财务信息转化为成果。而如何将数字转化为成果，并最终生成一份百姓也能看懂的政府综合财报，无疑也是编制中的一个难点。

王雍君举例，在企业的资产负债表中，资产减负债得到的是所有者权益，但在政府部门，两者的差额应理解为净资产（基金预算例外）。政府部门没有利润表，与其具有一定对应关系的报告称为"财政运营表"。在企业的利润表中，收入减费用称为利润；在公共部门中，两者的差额并非利润，而是"运营余额"。如果为正，则表明当年取得的资源大于提供服务所消耗资源，也就是说，其可以继续为未来年度提供服务的剩余资源；如果"运营余额"为负，则表明当年提供服务消耗的资源大于当年获取的资源。

任红梅以政府综合财报中对预算信息的反映来举例，在编制政府综合财报时，预算信息不再仅是简单的数字，还将包括预算的任务和成果。尤其是通过引入绩效的概念，更为注重对成果的反映，这将更为立体地反映预算使用的情况，并有效督促和引导预算执行部门在使用预算时关注资金的运用、内控制度的建设以及相关的反馈信息等。

（文章来源：（中国会计报记者）张瑶瑶，《编制政府综合财报难度大于企业财报》，载于《中国会计报》2014 年 5 月 23 日第 3 版）

明确目标是制定政府
会计改革方案前提

政府会计改革总体方案的研究制定已经提上日程。

在近日召开的全国会计处长座谈会上，财政部会计司司长杨敏表示，财政部将把政府会计改革作为一项长期的系统工程来抓，目前正在研究制定政府会计改革总体方案、政府会计准则委员会组建方案、政府会计准则体系构建方案以及中长期改革实施规划。

政府会计改革的实质性推进离不开一套整体的改革方案，而明确的改革目标将成为研究制定此方案的前提。

方案设计"铁三角"

改革的目标是什么？政府会计改革方案的设计首先需要回答这样一个问题。

中国海洋大学管理学院教授姜宏青说："改革目标不同，方案就不同。我们的改革目标是为了推动政府财政预算资金信息披露、评价政府受托责任、提高各级政府管理水平和效率，还是为各类经济决策提供依据、以会计规范为切入点推动或促进其他管理制度的改革与完善？这是我们首先需要明确的问题。"对于这个问题，水利部松辽水利委员会财务处处长任红梅认为，政府会计改革要通过会计体系的完善，实现对政府经济活动信息的科学确认、记录、分析、披露，为公众监督政府行为和国家进行决策提供支持。

目标明确后，方案设计应从核心问题入手。

通过对业内人士的调查访问可以了解到，对于改革方案的制定，他们普遍关心的问题有三个，即政府会计准则体系、政府综合财务报告制度及相关机构的建立。

"这三者堪称政府会计改革方案的'铁三角'，相互支撑，缺一不可。"中南财经政法大学武汉学院财会系主任彭浪说，但这套方案的核心应该只有一个，就是建立权责发生制的政府综合财务报告制度。这是十八届三中全会提出的要求，也是推进政府会计改革的方向和目标。

同时，彭浪认为，应建立一套科学规范的政府会计准则体系，采用系统合理的会计原则和方法，核算政府所拥有的资产、承担的债务、提供公共服务的成本以及财政资金运行等情况，并建立勾稽关系，将按政府会计准则反映的核算信息转换为权责发生制为基础的财务报告。这是建立权责发生制的政府综合财务报告制度的基础。

在中国气象局财务核算中心处长周欣看来，方案的一项重要内容应该是政府会计准则体系的建立。

"正所谓'没有规矩不成方圆'，实质性推进政府会计改革的重要标志就是制定对应的标准和规范，也就是政府会计准则体系。

我们可以借鉴企业会计准则的核算思想和理念，从具体的交易和事项入手，或从具体的要素入手，规范政府会计的计量、确认和报告。"周欣建议。

而对于相关机构的建立，财政部也正在着手成立政府会计准则委员会，办公室设在财政部会计司。

相关机构的设立，可以加强统筹协调。当然，还应注重内外结合，上下联动，尽快提出政府会计准则架构和建设方案，启动政府会计基本准则和相关具体准则的制定工作。这是建立权责发生制的政府综合财务报告制度的组织保障。

姜宏青同时认为，相关制度改革也应成为方案制定的重要方面。

"会计准则体系不是孤立的制度体系，上涉《预算法》、《会计法》，中涉国库集中收付制度和政府采购制度等，下涉绩效评价和社会监督的具体目标和内容，这些应当一并考虑到改革的未来走向和措施方案中。"姜宏青说。

突破现实"三道关"

改革方案的研究制定要考虑诸多现实问题。

政府会计改革总体方案的设计应考虑与财政体制改革、事业单位分类改革相结合。周欣举例说，事业单位分类改革强调事业单位的公益服务性，那么，政府会计改革的设计就应重点考虑公益服务的成本核算，进而延伸到政府会计核算方法的改变。

"原来的收付实现制不能准确核算事业单位提供公益服务的成本，今后在设计政府会计改革方案时就要考虑采取权责发生制或者修正权责发生制为基础的核算方法。"可见，十八届三中全会的决定虽然为政府会计改革提供了政治前提，但政府会计改革的确是一项艰巨、复杂、庞大的系统工程，仍需进一步加强总体设计。

为了完成这项艰巨的系统工程，彭浪认为，有几道关卡必须要突破。首先要突破"法律关"，即包括《预算法》、《会计法》等在内的与政府综合财务报告制度相关的法律体系，需要修改和完善。其次要突破"技术关"，即设计我国政府财务报告制度，特别是财务报表的内容、编制和汇总方法，保证财务报表信息的有用性和准确性，建立中央政府和地方政府、财政部门和其他部门联动互通的政府会计信息系统，这其中还有许多需要探索和研究的问题。另外，还要突破"人才关"。人才是改革的关键，为了确保政府会计改革的顺利进行，需要对政府会计领域的会计人员进行权责发生制方面的知识培训，从而培育与政府会计改革要求相适应的会计人才队伍。

任红梅认为，政府会计改革在进行总体方案设计时，考虑的主要问题是会计信息披露的直观性和可决策性。改革设计者要分析政府部门经济运行所涉及的资金资产管理的运行规律和具体内容，以预算管理为起点，通过会计确认、计量、披露方式的统一规范，向信息使用者提供直观、完整、详细的政务公开信息。

同时，出于对现实问题的考虑，姜宏青提出四个重点。一是观念变革，即会计准则的制定和实施要实现各方的协调与接受；二是从科学性角度出发进行准则制度设计；三是从可行性角度出发进行人员配置与培养；四是选择有效的途径推动改革的进展，既要有战略规划，又要有当前改革的具体路线，分步骤有节奏地推动改革。

（文章来源：（中国会计报记者）宫莹，《明确目标是制定政府会计改革方案前提》，载于《中国会计报》2014 年 5 月 30 日第 1 版）

地方政府发债或将驱动
政府会计改革

启动地方政府债券自发自还试点，将对政府会计改革进行直接、有效的推动。

日前，财政部发布《2014年地方政府债券自发自还试点办法》，明确上海、浙江、广东等10个省市试点地方政府债券自发自还，要求试点地区按照有关规定开展债券信用评级，并及时披露债券基本信息、财政经济运行及债务情况等。这意味着，随着债券发行逐渐走向市场化，投资者、评级机构、媒体等对编制和披露政府财务报告的需求将日益迫切。

或很快会编制地方政府财报

"发行地方政府债券将以地方政府财务报告为基础。"财政部财政科学研究所副研究员王晨明说。

其实，很多业内人士预测，我国或许很快就会编制地方政府财务报告。

从《试点办法》来看，我国部分地方发债将引入市场机制，让地方政府按需主动发债，社会公众则"用脚投票"。

"地方政府编制的综合财务报告将成为信息使用者'用脚投票'的依据。"对此，王晨明认为，政府综合财务报告是会计数据的载体，在地方政府发行地方债时，它将成为第三方评级机构所依赖的技术支撑，以此来反映地方债的规模和质量。

事实上，从包括英国、美国、法国、德国等在内的西方国家推行政府会计改革的经验来看，发行地方债是加快改革步伐的一个重要因素。因为推行政府会计改革主要有两种需求，一种是通过会计改革来改善状况，通过编制权责发生制的政府财务报告可以帮助政府更好地精打细算，控制成本；另一种是通过编制权责发生制的政府财务报告来反映政府的资产、负债情况，以便让政府债券的购买者能够正确评估债券价值。而第二种需求往往是更有效的推动力量。

我国地方债券的发行历程大致经历了代发代还、自发代还、自发自还三个阶段。可见，在地方债券发行方面，我国逐渐从行政控制走向市场约束。这无疑是个好消息。

山东大学管理学院副教授路军伟认为，启动地方政府债券自发自还试点意味着债券市场将把地方政府看作独立的发债主体，那么，地方政府接下来就会按照市场逻辑、市场环境、市场规则来安排融资行为。为了让地方债券受到投资者的青睐，地方政府就必须编制权责发生制的政府财务报告，并且推动政府财务信息公开。

系列变革将随之而来

预算会计和政府会计存在较大差异。目前，我国实行的是预算会计，它主要对立法机构负责，而政府会计要反映财政的可持续性以及违约风险等。

因此，政府会计改革将推动政府会计核算基础、范围以及审计鉴证等方面产生一系列的变革。

不过，可以肯定的是，对于发行地方债券，无论是评级机构还是投资者，他们所需要的都不是基于统计信息的政府财务情况，而是以会计为基础编制的政府财务报告。

《试点办法》明确提出要对债券基本信息、财政经济运行及债务情况等相关信息进行信息披露。对此，路军伟认为，随着政府债券市场的不断完善，应该由一个专门的机构来对地方政府的信息披露进行监管，如同目前由证监会对上市公司的信息披露做出要求一样。"可能会借某个机构之手来推动地方政府财务报告等信息的披露，指定这样一个监管机构或将是政府会计改革的又一个突破口。"到底地方政府应该披露哪些信息？从政府承担的责任来看，它首先要对纳税人服务，承担财政受托责任，这就需要强调预算的合规性。而如果政府发行债券，政府就要承担运营受托责任，反映政府的运营情况。由于关注焦点不一样，政府在信息披露时面对的对象不同、目的不同，披露的内容也就有所差异。

路军伟认为，将来地方政府在发行债券时要披露的信息应该是权责发生制综合财务报告的重要组成部分。而且，他认为，地方政府编制和披露财务报告或许将按照试点的先后顺序进行，逐渐从发债试点省市向后发债试点省市再向不发债试点省市逐渐推进。

（文章来源：（中国会计报记者）罗晶晶，《地方政府发债或将驱动政府会计改革》，载于《中国会计报》2014 年 5 月 30 日第 2 版）

政府会计改革需要"三步式跨越"

从建立政府会计准则到编制财务报表，再到形成政府综合财务报告，这被业内人士称为政府会计改革路径中的"三步式跨越"。

财政部会计司司长杨敏在近日召开的第五届"政府会计改革理论与实务研讨会"上更是详细解说，我国政府会计改革的基本路径是，从政府会计准则的建立入手；再由各级政府及其组成主体依据统一、规范的政府会计准则进行会计核算、编制财务报表；在此基础上，通过专门的会计方法和程序，合并形成真实、完整、准确的权责发生制的政府综合财务报告。

也就是说，经历过这三个步骤，政府会计改革才会成形。同时，这是我国近几年政府会计改革路径研究成果的集中体现，符合我国的国情和政府会计改革的目标。

千军万马中"杀出重围"

对于政府会计改革的"三步式跨越"路径，水利部松辽水利委员会财务处处长任红梅建议，确定政府会计的范围是建立政府会计准则的前提。只有将政府会计要反映和揭示的范围界定清晰，这才有利于研究制定用于确认和计量的标准化准则。

同时，中国海洋大学管理学院教授姜宏青认为，完善收付实现制的预算会计制度和建设科学可行的政府财务会计准则应同步进行，两者的信息都是保持政府及其相关机构有效运转所必需的。

对于改革中的困难，可以说是要从千头万绪中理出头绪，从千军万马中"杀出重围"。

"政府会计改革涉及面广，其与很多政治和经济权益的调整与重构相关，牵扯的深层次的矛盾较多，需要与公共财政体制改革、建立服务型政府、民主政治建设等配套，是众多改革的矛盾'结点'，牵一发而动全身。所以，改革必然是步步维艰，但我们要总揽全局，步步为营。"中南财经政法大学武汉学院财会系主任彭浪说。

其中，改革路径中的"第一步"尤为重要，即政府会计准则的建立。对此，彭浪认为："最先应该解决的问题是理顺当前财政总预算会计、行政单位会计和事业单位会计'三足鼎立'的关系，重构政府会计的框架，建立由财务会计和预算会计共同组成的政府会计体系。"当然，制定政府会计准则是一项十分复杂的系统性工程，需要立足于政府改革的方向和当前政治经济环境，从整体上对政府会计准则进行规划，在制定过程中保持稳定性和政策过渡性，从而制定出一套符合我国国情的政府会计准则。

同时，政府和行政事业单位内部管理动力不足也是阻碍改革顺利推进的难点之一。

"对于改进会计核算标准这项工作给单位管理带来的直接益处，一些政府部门和行政事业单位尚无清晰的认识，因而更难以从提高单位能力建设的高度产生内在的改革需求及动力。所以，在准则制定前期的调研、模拟运行、试行和颁布实施的过程中，困难要大于当年企业会计准则的出台程度。"任红梅说，同时，政府会计涉及的行业广泛，情况复杂，在制定和运用统一准则时需要找到共性交集，这其中是有很大难度的。

中国国情下的"独特路径"

在要求推进"三步式跨越"路径的同时，杨敏还提醒，要注意处理好财务会计与预算会计、总体规划与分步实施、当前与长远、立足国情与借鉴国际等方面的关系。

也就是说，改革路径实施中，要与实践和国情对接。

目前，各级政府部门、行政事业单位正在推行预算绩效管理，狠抓厉行节约和反对腐败，政府职能转变和事业单位改革正在向纵深推进。

"因此，会计准则的制定，应当适应经济社会发展的新形势。

站在国家治理能力建设的高度，改革首先应当解决当前行政事业单位会计信息不完整、不直观的问题。要通过会计准则的制定，让外行人看得懂、内行人说得清，让行政事业单位会计信息可对比、可分析。"任红梅认为，同时，改革要实现的另一个目标是政府行政成本计算，通过会计信息的运用，推动建立节约型政府，增大投入产出效益。

实际上，不一样的国情决定了我国独特的政府会计改革路径。

"我国政府会计改革的路径与国外政府会计改革的做法并不完全一致。我们选择的是'渐进式'的改革，而很多国家采取的是'突变式'的改革。"彭浪总结说。

例如，新西兰政府通过全面实行权责发生制，对政府会计制度实行全面彻底的改革。又如，美国的联邦政府、州政府及地方政府经过历时 70 年的改革后，统一了会计制度，均采用权责发生制。

由此可见，国外政府的会计制度改革很多都经历了从收付实现制到权责发生制的转变过程，并在新公共管理理论的引导下，不断加强政府绩效考核，逐步增强政府运转的透明度。

从政府会计改革的方向和潮流来看，引入权责发生制是大势所趋。但是，我国的政府会计长期以收付实现制为主，在观念、技术和人才培养上，我们不可能一下子与西方国家一样实行完全的权责发生制会计制度与财务报告制度。

也可以说，我国采用了"折中式"改革路径。

（文章来源：（中国会计报记者）宫莹，《政府会计改革需要"三步式跨越"》，载于《中国会计报》2014 年 6 月 6 日第 1 版）

政府会计改革需构建好概念框架

随着我国政府职能转变和公共财政体制的建立和完善，现行政府会计制度的缺陷逐渐显现，难以适应新形势的需要。近年来，政府会计改革呼声很高，学术界和实务界都要求加快推进政府会计改革，建立能够真实反映政府资产负债等"家底"、成本费用等绩效及预算执行情况的政府会计体系。

如何才能让改革符合规律、适应发展需要呢？东南大学经济管理学院财务与会计系主任陈志斌表示，先要明确政府会计的概念框架，其中，政府会计目标、信息质量特征、会计主体、会计基础、会计要素及其确认与计量、财务报告的界定等，都应服从并服务于国家治理的要求。

概念框架应符合国家治理的要求

国家治理是一个复杂的系统。对此，陈志斌认为，政府会计的目标应该是"管控治理观"、"受托责任观"、"决策有用观"等有机结合的综合目标，而不应是单一的目标。

陈志斌认为，从国家治理的职能来看，政府综合财务报告应该能够为政府部门管理和控制国家的经济活动、社会活动提供决策支持、过程控制、结果评价等方面的支持信息，能够为政治活动提供治理支持信息。从国家治理的受托代理权配置性质来看，政府综合财务报告要能够有助于确定政府履行的受托责任，有助于评价政府提供服务水平及其绩效，有助于评估政府履行到期职责的能力等。从国家治理的具体工具和地位看，政府会计应该能够为各级行政部门以及人大代表提供有助于正确决策的信息。

政府会计要提供包括资产负债状况、偿债能力、财政收支、现金流量等政府综合财务状况信息。政府会计的"管控治理观"目标要求政府会计信息具有透明性的质量特征；"受托责任观"目标要求政府会计信息应该具有可靠性的质量特征；"决策有用观"目标要求政府会计信息应该具有相关性的质量特征。

"我国政府会计信息质量特征应该是透明性、可靠性、相关性的结合。"陈志斌说，三者之间，政府会计信息的可靠性是以相关性为前提的可靠，相关性是以可靠性为基础的相关，相关性和可靠性共同服务于透明性。

而政府综合财务报告主体是政府会计概念框架中需要明确界定的一个重要方面。国际上确定政府会计主体的代表性标准有美国全国政府会计委员会（NCGA）的五标准，即财务依存性、管理监督权、管理指派权、运营活动的重大影响、财政事项的受托责任。另外，国际公共部门会计准则理事会（IP-SASB）也提出四分法，即资金授权分配法、控制法、法律主体法、受托责任法等。但各国在政府会计改革实践中，通常采用"控制基础"和"受托责任"两大标准。

"我国政府综合财务报告必须直面国家治理涉及面广、层次多、种类繁杂的现实，只有统筹兼顾才能满足国家治理体系完善和治理能力提高的需要。"陈志斌说，应兼顾"控制基础"和"受托责任"两大标准来确定政府会计报告主体。

按照这一标准，我国政府会计主体可以分为3个层次。

第一层次是中央政府和各级地方政府，第二层次是政府部门和政府所属单位，第三层次是政府部门所属单位。

各级地方政府、中央政府所属部门和单位是中央政府的分部报告主体。各中央政府所属部门的所属单位是中央政府所属部门的分部报告主体。地方政府所属部门及其所属单位是地方政府的分部报告主体。

"应该把国有资本经营情况，特别是地方政府融资平台公司纳入政府综合报告主体中。"陈志斌认为，考虑到我国实际，可以先行采用修正的权责发生制。随着政府会计体系的完善和法律法规的不断健全，可以逐步扩大权责发生制的适用范围，并最终实现完全的权责发生制。

做好政府会计的确认和计量

陈志斌告诉记者，对于政府会计的对象，学术界讨论过很多，主要有以下几种观点。第一种观点认为，政府会计对象是公共财政预算，即一般性财政预算的资金的收支及其相关的资产、负债等的资金运动。第二种观点则认为，政府会计对象是预算资金，包括公共财政预算（一般性财政预算）、政府性基金预算、国有资本经营预算、社会保障预算等的收支及其相关的资产与负债等的资金运动。第三种观点认为，政府会计对象是政府受托管理的剔除文物资产、自然资产等暂时无法计量的资产之外的所有资产、负债、收入、支出等资金运动。第四种观点认为，政府会计对象是政府受托管理的包括文物资产、自然资产等暂时无法计量的资产在内的所有资产、负债、收入、支出等资金运动。"从服从与服务于国家治理的角度来说，现阶段我国政府会计的对象应该是第三种。""要编制国家、地方或部门、单位资产负债表，需要有资产、负债、净资产等要素。而编制政府综合财务报告，还需要有收入、成本费用、结余等要素。"陈志斌认为，目前企业会计要素的确认有4项基本标准，即可定义性、可计量性、相关性、可靠性。

可以在充分考虑政府会计特殊性的基础上，借鉴企业会计要素的确认标准和国际经验，选择我国政府会计要素的确认标准。

陈志斌强调，从国家治理最迫切的需要来看，在政府资产负债表中可先核算和报告现时运用国家资源购建的资产、追溯报告某一年代以后的人造资产，对于已经形成历史文物的资产以及自然资源资产先探索报告，暂不并入政府资产负债表。政府负债的确认标准同样包括时间、空间、性质边界的确立以及义务或责任的可计量性要求等。"从国家治理需要来看，我国政府会计应首先确认政府举债，包括政府融资平台的债务。对于像养老金之类的债务先行测试、探索报告，暂不并入政府资产负债表。"此外，陈志斌认为，从我国政府会计所处的环境、政府会计的水平、政府会计目标及其质量要求来看，现阶段，我国政府会计计量属性的明智选择应该主要是历史成本。随着政府会计水准的提高和环境的变化，再逐步引入其他计量属性。考虑到国家治理的需要，我国可先由各级政府财政部门编制地方资产负债表、部门资产负债表、收入费用表、预算资源报表、融资报表等财务报表，待条件具备了再编制成本报表、绩效报表等。

（文章来源：（中国会计报记者）罗莎，《政府会计改革需构建好概念框架》，载于《中国会计报》2014年6月6日第10版）

政府会计改革需做好预算
会计与财务会计协调

例如，固定资产折旧可以增设"累计折旧"账户，期末计提折旧。

因此，彭浪认为，下一步，我们需要探讨如何设置"调整账户"或编制"调整分录"，如何开发相关财务软件并形成制度予以规范。

建立"信息快速通道"

共同的会计主体、同样的会计对象，让政府预算会计和财务会计在并存中的协调成为两者关系中的重中之重。

我国现行的预算会计体系是在 20 世纪 90 年代中后期建立起来的，主要以收付实现制为基础，并不是真正意义上的"政府会计"。

彭浪认为，政府预算会计与财务会计协调的核心是建立一条"信息快速通道"，使政府财务会计和预算会计实现信息互通与转换。

"在履行政府财务受托责任时，尽管政府预算会计和财务会计的功能和具体目标各有不同，但它们是政府会计体系的有机组成部分，两者通过信息的协同实现功能的协同。两者要在会计基础、会计要素、会计科目上相互协调，最终实现会计报告信息的互通和转换。"彭浪说。

同时，周欣认为，在实践中要细化预算会计。财务会计以预算会计为核心，而要实现这一点的前提是预算会计要实现精细化、科学化。预算会计与财务会计应既相互独立，又有效联结。

她举例说："中国气象局在政府会计改革方面已尝试通过信息化手段来实现预算会计与财务会计的分离与联系。其研发的计财业务系统根据业务性质分成几个子系统，通过各自的体系构建信息共享平台，各类信息通过平台实现流动和共享，实现预算会计到财务会计的'无缝衔接'。"另外，政府会计准则体系的建立是政府会计改革路径的第一步。

中国人民大学商学院教授林钢认为，政府预算会计准则和财务会计准则体系的建立也是政府会计改革需考虑的两大块内容。"在这种情况下，财务报告准则也有需要考虑的方面，比如收付实现制和权责发生制下两套报表之间的勾稽关系如何、数据如何核对、财务会计体系下的合并报表和预算会计体系下的汇总报表如何编制等。"林钢表示。

在我国当前的政府会计体系下，预算会计与财务会计长期共存。如何既提高财务会计系统的信息质量，满足政府部门的财务管理需求，同时加强预算会计系统的功能，以反映和监督预算的执行情况，一直是政府会计改革中的重要命题。

近日，财政部会计司司长杨敏在第五届"政府会计改革理论与实务研讨会"上再次指出，政府会计改革要注意处理好财务会计与预算会计、总体规划与分步实施、当前与长远、立足国情与借鉴国际等方面的关系。

其中，处理好政府预算会计与财务会计之间的关系，能够以较低的"改革成本"满足实际工作需要，实现政府会计的预算管理和财务管理两大功能，有助于使我国财政管理体制迈向一个制度更明晰、信息更透明、治理更规范、决策更科学的新台阶。

两者并存实现"双重目标"

从政府预算会计和财务会计的作用看，两者各不相同，不能相互替代。而要使政府会计成为一个完整的体系，政府预算会计和财务会计必须要长期并存，并相互协调。

因此，我国应建立一个包括财务会计和预算会计在内两者并行的政府会计体系。完整的政府会计系统至少应由预算会计子系统与财务会计子系统共同构成，从而实现反映政府预算信息和财务信息的"双重目标"。

对于两者的并存，中国气象局财务核算中心处长周欣建议，首先要明确区分预算会计和财务会计，分别建立预算会计体系和财务会计体系。

她以中国气象局的会计实践为例进行了说明："原来的政府会计是预算会计和财务会计的混合体。比如中国气象局成立财务核算中心，其主要的职责就是完成财务会计核算工作，目的是准确、完整地反映资产、负债、净资产信息。但我们在运行过程中发现，很多时候我们的财务核算要以预算为中心，即使认为预算不合理或当初预算不细化，也需要按照初始的预算执行，因为最终的决算要体现预算的执行情况。"在这样的情况下，周欣认为，只有分别建立预算会计体系和财务会计体系，才能真正实现预算会计反映全面的预算信息，财务会计反映整体的财务状况、经济效益的目的。

那么，会计基础完全不同的政府预算会计和财务会计是否可以完全割裂开来呢？中南财经政法大学武汉学院财会系主任彭浪认为，两者不能完全割裂开来，但仍需要建立各自的核算和报告体系。

"将两者割裂开来的话会加大核算成本。"彭浪认为，政府会计日常会计核算设置的大部分会计账户仍可采用收付实现制，并以此为依据提供预算会计报告，同时通过设置相关责权发生制的"调整账户"或编制"调整分录"，借助计算机技术和财务软件，经过数据调整或转换后编制期末财务会计报告。

（文章来源：（中国会计报记者）宫莹，《政府会计改革需做好预算会计与财务会计协调》，载于《中国会计报》2014 年 6 月 13 日第 1 版）

政府会计与财务报告改革
正在拉开大幕

近年来，政府会计与财务报告的改革与发展受到各国政府包括国际会计组织的高度重视。

在我国，作为公共财政管理的重要内容和公共治理的重要基础，政府会计与财务报告改革正在拉开大幕。

加强政府综合财务报告相关问题研究

在厦门大学副校长、中国会计学会政府与非营利组织会计专业委员会主任李建发看来，既然国家把建立权责发生制的政府综合财务报告提到国家治理体系和治理能力现代化建设基础的高度，那么，我们就有义务和责任构建现代政府会计体系和权责发生制的政府综合财务报告，提供全面、真实、完整的政府财务信息，助推国家治理体系和治理能力现代化建设。

"我国目前尚未形成系统的、完整的政府会计与财务报告体系，现有的预算报告主要反映政府预算执行情况。"李建发认为，虽然预算会计定位为"为国家预算管理服务"，但各级政府每年向人大提交的预算执行情况报告并不是依据预算会计核算编制的，因而对政府整体的财务收支和财务状况等信息并没有进行披露。

不过，时至今日，财政部在推进政府会计改革中已经取得了丰硕成果。

"目前来看，政府会计改革体现了财政预算管理制度改革对政府会计的要求。"李建发认为，到目前为止，政府会计改革解决了当前行政事业单位财会工作中存在的突出问题。比如稳妥地引入权责发生制，为绩效评价和管理打基础；实现了事业与基建财务、会计的整合和统一；财务规则、会计准则、会计制度等各类制度规范之间的界限较为清晰、各司其职。

但从整体上看，李建发说，这轮改革"改良"有余而"改革"不足。改革并不彻底，与现代政府会计体系还有差距。

在改革措施方面，李建发建议，应加强理论研究，拓宽研究视野；成立跨部门、司局的协调机构以及准则、制度的制定机构；启动政府会计概念框架和政府会计准则研究、制定；政府综合财务报告相关重大问题与配套制度研究。

政府会计引入权责发生制的目的是改善向决策者、内部控制和利益相关者所提供信息的质量。

李建发认为，权责发生制会计的优点很多，包括提供政府项目、活动和公共服务的总成本信息，更好地度量成本和收入，改善控制程序，提升透明度；更关注产出以及决策的长期效应；更有效地使用和管理资源，更好地反映受托责任；减少和更好地度量公共支出；更好地呈报公共部门的财务状况；通过更好地度量绩效，更好地促进财务管理；更关注资产负债的完整信息，实现更好的资产、负债管理；能够向信息使用者提供更有用、更相关的信息，促使在公共资源配置方面做出更高质量的决策。

相对而言，权责发生制会计也有缺陷。比如执行成本高，更加复杂，可理解性较差，以利润为导向；决策者使用资产负债表信息的频率较低；需要更多专业判断，以至于会催化自利性的操纵会计数字行为；难以处理公共部门特殊的项目比如军事资产、基础设施资产、文化文物资产、自然资源资产等；期末调账的会计行为经常导致审计师针对政府财务报表出具非标审计意见等。

政府"综合"财务报告需全面、系统、综合

政府财务报告既是国家决策机关和政府主管部门进行宏观决策、制定公共政策、进行公共管理的重要信息来源，也是政府外部利益相关者了解政府财政或财务状况、衡量政府绩效、评价政府履行受托责任情况并作出相关决策的重要信息来源。

而政府财务报告要关注"综合"二字。在李建发看来，"综合"就是指将已有的关于研究对象各个部分、方面、因素和层次的认识联结起来，形成对研究对象的统一、整体的认识。

"其中包括目标综合，既为公共管理服务，也为利益相关者服务，主体综合，包括党政机关、事业单位、国有企业等。"李建发说，此外，还有内容综合，指预算收支、财务状况、成本耗费等；时间综合，指时点与期间、流量与

存量、历史与未来；信息综合，指财务和非财务信息；形式综合，指报表与文字分析说明、财务报表与非财务报表；基础综合，即现金制与应计制。

改革思路要总体规划，顶层设计，先易后难，重点突破，逐步推进。"政府会计要先预算后财务、会计，先单位后政府，先地方后中央。财务报告要先内后外，循序渐进；先单位、部门层面，再推进到政府层面。"李建发说。

权责发生制的政府综合财务报告有助于评价政府的财务状况；相对于现金制会计信息和政府财政统计下的权责发生制信息，权责发生制会计信息的决策有用性更好，但可理解性较差；在宏观财政政策上有助于评价财政责任方面的指标；有助于评价政府财务绩效和确定政府的信用评级；对评价政府债务违约风险具有相关性和增量信息含量；能够提供更恰当的服务成本信息，在评估政府综合财务状况时更有用，可以影响公民的投票行为，也即它能够向报告使用者提供决策有用信息。

李建发对此表示，凡事都有两面性，针对权责发生制政府综合财务报告的有用性，国际上也存在很多争议。例如，美国学术界近年来不断通过实证研究方法来证明政府会计信息有用性（基于政治市场或债务市场），得出的结论往往大相径庭。

李建发认为，政府综合财务报告的核心是提供一套政府合并报表。它能够满足内外部的问责诉求，能够向外部利益相关者解释政府各个部门的职能，并能提升内部绩效水平。

"建立政府综合财务报告制度需做大量艰苦细致的工作。"李建发认为，一方面，要制定实施方案，明确建立这项制度的目标、原则、主要内容、各有关部门职责、考核机制、配套措施、时间表和路线图等，全面规划和指导政府财务报告制度建设工作。另一方面，要建立制度规范和操作指南，明确政府财务报告编制的主要内容、编制程序、职责分工等。发布政府财务报告编制办法及其操作指南，为政府财务报表编制提供基础规范。

此外，李建发建议，还要扎实做好各项基础工作。改革总预算会计制度等相关会计核算制度、开发信息系统、开展大规模培训，夯实这项制度的各项基础，确保政府综合财务报告的信息质量。

（文章来源：（中国会计报记者）罗莎，《政府会计与财务报告改革正在拉开大幕》，载于《中国会计报》2014 年 6 月 20 日第 7 版）

建立政府会计准则应从基本准则入手

建立统一规范的政府会计准则体系被认为是编制政府综合财务报告的基石。而在我国现今的政府会计体系下，预算会计和财务会计长期共存，这就意味着做好两者之间的协调是政府会计改革的重要命题。

对比企业会计准则体系的统一与建立，可以看出，基本准则的建立是会计准则设计需要攻克的桥头堡，这一点对于政府会计准则的建立来说同样如此。中南财经政法大学政府会计研究所副所长王芳表示，基本准则的建立对于统驭具体准则的制定具有重要意义，有了基本准则，具体准则的制定会更加顺利。

建立基本准则是突破口

对于正在谋划制定的政府会计准则，王芳表示，其将为政府会计改革提供方向和指南，起到规范和指导政府会计实务的作用。

从国家近期一系列的政策来看，最新出台的行政单位和事业单位会计制度中已经结合政府预算以及财政改革的要求，填充了新的内容，融入了政府会计未来改革的动向。"比如在会计基础上，部分业务引入了权责发生制。"财政部财政科学研究所副研究员王晨明告诉记者，这为下一步政府会计主体之间的整合、统一协调，以政府整体作为主体，最终实现政府会计改革的目标奠定了基础。

采用这个基础的主要目的在于理顺预算会计和财务会计的关系。多位专家表示，这两者是政府会计体系的组成部分，应长期共存并互相协调，从而有助于使我国财政管理体制迈向一个制度更明晰、信息更透明、治理更规范、决策更科学的新台阶。

而这样做的原因在于政府会计改革的内生需求正在发生着变化。王晨明表示，政府会计信息的需求者现在已经不仅仅满足于得到预算信息，而是更加关注政府的财务状况，包括资产、负债状况及对风险事项的评判等。从这个角度出发，可以更好地理解政府会计改革的目标。

王芳也认为，政府会计信息既需要满足预算会计的要求，同时还应当反映政府的财务状况和运营成果，为信息需求者提供支撑决策的信息。

而为了满足上述两方面的改革要求，政府会计基本准则的建立将成为一个很好的突破口。

王芳表示，基本准则可以保证具体准则的内在一致性，并在缺乏具体准则时为会计处理提供原则性指导。

确认政府主体是关键

记者从采访中了解到，对于政府会计基本准则的建立，最为关键的点在于如何确认政府会计的主体。有专家表示，无论主体通过何种方法来确认，都应当按照财务会计的理念来设计，遵照会计自身的逻辑架构，其中很多原则需要突破预算会计的要求。

对于这一点，王晨明表示认同。她进一步提出，有三个问题需要予以特别明确。一是政府会计主体的标准应当如何确定，二是政府会计主体的内涵和外延应当如何界定，三是衡量主体标准的尺度应当如何确定。"同时，所有的问题需要与中国现实环境紧密结合起来。这些问题明确后，后续的工作将是水到渠成的。"从具体的操作层面上来看，统一的企业会计准则的建立对于政府会计准则的建立具有一定的参考价值，而一些国际经验也能验证这一观点。

王芳介绍，国际公共部门会计准则委员会在制定国际公共部门会计准则时就参考了国际财务报告准则的相关概念。"但值得注意的是，虽然政府与企业在准则制定方面具有一定的共性，但其在实际操作中需要特别关注政府这一会计主体的环境以及特殊性。"王芳告诉记者。

在借鉴基金会计模式时，尤其要注意这一点。王晨明表示，基金会计的模式也是一种选择。"在政府会计领域，有些款项需体现出专款专用的性质，而将基金作为主体最能够体现出这种性质，这样可以通过基金的分类和划分合并生成政府财务报告。另一方面，基金会计模式是最能融合预算会计和财务会计的一种方式，有助于实现预算和会计的管理目标。"但与此同时，王晨明也强调，基金会计模式也存在缺点，就是其原则和理念相对复杂，从成本效益和可操作性出发，其若付诸实施还需要一定的论证和观察。

采用使用权责发生制需稳步推进

与政府会计改革以及政府综合财务报告息息相关的关键词是权责发生制。作为一种会计基础，权责发生制的最大优势在于能够更加准确地反映出政府的财务状况。

但就现阶段而言，建立权责发生制的政府综合财务报告体系与理想尚有一定的距离。据王晨明介绍，现在试编的政府综合财务报告是将以收付实现制为基础的核算数据，通过权责发生制的原则调整之后生成的，权责发生制的原则还未能完全贯穿业务核算流程。"当然，这个做法已经前进了一大步。最终应当通过政府会计准则的制定，将权责发生制基础运用进来，这样才能从设计理念上跟政府综合财务报告的初衷相符。"王晨明告诉记者。

这个问题的最大瓶颈在于，收付实现制是反映预算执行的有效方法，这也就意味着，如果从融合预算会计与财务会计的角度来看，权责发生制完全取代收付实现制的可能性几乎为零。而且，权责发生制主要以反映财务的成本效益为目标，而这一点本身在政府会计实务中的很多公益性业务中很难体现。

因此，王芳建议，不妨从信息需求者更为关注的领域开始先行采用权责发生制，例如政府的资产、负债、成本等。"而且，其本身的大范围推行就很可能会产生较高的改革成本。稳步推进，一方面可以降低改革成本，另一方面也可以使财务人员和社会相关方面有一个接受的过程。"王芳表示。

另外，王晨明还提到了会计人员的素质问题。她表示，政府会计准则的建立肯定会普遍采用一些较为先进的方法和理念，那么，公共部门财务人员素质的提升就显得非常重要。而另一方面，政府会计准则的建立不能仅仅瞄准某一种模式，更应当考虑到我国的国情以及政府会计改革的驱动因素。

（文章来源：《中国会计报记者》刘安天，《建立政府会计准则应从基本准则入手》，载于《中国会计报》2014 年 6 月 24 日）

制定政府会计准则应体现中国特色

政府会计改革已经实质上启动。日前，财政部正在开展对政府会计基本准则和相关具体准则的研究、制定工作。

财政部会计司司长杨敏在第五届"政府会计改革理论与实务研讨会"上表示，制定统一的政府会计准则是政府会计改革的主要内容之一，包括制定政府会计基本准则，根据基本准则制定政府会计具体准则及应用指南，以规范政府会计主体的确认、计量、记录和报告行为等。

业内人士认为，对于政府会计准则的设计，应该处理好立足中国特色和借鉴国际经验的关系，不能一味地打"国际牌"。

应充分考虑中国国情

关于我国政府会计改革，有人发出这样的声音：政府会计准则的制定应该跟国际公共部门会计准则趋同。

不过，山东大学管理学院副教授、中国会计学会政府及非营利组织会计专业委员会委员路军伟对此表示不能认同。"政府立足的环境与企业大不相同，因此，政府会计改革之路与企业会计准则不同。"在经济全球化和国际化的背景下，企业会计准则的国际趋同是为了满足资本市场的需求，这对企业和国际经济的发展帮助很大。而制定政府会计准则所立足的环境与企业大不相同，国家之间的民主政治形态有所不同，财税体制差异较大，如果政府会计准则盲目国际化，那将会出现很多不适应的情况。

因此，路军伟明确表示，在制定政府会计准则过程中，学习国外是必要的，但若立足国际，那将本末倒置。

就中美两国来看，两国基本政治制度不一样，政府的受托责任也就不一样。比如，美国的地方政府对本辖区负责，并不直接对联邦政府负责，而中国的地方政府则不同。

路军伟认为，这种受托关系的不同使得政府财务报告使用者的主要构成不同，所关心问题的焦点也就有所不同。比如，美国州与地方政府以基金作为会计主体进行会计处理，政府整体是一个综合报告主体；联邦政府以部门作为核算主体，联邦政府本身是一个综合的报告主体。这种核算和报告主体的设计，反映了美国政治制度下的受托责任特点。

从中法两国来看，两者也存在很大不同。法国相对来说领土面积小，其对地方政府的会计核算由隶属于中央政府的会计师们代而执行。然而，中国是大国，这种做法在中国则是行不通的。

事实上，国际上也没有公认的相对普世的政府会计准则体系，美、英、法、德等国公共部门会计准则各不相同，以谁为准是值得思考的问题。

另外，各国在政府会计改革之前的会计系统也千差万别。记者了解到，美国、法国历史上会计体系差异就很大。从中美对比来看，美国地方政府以基金作为核算主体，没有单位会计。中国目前实行的预算会计制度包括总预算会计制度、行政单位会计制度、事业单位会计制度，两国的会计系统显然也存在较大差异。

借鉴国际经验要避免盲人摸象

就目前来看，预算管理是会计核算的主要需求，这个事实在短期内不会改变。因此，中南财经政法大学政府会计研究所所长张琦认为，完全效仿西方国家显得不切实际。

张琦分析，我国进行政府会计改革面临两个契机，一是反腐倡廉，厉行节约，这需要加强成本计量，尤其是要将"三公"经费公开等支出信息跟成本对应起来。二是政府面临财务风险、债务压力。通过政府会计核算在政府财报中反映偿债能力等信息，需要确认和计量政府的资产和负债，而这些就涉及权责发生制的使用。

"正所谓需求决定供给，为了满足预算管理需求，预算收支信息与成本信息应同时存在并相互协调。要采用权责发生制反映资产、成本信息，采用收付实现制反映收支信息。"张琦说。

另外，编制的政府财报谁来看也是一个非常重要的问题。西方国家，政府财报主要是公众来看，而在中国，政府内部的信息需求也很旺盛。所以，中国的政府会计改革还是应立足国情，立足中国实际。

"对于国际上有些好的做法，我们可以先拿来研究，看这个准则解决的是共性问题还是个性问题。如果国际上的会计核算更加复杂或者特殊，那么，我国不一定要采用。"张琦说，这个过程就像试衣服，要寻找符合自己的"审美情趣"、对自己具有实用价值的衣服，就要不断地去掂量。

路军伟建议，中国在制定政府会计准则时，一是可以借鉴西方国家政府会计体系的内核和精髓，比如，让财务会计与预算会计保持并行。二是搞清楚政府会计和政府部门会计之间的关系，弄清楚西方国家的政府会计准则是针对行政单位的还是一级政府的。三是不能一味地看西方国家中央政府的做法，还要看地方政府的做法，因为在有的国家，中央政府和地方政府采用的政府会计准则、制度等方面并不相同。四是可以找同文化圈的国家和地区进行经验借鉴，比如了解日本、韩国、新加坡以及中国香港等的做法。

（文章来源：（中国会计报记者）罗晶晶，《制定政府会计准则应体现中国特色》，载于《中国会计报》2014 年 6 月 27 日第 1 版）

以三种模式编制自然资源资产负债表

党的十八届三中全会通过的《决定》提出要探索编制自然资源资产负债表，为此，学界提出了一系列重大研究课题。

构建框架

中国人民大学商学院党委书记荆新认为，探索编制自然资源资产负债表是环境污染、自然资源责任的迫切要求，是破解先发展经济后治理环境的"定律"，是扭转业绩考核模式、强化"绿色约束"，更是为了拓展环境会计，即绿色会计的研究成果。

要编制自然资源资产负债表首先要弄明白自然资源的特性，包括有限性、不平衡性、联系性和发展性等。

荆新解释，有限性是指数量上有限，必须合理开发利用与保护。不平衡性是指数量或质量上的分布存在显著地域差异，某些可再生资源的分布具有明显的地域分异规律，不可再生的矿产资源分布具有地质规律。联系性是指每个地区的自然资源要素彼此有生态上的联系，形成一个整体。发展性是指人类对自然资源的利用范围和利用途径将进一步拓展或对自然资源的利用率不断提高。

"探索编制自然资源资产负债表可以提供环境治理的有关信息、明确自然资源产权的主体和自然资源负债的责任。"荆新认为，探索编制自然资源资产负债表，需要构建自然资源资产负债表的框架，建设自然资源资产的确认、计量，构建自然资源资产负债表的模式。而自然资源的资产负债表框架设计，主要看报表主体、报表要素、报表框架。

在荆新看来，自然资源资产负债表的报表主体包括自然资源的产权主体，即个人、单位、政府；自然资源的负债责任为个人、单位、政府；自然资源的考核责任为各单位、各级政府。报表要素为自然资源资产、自然资源负债、自然资源净资产或净负债。报表框架包括资产、负债、净资产或净负债分类、分项对应列示，即资产的类别、项目，负债的对应类别、项目，净资产或净负债。

界定与确权

编制自然资源资产负债表需要弄清楚何谓自然资源资产和负债，如何界定和确权。

由于自然资源较为复杂，荆新认为，做好确权是很重要的一步。

自然资源资产是指家庭、个人、企业、事业单位、政府等主体拥有、控制或管辖的，通过法定、授权或交易形成的、有价值的自然资源。

"我国宪法规定，土地分为国有和集体所有制。"荆新说，相关法律规范，在土地资源方面，有"土地使用权证"；在草原资源方面，有"草原使用权证"；在森林资源方面，有林木采伐许可证；在矿产资源方面，有采矿许可证、勘查许可证；在渔业资源方面，有养殖使用证、捕捞许可证等。这为自然资源资产的确权提供了法律依据。

"目前，我国已建立自然资源有偿使用制度，开发利用自然资源的单位或个人要支付一定费用。这也是自然资源价值在法律上的体现和确认。"荆新说。

荆新认为，自然资源资产的估计可以用价值基础及价值理论来分析，价值基础包括现实价值、潜在价值，价值理论包括价格决定论、效用价值论、稀缺价值论、替代价值论等，估计方法包括价格法（市场价格）、租金法（使用成本）、净值法（价格—成本）、现值法（收益折现）等。

相对地，自然资源负债是指自然资源资产主体承担的、与自然资源资产相关联的、因维护恢复损害所形成的现时及潜在义务。自然资源负债与自然资源资产相关联，自然资源负债主体与自然资源资产主体相匹配，自然资源负债包含现时义务和潜在义务。

荆新说，自然资源负债的承担主体与自然资源资产主体相匹配，包括家庭、个人，企业、事业等单位，各级政府和中央政府。自然资源负债的预计需要考虑维护、恢复、损害的费用和替代的支出，可以通过维护费用法、恢复费用法、损害费用法、替代工程法来测算。

三种模式

荆新将自然资源资产负债表的模式概括为三种，即嵌入式报表、独立式报表、合并式报表。

"嵌入式自然资源资产负债表，是把自然资源资产和负债项目嵌入现行的财务会计资产负债，形成嵌入式的'表中表'。"荆新说。借鉴财务会计资产负债表有的已含有生物资产、递耗资产等自然资源资产项目的经验，把自然资源资产项目嵌入现行的财务会计资产负债表，补充与自然资源资产相关联、相对应的负债项目，并在报表附注中披露有关明细信息，适用于自然资源资产和负债规模较小的单位。

荆新认为，独立式自然资源资产负债表是编制独立的自然资源资产负债表，形成完整的自然资源资产负债表。"这种报表基于各报表主体本身所拥有的自然资源资产和所承担的自然资源负债。"荆新说，完整地提供各报表主体的自然资源资产和负债的总体状况，并提供报表附注信息。适用于个人家庭、企业事业单位、各级政府和中央政府。至于家庭个人承包土地、水域、滩涂、荒山等种植、养殖等，限于其专业知识，可以考虑由管辖政府委托会计师事务所代理编制，也可组织会计专业学生通过实习、实践编制。

而合并式报表是把个人、单位、各级政府和中央政府的嵌入式资产负债表、独立式资产负债表，以各级政府和中央政府为报表主体，结合管辖范围，进行汇总、合并，编制合并式自然资源资产负债表。完整地提供各级政府和中央政府报表主体的自然资源资产和负债的总体状况，明确管辖范围与管辖责任，并提供报表附注信息。适用于各级政府和中央政府报表主体。

荆新认为，对编制自然资源资产负债表的研究还需要不断系统学习自然资源知识和有关法规政策，为探索自然资源资产负债表提供认知基础。采用实地调研法、案例研究法，进行某类或某项自然资源资产与负债的研究。深入探讨自然资源资产和自然资源负债的计量属性和方法。具体设计自然资源资产负债表的报表要素、项目及分类。进一步探讨自然资源资产负债表多种模式的可行性。

（文章来源：（中国会计报记者）罗莎，《以三种模式编制自然资源资产负债表》，载于《中国会计报》2014 年 7 月 4 日第 8 版）

政府会计准则是编制政府财报的基石

在中国会计学会政府及非营利组织会计专业委员会今年主办的第五届"政府会计改革理论与实务研讨会"上，财政部会计司司长杨敏提出，政府会计改革的主要内容之一是制定统一的政府会计准则。

制定统一的政府会计准则主要包括：制定政府会计基本准则；根据基本准则制定政府财务会计具体准则，以规范政府会计主体的会计确认、计量和报告行为；整合现行行政单位会计制度、事业单位会计制度和国有建设单位会计制度等，构建以政府综合财务报告为核心的政府财务会计体系。

前期制度修订为制定准则打下基础

"制定统一的政府会计准则是编制政府财务报告的基石。"厦门大学副校长、中国会计学会政府及非营利组织会计专业委员会主任李建发表示，只有对会计要素进行科学规范，才能够全面、系统地对经济事项进行确认、计量、记录，从而形成编制政府财报的会计数据。

而我国现行的政府会计制度偏重于满足财政预算管理的需要，虽然对资产负债状况有一定程度的反映，但其仍然侧重于对预算收入、支出和结余情况的核算，主要提供的是反映财政总预算资金、单个行政事业单位、单项基金等的预算收支执行结果的信息。

在李建发看来，由于现有的制度并非真正按照政府会计体系来制定，我国现有会计制度的确认基础和确认条件、计量属性等缺乏系统性和前瞻性。新制定的政府会计准则在资产、负债、净资产等内涵方面将更加准确，在外延方面将更加丰富。

如此一来，政府会计准则所覆盖的范围将发生变化。比如，准则中，资产、负债、收入、费用（支出）的范围可能会扩大，现行的政府会计制度就需要进行相应的调整。

事实上，我国是为了适应财政改革需要而推进行政事业单位会计制度改革的。从 2010 年起，我国率先从医疗卫生行业入手，修订发布了《基层医疗卫生机构会计制度》、《医院会计制度》；2012 年，为配合事业单位财务管理改革的需要，我国适时修订发布了《事业单位会计准则》、《事业单位会计制度》；随后，我国又于 2013 年修订发布了《高等学校会计制度》、《中小学校会计制度》、《科学事业单位会计制度》，制定发布了《彩票机构会计制度》。

李建发对此认为，因为修订前的制度大多是在 1997 年按照会计要素来建立的，前期对行政事业单位会计制度的修订为现在的政府会计改革打下了一定的基础。但是，我国对这些制度的顶层设计总体上还不够。因此，我国将逐渐搭建政府会计概念框架，使会计要素的内涵、外延、确认条件、计量属性有统一、规范的概念基础，从而制定编制政府财报所需的政府会计准则。

准则应具备三大作用

到底政府会计准则应该具备哪些作用？山东大学管理学院副教授、中国会计学会政府及非营利组织会计专业委员会委员路军伟认为，政府会计准则应该具备以下 3 个作用：一是准则将规范政府的会计确认、计量以及报告的问题；二是准则针对的是政府整体，十八届三中全会所作《决定》提出要建立权责发生制的政府综合财务报告，所谓综合，意味着其不仅要针对政府本身，还要包括所属行政事业单位。三是从最后编制的政府财务报告层面来说，制定准则的目的是为了提升财务信息质量。

路军伟对于将来如何确保政府会计准则顺利执行给予了很多关注。

他认为，可以借鉴执行企业会计准则的思路。当年，执行企业会计准则的时候，首先就要求上市公司按照企业会计准则来编制年报，然后由会计师事务所审计并发表公允的审计意见。

目前，强制披露政府综合财务报告的机制还未建立起来。因此，路军伟建议，可以借地方政府开闸地方债之机，来推动地方政府财报披露一事。前期要求试点地方债自发自还地区编制地方政府财务报告，并要求这些省市披露他们的财报。至于披露的范围，他认为可以逐渐拓宽。

一开始，可以只向人大、地方债的审批监管部门、债券投资者等进行披露。在推动地方政府财报披露一事上，监管部门应协调配合。

另外，李建发认为，制定政府会计准则是为了提升政府财报的质量，因此，在制定政府会计准则时，应该要弄清楚纳入政府财报的主体有哪些、如何将会计要素纳入政府财报中，要明确政府财报的内容有哪些，考虑不同会计确认基础的运用情况，考虑政府财报是否用合并会计报表的方法以及财务信息和非财务信息涵盖哪些方面。

（文章来源：（中国会计报记者）罗晶晶，《政府会计准则是编制政府财报的基石》，载于《中国会计报》2014年7月11日第3版）

修订总预算会计制度需做好顶层设计

十八届三中全会所作《决定》明确要建立权责发生制的政府综合财务报告制度，这引发学界对我国政府会计改革的积极探讨。

厦门大学副校长、中国会计学会政府与非营利组织会计专业委员会主任李建发曾在今年的政府会计研讨会上表示，建立政府综合财务报告制度需做大量艰苦细致的工作，除了要发布政府财务报告编制办法及其操作指南，为政府财务报表编制提供基础规范之外，还要扎实做好各项基础工作，其中的重要一项工作就是改革财政总预算会计制度等相关会计核算制度。

由此，修订总预算会计制度受到关注。

总预算会计制度到了修订之时

"目前的财政总预算会计制度仅仅反映预算收支，无法综合反映中央政府的财务状况，已经到了必须修订的时候。"中国人民大学商学院会计学教授林钢表示。

现行《财政总预算会计制度》于 1997 年发布，至今已经执行了 16 个年头。随着预算编制、执行等环节和政府采购等财政管理制度改革的逐步深化，财政总预算会计制度中的很多内容滞后于财政改革发展的进程。

长沙理工大学经济与管理学院财务与会计系讲师柳宇燕总结，现行财政总预算会计制度的不完善主要体现在政府主体的会计对象范围不全面等方面。

比如财政支出形成的国有资本金和缴存国家货币基金组织的股本未能在资产中表达；政府承担的债务未能准确在负债中得到反映，如拖欠的工资、未偿还的国债等；社会保障基金没有纳入财政总预算会计中，不能反映其全面情况；对国家文化遗产、矿藏等重要的文化、自然资源，缺乏报告。

而更重要的是，目前我国政府会计体系主要由财政总预算会计、行政单位会计和事业单位会计构成，另外还包括参与预算执行的国库会计、税收征解会计以及国有建设单位会计、社会保险基金会计、政府性基金会计和若干会计核算补充规定等。

"其中，对总预算会计进行改革，应该说是对政府会计改革的顶层设计。"林钢认为，我国在推进政府会计改革时，需要对财政总预算会计制度进行修订，从而打好基础。

目前，我国政府会计改革已经进入实质性阶段，修订财政总预算会计制度也应加快进行。

明确制度定位至关重要

在对比财政赤字和财政决算数据时，财政部财政科学研究所财务会计研究室副研究员王晨明观察到，在推出"四万亿"财政政策之后这几年，财政存款持续增加，而过去的 10 年中，我国每年的财政预算都是赤字。即每年财政都是支出大于收入，而国库存款却越来越多。

那么，这两者存在差异的原因何在呢？对此，王晨明分析，这是因为在财政总预算会计核算时，多数事项采取了收付实现制的会计基础，而对因为政策性原因、用款进度原因在当年未能实现的支出，在年末可以以权责发生制入账。即这些支出虽然没有真正从国库中花出去，但在记录财政收支数据时计入了当前支出。由于这些项目的存在，财政赤字和财政存款数之间就有了差异。

这种现象的发生，让人不由得开始思考总预算会计改革的方向。

有不少人认为，在修订总预算会计制度时，除了完善对新兴业务事项的会计核算之外，还应该扩大权责发生制的运用程度，把存量信息也反映进来。

但是，王晨明表示，应该从更宏观的角度去看待总预算会计制度的修订。如果扩大权责发生制的运用程度，那是否会让存量数据和流量数据的差距更加明显？因此，明确总预算会计制度的目标最为关键。

她认为，在修订总预算会计制度时也要进行顶层设计，要统筹考虑政府会计改革的方向，具体考虑政府成本会计、政府财务会计、政府预算会计等政府会计的每个分支之间的关系，以契合工作实际。

王晨明建议，总预算会计制度的修订，不仅仅是权责发生制的运用程度问题，更是要站在更高的角度考虑政府预算和财务信息的供给状况，为信息需求者进行决策提供反映经济状况和财政运行状况的"晴雨表"。

关于如何对总预算会计制度进行修订，林钢提出了自己的想法。

林钢认为，总预算会计制度的改革应当以建立综合的财务报告体系为目标。一是要建立以权责发生制为记账基础的财务会计与以收付实现制为记账基础的预算会计相结合的政府会计体系（可以称为中央政府会计或总会计）。因此，修订总预算会计制度不是简单的总预算会计改革。二是要明确中央政府会计的主体，即行政事业单位、国企等，可将它们分成若干层次，逐级汇总会计信息，以充分反映中央政府的资产和负债情况以及预算收支情况。三是在中央政府会计构架下，继续改革行政事业单位会计，确定逐级汇总（合并）的会计方法。

前不久，财政部副部长刘昆在作《贯彻落实十八届三中全会精神　全面深化财政国库管理制度改革》的讲话时明确指出，修订完善财政总预算会计制度一定要坚持现实性和前瞻性相结合的原则，既要对以往发布过的"打补丁"文件进行系统梳理，有取有舍；又要按照建立权责发生制政府综合财务报告的要求，进行制度创新，同时反映预算执行信息和财务信息。

对总预算会计制度的修订，我们可以拭目以待。

（文章来源：（中国会计报记者）罗晶晶，《修订总预算会计制度需做好顶层设计》，载于《中国会计报》2014 年 8 月 1 日第 7 版）

地方债评级，资产负债表不能缺席

8月初，江西省完成地方政府债券招标。江西省和宁夏回族自治区均为本次自发自还地方债试点的中西部欠发达省份，它们的地方债分别被上海新世纪资信评估公司和大公国际资信评估公司评定信用等级为AAA。

AAA级是最高的信用等级，也高于国外机构对中国政府的主体信用评级。

巧合的是，这两个中西部欠发达省份与发行结束的广东、山东、江苏、青岛、浙江、北京等经济发达省市地方债评级结果一致。

有业内人士预测，10个试点省份的地方债评级结果很可能都是AAA。

目前的地方债信用评级综合考虑了多种要素，具有较高的权威性，但其中仍有遗憾的是，地方政府的资产负债表尚处"缺席"状态。

在财政部发布《2014年地方政府债券自发自还试点办法》之初，政府会计界人士就认为，启动地方政府债券自发自还试点将对政府会计改革进行直接、有效的推动。因为随着债券发行逐渐走向市场化，投资者、评级机构、媒体等对编制和披露政府财务报告的需求将日益迫切。而政府财务报告的重要组成部分就是资产负债表。

在美国，美国各个州管理本州内的地方政府的会计和财务报告，编制和披露政府财务报告是发行地方债的必要条件之一。

从20世纪70年代以来，评级机构就一直将财务报告的质量作为影响评级的因素之一。

如今，我国评级公司的确表现出对地方政府资产负债表的渴望。政府信用评级机构在对已有试点省市债券的评级过程中，主要会围绕宏观经济与财政管理体制、地方经济、财政状况、地方债务和管理、地方治理五个方面来搜集资料。

一般来说，资料主要分为公开和非公开两部分信息，公开信息包括政府预算报告、经济发展情况、土地使用情况、金融统计年鉴等，这些都可在公开渠道上获取；非公开信息主要涉及债务管理机制、税收分成、政府资产等，这部分信息则需要评级公司通过访谈等方式从地方政府获悉。

但是，地方政府的财政预决算表在一定程度上表现的是现金流入和流出的概念，外界从中得到的主要是流量信息，而地方政府尚没有提供资产负债表，外界也就无从得知资产方面的信息，无法得到存量指标。

值得注意的是，债权人最关心债务人的偿债能力。借鉴企业偿债能力指标体系可以了解到，其偿债能力指标包括经营活动现金净流量与负债比、经营活动现金净流量与到期债务比、经营活动现金流量比率、利息保障倍数、权益债务比率、负债结构比率、流动比率、速动比率、现金比率等指标。这些指标按照来源分为现金流量表指标、利润表指标和资产负债表指标，前两类指标属于流量指标，第三类指标属于存量指标。

只有地方政府编制了资产负债表，外界才能得到地方政府资产负债率等偿债能力存量指标，才能够充分、准确地揭示地方债券的风险，才能准确地对地方政府债券进行科学的信用评级。当然，前提是地方政府编制的资产负债表要保证较高的质量，甚至可以将资产负债表的编制和质量与地方债券的信用评级进行挂钩。

十八届三中全会所作《决定》明确提出建立权责发生制的政府综合财务报告制度，而编制政府的资产负债表就是其中的一项重要内容。

财政部部长楼继伟近日在解读深化财税体制改革总体方案时明确表示，地方政府债券自发自还试点还将继续扩大，同时要做好两项基础性工作，其中之一是推行权责发生制的政府综合财务报告制度，即政府的"资产负债表"，向社会公开政府的家底。

不过，目前地方政府的资产负债表尚未出炉也有其原因。比如，地方政府的哪些资产应纳入资产负债表内、哪些资产可以作为债务偿还，地方政府资产负债表的编制应采取哪种程度的权责发生制等，这些都存在一定的争议。

也因此，评级机构在对地方政府评级时对于资产因素考虑得较少，一般的评级方法体系没有将资产负债表作为地方政府评级的必要材料。

美国最大证券评级公司标准普尔1980年发布的一份政策报告称，现金制基础的财务报告无法提供足够的信息用于债券评级，如果不采用GAAP（一般公认会计原则）来编制资产负债表的话，那么，这在债券评级中会产生负面影响。标准普尔的表态，实际上代表了市场的声音和力量。

虽然，我国地方债市场刚刚起步，尚未有代表市场的理性声音和强大力量来推动资产负债表的出炉，然而，从长远来看，随着我国政府会计改革的逐渐推进，相信政府资产负债表定会与公众见面，并成为地方债券发行评级的重要影响因素。

　　（文章来源：（中国会计报记者）罗晶晶，《地方债评级，资产负债表不能缺席》，载于《中国会计报》2014 年 8 月 29 日第 7 版）

地方债管理亟需政府会计配套改革

日前发布的《国务院关于加强地方政府性债务管理的意见》提出，加快建立规范的地方政府举债融资机制，对地方政府性债务实行规模控制和预算管理，控制和化解地方政府性债务风险。

为全面反映地方政府的资产负债情况，《意见》中规定了诸如完善债务报告和公开制度等具体举措，这与新《预算法》针对地方债管理的规定一脉相承，同时对明确政府会计确认基础、提升政府会计信息透明度、引入权责发生制等配套改革提出了迫切要求。

就地方债风险对症下药

此前，我国的地方债管理中存在家底不清、债务风险防范机制欠缺、地方债务风险评估缺失等一系列问题。

值得欣喜的是，针对以前地方债管理中存在的风险问题，此次《意见》建立了"借、用、还"相统一的地方债管理机制。

上述意见疏堵结合，既赋予了地方政府依法适度举债融资的权限，又坚决制止地方政府违法违规举债；明确了政府和企业的责任，切实做到谁借谁还、风险自担；对地方债实行规模控制，严格限定了政府举债程序和资金用途，把地方债分门别类纳入全口径预算管理，实现"借、用、还"相统一；新老划断，妥善处理存量债务，确保在建项目有序推进。

有效落实上述意见中的举措，还需要深入了解此前地方债管理存在风险的原因。杭州师范大学校园建设处处长陈珍红认为，地方债管理体系不健全是目前地方债管理中存在的重要问题，而尚未建立完整的地方债管理和会计核算制度，是债务脱离政府监管的主因。"地方债管理制度缺失、监管部门缺位、审计制度不明确等都导致地方债管理力度相对薄弱。"在收付实现制的核算基础下，地方债更多地关注到了政府资产负债、收支的流量，而非存量。武汉大学经济与管理学院教授叶永刚指出，如何盘活地方债是目前急需解决的问题。他认为，首先要做好增量部分，要选择好的项目继续进行融资，促进地方经济发展，随后可用增量部分带动存量部分，促进资本的良性循环。这也与此次《意见》中新老划断的做法不谋而合。

精细化管理程度不高也是当前地方债管理中存在的很大问题。

据悉，目前，政府直接显性负债在财政部门的资产负债表中没有按照流动性的大小划分为流动负债和长期负债，而是将中央政府和地方政府举借的债务笼统地通过"借入款"会计科目核算，并通过资产负债表予以反映。

"这种对政府负债不按期限长短进行分类的做法，直接影响到财政部门资产负债表中政府负债信息决策的有用性，既不利于按照负债信息合理安排偿债资金，也不利于据此分析政府负债的短期和长期偿债能力。"肖鹏说。

事实上，在上述问题的背后，反映的是地方政府性债务边界不够清晰、政府债务权责尚未达到匹配等问题。《意见》在"怎么借"方面规范了政府举债的主体、方式以及程序；在"怎么用"方面加强了对政府债务规模和举债用途的控制；在"怎么还"方面规定了债券偿还和社会资本偿还两种方式，除此之外还建立了风险预警和风险应急处置机制。这些规定实现了政府债务"借、用、还"三个方面权力和责任的相统一，真正做到了"有权借之、有据管之、有责还之"，这可有效规避上述风险，提升地方债精细化管理程度。

政府会计改革要配套进行

很明显，为了进一步加强地方债管理，政府会计改革也要配套进行。

当前地方债的最大风险之一是不透明。事实上，《意见》中的很多规定都意在将政府债务透明化。例如，《意见》规定政府举债的方式只能够通过债券进行融资，这意味着资本市场市政债券代替了原来的融资平台债；另外，《意见》提出将地方债务纳入地方政府的全口径预算管理中，这也是一种针对地方债务公开化的规定。同时，《意见》还督促各级政府抓紧时间建立起债务公开报告、考核问责、债权人约束等相关配套机制。

从这个角度出发，建立起有效且公开透明的政府会计信息制度显得尤为必要。同时，要建立相应机制，确保会计信息的可靠性和相关性。陈珍红建议，我国在推进政府会计改革时，要充分借鉴国际货币基金组织的《财政透明度手册》等，同时结合我国国情，形成有效的政府会计信息透明制度。

应该说，引入以权责发生制为基础的政府综合财务报告制度是目前业内的共识。我们看到此次《意见》对政府债务的用途做出了明确规范：地方政府举借的债务，只能用于公益性资本支出和适度归还存量债务，不得用于经常性支出。中南财经政法大学政府会计研究所所长张琦表示，这一规定实际上是一个规避地方债务风险的保障机制。因为用于公益性支出的债务不是消耗性的支出，通常是基础设施建设等项目，最终会形成资产，从而不影响地方政府的资产负债率。

事实上，举债用途的规范化是政府债务责任的一种体现形式。

此前，政府负有担保责任的债务很难在报表中得以体现。而未来通过发行债券、银行借款等形式而形成的债务是可以通过会计核算体现在报表中的。举债用途和形式的规定是对政府作为举债主体所要承担具体责任的一次有效规范。而这对于编制政府综合财务报告而言具有很大的促进作用。

如何解决政府会计核算基础与综合财务报告基础不一致的问题，也是业内专家关注的重点。新《预算法》已经明确政府综合财务报告以权责发生制为基础，但具体的行政事业单位的会计制度仍然是收付实现制。陈珍红认为，这两者的衔接和明确仍然需要进行探索。"如果政府综合财务报告和会计报表的报告基础不一致，那将会出现信息混淆。因而，这需要在体制机制上积极进行探索和改革。"此外，政府综合财务报告还要配套于政府风险管理。"政府会计的计量、核算、监督和报告都应该围绕着政府可持续发展目标，会计信息要能反映政府风险管理。

会计信息对债务结构的分类核算、相关信息的加工和报告，有助于政府债务风险管理的考核问责机制和地方政府信用评级制度的建立。"陈珍红说。

（文章来源：（中国会计报记者）宫莹、刘安天，《地方债管理亟需政府会计配套改革》，载于《中国会计报》2014 年 10 月 17 日第 2 版）

第八部分 其 他

财政部开展事业单位
会计准则和制度培训

　　为了做好事业单位会计准则和制度的实施工作，帮助财会人员真正理解新旧准则、制度的变化之处，日前，财政部在山东威海举办"事业单位会计准则和事业单位会计制度培训班"。

权威讲解传递政策

　　在培训班开班时，财政部会计司副司长应唯指出，修订事业单位会计准则和制度是贯彻落实推进事业单位改革和财政改革的需要，也是配合实施《事业单位财务规则》的需要。

　　应唯指出了事业单位会计准则和制度方面的九大创新和变化，分别是：科学确立了事业单位会计核算目标等重大概念问题，协调增加了财政改革相关的会计核算内容，创新引入了固定资产折旧和无形资产摊销，明确规定了基建账数据并入会计"大账"，着力加强了对财政投入资金的会计核算，进一步规范了非财政补助结转、结余及其分配的会计核算，突出强化了资产的计价和入账管理，全面完善了会计科目体系和会计科目使用说明，以及改进优化了财务报表体系。

　　此次培训班强调各部门、各单位、各地区要抓紧抓好新准则制度的宣传培训和贯彻实施。一是要高度重视，抓好层层培训。二是要精心组织，保障制度实施。三是要抓住时机，提升管理水平。四是要加强宣传，营造良好氛围。

　　财政部会计司参与事业单位会计准则制度修订的相关人员详细解读了新事业单位会计准则制度的主要内容和新旧变化，以及新旧会计制度的衔接规定。

　　"通过这次学习，我对准则、制度的修订背景和变化有了进一步的认识。"外交部服务中心财务处副处长戴敬参与过新事业单位会计制度的模拟测试工作，她表示，将组织本系统认真学习，并将外交部服务中心网站的 2 月主题定为事业单位会计准则和制度的学习与实施。

精心组织确保实施

据了解，此次参加培训的人员包括中央各部门和单位负责财务工作的处长和相关人员，各省、自治区、直辖市、计划单列市财政厅（局）、新疆建设兵团财务局的会计处长及承担各辖区培训任务的师资，以及财政部部内相关司局人员。

目前各省市都已将新准则和制度的培训实施工作列入了 2013 年的会计管理工作要点，并作为事业单位会计人员继续教育的必修内容。

交通运输部财务司会计处处长李丽说，在前不久召开的系统内单位财务工作会上，分管部长在讲话中已经提出了结合具体工作贯彻落实新准则和制度的要求，他们计划今年 2 月借助本系统财务决算的机会，为相关财务人员做初步的培训，然后陆续开展高级财务管理人员和一般财务人员培训。

海南省计划借 6 月的会计宣传月，大力宣传新准则制度，营造良好的实施氛围，吉林省则在吉林会计网上转发新准则制度原文、衔接规定，以及实施紧急通知，并要求各市县财政各部门单位，在全省开展大规模培训前期自行学习，熟悉内容。

有关人士认为，今年我国事业单位的财务和会计工作面临的变化较多，财政厅（局）多处室之间的联动也非常重要。事业单位财务规则的培训工作主要由各财政厅（局）的教科文处（科）负责，事业单位会计准则和制度的培训工作主要由会计处（科）负责，但这三项新内容的培训对象却是同一批人，因此，各口之间的"联合作战"势在必行。

吉林省财政厅会计处副处长王丙全说："来参加这次培训之前，我们已联合教科文处、国库处等处室，就今年如何联手开展培训进行过沟通。本次培训之后，我们将马上召开碰头会，尽快制定出贯彻实施和培训计划。"为了适应新准则制度，事业单位信息系统的改造也势在必行，"在开展培训的同时，我们会帮助各个单位做好此项，确保新准则制度的顺利实施和平稳过渡。"海南省财政厅会计处处长姚志伟说。

（文章来源：（中国会计报记者）李一硕，《财政部开展事业单位会计准则和制度培训》，载于《中国会计报》2013 年 2 月 4 日第 2 版）

走出国门看政府会计

财政部会计司

编者按：

2013 年 9 月，财政部会计司调研组赴美国、加拿大，就两国政府会计及企业内部控制建设情况进行了调研学习。调研期间，调研组就美、加两国政府会计准则制定、政府财务报告编报和政府财务报表审计等议题，与美国联邦会计准则咨询委员会（FASAB）执行总监温多林·佩恩、美国政府责任署（GAO）总会计师罗伯特·达西、GAO 财务管理与鉴证总监加里·恩格尔、加拿大公共部门会计理事会（PSAB）技术总监蒂姆·比彻姆等进行了深入会谈与交流。

本报分两期展示调研组的调研成果。本期发表政府会计部分内容，分成对美、加两国情况介绍以及对中国的启示三个部分。

美国：以权责发生制编制联邦政府财务报告

美国为典型的联邦制国家，联邦政府和州政府之间有明确的权利划分，保持相对独立，这样的政治体制决定了美国没有统一的政府会计，而是具有联邦政府会计、州与地方政府会计两个层面的政府会计，但两个层面的政府会计在诸多方面具有相似性。财政部会计司调研组本次主要对美国联邦政府会计进行了调研。

两个会计系统互为补充

美国联邦政府传统上实行收付实现制预算会计。预算会计系统与预算系统高度整合，预算会计系统记录了预算编制与执行的全过程。预算执行报告中使用了预算概念和与预算编制相一致的计量基础。有关预算执行报告的编制规范由预算的编制与执行管理部门——管理和预算办公室（OMB）制定。在各联邦部门报告的基础上，财政部按月编制并发布包括收入、支出和预算盈余或赤字的联邦政府预算执行报告，还会同 OMB 编制联邦政府年度预算执行报告，经审计并经国会批准后对外披露。

从 20 世纪 90 年代初开始，出于全面核算、反映政府资产负债和运营成本情况、强化政府的公共受托责任、加强政府成本和绩效管理、改进政府财务管理水平等方面的需要，联邦政府在保留传统预算会计的基础上，建立了权责发生制政府财务会计系统。权责发生制联邦政府财务会计标准由联邦会计准则咨询委员会（FASAB）制定，该套标准独立于联邦政府预算，即并不规定预算概念和标准，而是独立规定政府财务会计的概念和标准。

联邦政府收付实现制预算会计系统包括收入、支出、预算盈余（赤字）三大要素，主要发挥预算控制、执行记录、执行结果报告等方面的功能。权责发生制财务会计系统包括资产、负债、净资产、收入和费用五大要素，主要发挥全面核算、反映和报告联邦政府整体及其各组成主体资产负债、运营业绩的功能。两个会计系统各自拥有一套自我平衡的账户和报表体系，联邦政府及其组成部门在实际工作中对于发生的每一笔经济业务或事项，分别按照收付实现制和权责发生制在两个系统中进行记录，两个会计系统之间相互独立，在作用上又相互补充。

FASAB 准则已在联邦政府会计主体中广泛实施

1990 年，美国国会通过了《首席财务官法案》，要求联邦部门根据所适用的准则编制经审计的财务报表。根据该法案，行政机构代表的财政部、OMB 与立法机构的代表政府责任署（GAO）一道，于 1991 年联合发起设立了独立于各机构的会计准则制定机构——联邦会计准则咨询委员会（FASAB）。FASAB 自成立以来，一方面致力于制定权责发生制联邦财务会计准则，另一方面不断改进其治理结构以增强独立性。FASAB 最终在 1999 年获得美国注册会计师协会的认可，成为美国公认会计原则的制定机构之一。

FASAB 制定权责发生制会计准则过程中主要参考了企业会计准则，迄今 FASAB 已发布 7 项概念公告、45 项准则公告及若干项解释公告和技术公告。目前，FASAB 准则已在联邦政府整体及其各个联邦政府部门得到广泛执行。

联邦政府财务报告日渐完善

自 1975 年安达信会计师事务所受托为联邦政府编制首份权责发生制财务报表之后的 20 年里，美国财政部一直试编联邦政府财务报告，但一直不接受审计。直至 FASAB 创立并发布系列联邦政府会计准则，联邦政府整体及其组成部门才从 1997 年开始正式依据 FASAB 制定的准则编制年度财务报告并接受审计。

公开发布的联邦政府整体年度财务报告以财务报表为主体，还包括财务报表附注、管理当局讨论与分析、国民指南、必要补充信息、反映受托责任的补充信息以及 GAO 审计报告等。其中，财务报表接受 GAO 审计，包括资产负债表、运营净成本表、运营活动和净资产变动表以及社会保险报表。此外，财务报表还包括运营净成本和统一预算赤字调节表、统一预算和其他活动的现金余额变动表，以全面反映联邦政府的财务状况、运营绩效等方面的信息，并通过列示运营净成本与预算赤字的调节情况，使权责发生制会计信息与收付实现制预算会计信息相互对比和衔接。各个联邦部门的合并财务报表通常包含在其绩效和责任报告中，在构成上与联邦政府整体的财务报表构成相类似，并侧重增加了预算资源表。

尽管美国联邦政府已连续十几年正式编制权责发生制合并财务报表并不断改进，但 GAO 从 1998 年首次审计开始，一直对联邦政府年度合并财务报表出具拒绝表示意见的审计报告。其主要原因是，GAO 认为联邦部门内部控制上存在的缺陷影响了合并财务报表数据的可靠性和可审计性。

其具体表现在三个方面：一是国防部自身编制的合并财务报表一直以来被出具拒绝表示意见的审计报告；二是联邦政府部门间存在大量复杂的内部交易活动，联邦政府还不能够对这些内部交易和事项进行充分的会计记录和抵销处理；三是联邦政府编制合并财务报表的程序存在问题。此外，联邦政府部门的财务报表能收到合格审计意见的也不多。

因此，美国联邦政府财务报告还需要进一步完善。

加拿大：权责发生制合并财务报告制度巳推行

权责发生制公共部门会计改革不断深化

在加拿大，政府会计称为公共部门会计，是政府整体、政府部门等公共部门主体所适用的会计。加拿大公共部门会计传统上也与其预算基础相一致而采用收付实现制。但由于收付实现制会计基础不能够满足全面反映资产负债信息、进行成本核算和财务业绩评价、衡量政府支付能力等方面的需要，自20世纪80年代开始，加拿大公共部门会计逐步从收付实现制向权责发生制过渡，并经历了先采用修正的权责发生制，逐步过渡到现在采用完全的权责发生制的历程。在向权责发生制过渡的过程中，加拿大遇到的最大挑战之一，是如何对公共部门以往在购置时直接列支而未予记录为资产的有形资产予以确认和计量。

加拿大公共部门预算编制一直以来采用现金制或修正的现金制，各级部门均有内部预算系统记录预算收支，因此，加拿大公共部门的权责发生制会计和财务报告系统与预算系统是适度分离的。有些省政府对外公布的权责发生制财务报告中，会列示权责发生制盈余或赤字与预算执行盈余或赤字的比较。然而，公共部门权责发生制会计和财务报告与现金制预算之间的矛盾也引起了有关方面的关注。公共部门会计准则制定机构要求公共部门将其预算按照权责发生制列示在其财务报告中，以统一的权责发生制基础披露预算信息和会计信息。近年来加拿大政府也在进行按照权责发生制编制预算的改革，但从实践情况看，实现起来较为困难。

参考企业会计准则制定公共部门会计准则

加拿大公共部门会计准则由公共部门会计理事会（PSAB）制定。

1981年，加拿大注册会计师协会（CICA）成立了PSAB，它是专司制定公共部门会计准则和其他财务报告指南的独立的准则制定机构。CICA成立PSAB的动因在于，随着加拿大政府财务管理要求的不断提高，国内诸多政府利益相关者认为，加拿大各级政府应当按照全国统一的、可比的、一致的方法编报财务报告，因此产生了由专门机构制定统一的公共部门会计准则的需求。PSAB 目前由 12 名理事构成，理事均为兼职，其中，2/3 的理事为从事各级政府财务报告编报和审计工作的负责人，其余的理事来自学术界、政府财务报告使用部门等方面。PSAB 的日常工作由包括技术总监在内的工作人员承担。PSAB 制定和发布准则遵循严格的因循程序，每一项准则的立项、发布征求意见稿、最终发布等，都必须经过 2/3 的理事投票赞成方可通过。

自成立以来，PSAB 已经发布了一整套较为完整的公共部门权责发生制会计准则，当前 PSAB 的工作重点集中于研究制定公共部门非财务信息报告指南和考虑对概念框架、养老金计划会计等个别准则进行修订。加拿大公共部门会计准则的执行得到了各级财政部门、法定审计师以及地方政府立法工作的支持。2009 年以前，公共部门会计准则主要在联邦政府、省及大区政府和基层地方政府范围内执行；2009 年后，公共部门会计准则的执行范围扩大到政府机构，公共部门会计准则已经作为公认会计原则而成为加拿大公共部门主体编制财务报告的统一依据。

PSAB 制定公共部门会计准则主要参考了加拿大企业会计准则。对于企业会计准则不适用于公共部门的方面或不能满足公共部门核算需要的方面，则会在对应公共部门会计准则中做出不同的规定或单独制定公共部门特定事项的准则。例如，公共部门会计准则中使用了与企业会计基本一致的资产、负债、收入、费用等要素定义。但对于资产减值事项，PSAB 则根据公共部门持有资产的特殊性质，规定了不同于企业会计准则的减值计算方法。再比如，对于公共部门不同于企业的一些特殊资产（如土地等）和负债（如社会福利义务等），也需要另行考虑会计处理方法。PSAB 制定公共部门会计准则还会适当参考国际公共部门会计准则（IPSAS），但并不是完全加以采用，而是充分考虑加拿大政府活动的特点。如加拿大公共部门会计准则中的金融工具准则就不同于国际公共部门会计准则。

合并财务报告实施难点

加拿大目前在联邦政府、省及大区政府层面都建立了权责发生制合并财务报告制度。由于加拿大实行联邦政体，联邦政府在编制合并财务报告时并不合并各省及大区政府的财务报告，但联邦政府、各省及大区政府均编制合并其自身各部门及其所控制的政府机构的合并财务报告。

从 2005 年个别省级政府开始编制合并财务报告开始，加拿大政府合并财务报告制度经历了不断发展和完善的过程，在实践中遇到的难点问题主要有如下几个方面：一是合理确定合并范围。合并范围从最初的所有权标准扩大到如今的控制权标准，即现行公共部门会计准则要求将政府能够控制的各部门和其他机构都纳入政府财务报告合并范围。虽然公共部门会计准则使用了企业会计中的"控制"概念，但公共部门具体确定控制权时较企业更为困难，更需要对合并主体与被合并主体之间复杂关系的性质进行分析。二是统一合并主体和被合并主体的会计政策。按照财务报表合并原理，合并财务报表应当以纳入合并范围的所有主体的个别财务报表为基础，而所有纳入合并的个别财务报表应当基于相同的会计政策。由于加拿大的公立大学、美术馆等政府机构原来执行的是非营利组织会计准则，政府部门在编制合并财务报表时需要做大量的调整，给合并工作带来困难。这也是近年来 PSAB 和其他相关方面积极推进政府机构执行公共部门会计准则的原因，其目的是使纳入政府合并财务报告范围的主体都执行统一的会计标准。三是抵销内部交易对合并财务报表的影响。由于政府部门之间、政府部门与政府机构之间频繁发生大量内部往来或收支业务，导致在编制政府合并财务报告时抵销内部交易的工作量相当大，这也给合并工作带来挑战。

加拿大自开始编制政府财务报告起就实行政府财务报告审计鉴证制度，各级政府均有被议会指定的法定审计师，由法定审计师对政府及其部门的财务报告是否遵循公共部门会计准则发表审计意见。

收付实现制转向权责发生制已成国际趋势

从传统的收付实现制会计转向权责发生制会计已经成为政府会计改革的基本趋势。在各国政府活动的早期，公共管理业务较为简单，政府财政管理的重点是合法组织预算收入、合理分配预算资金。因此，传统上基本采用现金制的预算体制，并通过现金制的预算会计来核算和报告预算执行情况。随着政府职能、所控制资源和承担责任以及收支规模的逐步扩大，公共管理业务日趋复杂，政府在保护公共资产的安全完整、防范财政财务风险、提高公共资源的使用效率和效果、推动财政可持续发展等方面的财务受托责任不断增强。

传统以收付实现制为基础的预算会计系统仅具备核算和报告预算收支的单一功能，无法满足政府全面解除其财务受托责任、提供绩效评价所需的资产负债及成本绩效等方面信息的需要，客观上促使各国实施政府会计改革，建立权责发生制基础的财务会计系统，将政府的全部公共受托资源及相应对外责任义务以及全部财务收支活动都纳入政府会计核算范围，全面、完整、系统地反映政府的财务状况和财务活动结果。美国、加拿大的政府会计改革都体现了这一基本趋势。

建立独立于政府预算和预算会计的权责发生制政府财务会计体系，符合国际惯例也具有合理性及可行性。国际公共部门会计准则理事会（IPSASB）通过制定高质量的国际公共部门会计准则，致力于使各国披露的权责发生制财务会计信息相互协调。美国、加拿大等西方国家政府会计改革的基本思路都是建立和完善独立于预算和预算会计系统的权责发生制政府财务会计和报告系统，这一思路与我国政府会计学术界近年来所提出并基本达成共识的建立政府财务会计与预算会计"双体系"改革思路是一致的。我国推进政府会计改革，应当按照将政府财务会计与预算会计两个体系适度分离的思路，加快建立以权责发生制为基础的政府财务会计体系。

政府会计改革的首要任务和关键点是建立和实施统一的权责发生制政府会计准则，以使政府会计核算和财务报告编报有统一标准，政府审计有法定依据。建立政府财务报告制度，对于强化政府公共受托责任、提高政府成本绩效管理水平意义重大。实施审计鉴证制度又是政府财务报告质量的重要保证。然而，无论是正式编制政府财务报告，还是实施政府财务报告审计，都需要以建立统一的权责发生制政府会计准则并推动其在政府及其组成主体范围内全面实施为根本前提和重要基础。从美国、加拿大的经验来看，进行政府会计改革都首先制定了统一的适用于政府整体及其组成部门、机构的政府会计准则，作为编制政府财务报告和实施审计的依据。我国推进政府会计改革的当务之急是建立和实施统一适用于行政单位、事业单位及其他政府组成主体的权责发生制政府会计准则。

政府会计准则的制定应适当借鉴企业会计准则，并尽可能保持中立性。从国际经验看，政府会计改革的基本趋势是在政府会计中引入企业会计的理念、原则和方法。IPSASB 制定国际公共部门会计准则的基本方法是，在国际会计准则理事会（IASB）制定的国际财务报告准则的基础上加以修改和补充。美国、加拿大等西方国家制定本国的政府会计准则也都不同程度参考了本国的企业会计准则。我国制定权责发生制政府会计准则，应当借鉴和参考我国企业会计准则的基本原则和内容，并根据政府及其组成主体性质、业务活动等方面的特点加以变通和改进。

　　此外，美国、加拿大等国都注重通过确保准则制定机构的独立性来确保政府会计准则的中立性，以更好地服务于公众利益。我国《会计法》授权财政部负责制定国家统一的会计制度，如何在这一法律框架下通过完善政府会计准则的内部制定机制而使准则的制定与执行适当分离，值得思考和研究。

　　高质量政府财务报告的编报是一项复杂的系统工程，需要诸多配套措施提供保障。美国、加拿大已建立起权责发生制政府财务报告制度，并经历多年实践和不断完善。但政府财务报告的编制仍面临诸多困难和问题，政府部门内部控制的缺陷、内部交易事项抵销技术上的不足、编报程序手段上的不完善等都影响到政府财务报告的质量。这些都说明，高质量政府财务报告的编制是一项复杂的系统工程，不仅需要统一、可比的政府会计准则作为基础，还需要方方面面的配套措施提供保障。我国在抓紧建立政府会计准则的同时，还应当统筹规划，切实推进政府会计信息化建设、政府会计专业人才培养、政府部门内部控制建设、政府财务信息披露义务立法等方面的配套工作。

　　（文章来源：财政部会计司，《走出国门看政府会计》，载于《中国会计报》2013 年 11 月 22 日第9 版）

我国政府会计改革 2014 年可望迈大步

日前，《国务院关于落实〈政府工作报告〉重点工作部门分工的意见》要求，建立规范的地方政府举债融资机制，把地方政府性债务纳入预算管理，推行政府综合财务报告制度，以防范和化解债务风险。意见明确这项工作由财政部牵头负责。这项最新分工也传递出一个信号，我国政府会计改革有望在今年迈出实质性步伐。因为政府综合财务报告制度的推行，必将倒逼以政府会计准则体系为基础的政府会计改革，业内人士一致认为，"真正的启动将要到来"。

建立改革的可持续机制

良好的可持续机制的建立，是改革迈出实质性步伐的基础。

而机制的建立，则需要考虑到改革的目的以及改革所涉及的各方面重要问题。

在国家机关事务管理局审计室主任王朝旭看来，推行政府综合财务报告制度有利于解决当前地方政府家底不清、债务负担重等问题，同时可以起到真实反映地方政府财务状况、经济运行成果和经济责任履行情况的作用，便于合理评价地方政府经营业绩并进行相互比较。

通过对政府资产负债表间的横向、纵向比较，可以对地方政府行政首长的任期经济责任进行考核评价，而这将比目前简单用国内生产总值来评价考核地方政府官员的政绩更为先进。

另外，将地方政府的资产、负债和净资产引入衡量考核工作，对改变我国政府绩效考核方法、政府评价制度，具有里程碑意义。

而在具体的推进工作中，王朝旭认为相关部门还需建立制度、人才、要素计量评估、监督考评等方面的长效机制。

对此，山东大学管理学院副教授路军伟建议，从准则到机构，再到政府综合财务报告制度，政府会计改革的推进都需要建立良性的可持续机制。

"制定规范政府综合财务报告制度的文件是最基础的前提，包括要明确政府综合财务报告的目标、政府会计的核算内容、核算依据、会计信息质量要求等。这些都需要在建立这项制度前进行合理定位和顶层设计。"王朝旭说，改革中还需要配套性地建立政府公共资源的评估平台和监督考评机制，相关会计人才的综合素质提升也需要加以重视。

举一个例子，目前，土地和人才是政府的两项重要资源，特别是土地，作为近年来地方政府的重要经济资源，其增值收益在地方财政收入中占有重要比重，而在目前的会计准则中并没有将其纳入核算范畴予以体现。这两项资源是否需要纳入综合财务报告范围进行反映，怎么计量、怎么反映，需要在制度上加以明确。而要进行反映，就需要对其进行货币化计量，而其合理计量需要一个公共的政府公共资源的评估平台，评估的准确度和可信度对财务报告的质量至关重要，资源的计量以及财务报告的质量要求则决定了监督机制存在的必要性。

同时，政府会计人才的培养是推行政府综合财务报告制度的前提。据中国人民大学商学院教授林钢分析，从实际操作的角度来讲，政府综合财务报告制度的实施比企业财务报告要复杂得多。一方面，企业的级次一般只有两三个，而政府的级次就多了好几层；另一方面，政府与政府之间横向的内部支付如何调整等特殊问题都要比企业财务复杂。因此，政府会计改革的推进一定会对会计人才提出更高的要求。

方案设计需抓住核心问题

政府会计改革的实质性推进，需要一套整体的改革方案来支撑。在路军伟看来，政府会计准则体系、政府综合财务报告制度及相关机构的建立是这套方案的三大核心问题。

"政府综合财务报告制度建立的前提是一套政府或者非营利组织准则体系，这也是业内已经达成共识的。"林钢说。

2013 年，财政部会计司也对政府会计准则体系建立进行了重点调研。对于这套准则体系，有的专家提出建立"概念框架"的模式，但是目前的观点基本趋向于与企业会计准则相同的模式，也即一个基本准则和若干个具体准则，后者也是比较现实的一种选择。

同时，林钢认为，政府会计准则体系的建立需要考虑两大块内容，即财务会计准则体系和预算会计准则体系。两者的会计主体需要各自明确。财务报告会计主体的范围比预算会计主体的范围要大得多，包括国有企业、自收自支的事业单位等。而且，在两套体系下的财务报告准则也有需要考虑的方面，如收付实现制和权责发生制下两套报表之间的勾稽关系如何、数据如何核对、财务报表需要披露的信息具体有哪些、财务会计体系下的合并报表和预算会计体系下的汇总报表如何编制等。

林钢还期望从这套准则体系中看到一些对目前存在问题的解决方案。例如，教育部的预算下拨到高校时，高校是否应该将这笔资金确认为收入。如果确认为预算收入，那就会有重复核算问题；如果不确认收入的话，那从会计核算的角度来看也不好处理。

对于热点领域和高难度领域的核算，也是业内关心的重点内容。路军伟举例说，热点领域包括地方债、矿产资源等的确认计量，而高难度领域包括政府的政策性承诺、文化文物资产的确认计量等。

另外，在机构设立方面，路军伟认为，专门的咨询机构的建立，如政府会计准则委员会，对这项工作的推进有较大的促进作用，该机构能够起到整合资源、专业咨询以及沟通平台的作用。美国联邦政府会计咨询委员会、英国财务报告咨询委员会、法国政府会计准则委员会，都对所在国的政府会计改革起到了重要的推动作用。

目前，财政部会计准则委员会起到的大多是企业相关会计准则制定的咨询功能。"要想建立政府会计准则制定的咨询平台，可以借鉴英、法的做法，单独设立政府会计准则委员会，也可以借鉴澳大利亚等国经验，增加财政部会计准则委员会的功能，这两个方案都可以。"路军伟说。

而对于政府综合财务报告制度的推进，路军伟认为，最重要的问题是公开，这也是其他一切工作的前提。

对于其真正实施，林钢说："政府综合财务报告制度的真正实施至少还需三到五年，必须要留出这段研究、探讨的时间，而前提也是业内要统一观念、齐心合力。"

（文章来源：（中国会计报记者）宫莹，《我国政府会计改革今年可望迈大步》，载于《中国会计报》2014年4月25日第1版）

2014 年，会计改革进度加快

2014 年是全面深化改革"元年"。这一年，作为财税体制改革的重要支撑，我国会计改革又迈出了一大步。

可以说，2014 年是财税体制改革继续深化的一年，也是会计改革深入推进的一年。

从政府会计改革迈出实质性步伐到管理会计体系建设的全面启动，从企业会计准则体系进一步完善到内部控制建设与实施工作的深入推进，从会计信息化工作的长足进展到会计人才战略的加快实施，从注册会计师行业加快发展到会计基础管理工作及会计国际交流与合作方面的新突破等，无不彰显着 2014 年我国会计改革工作的骄人成绩。

尤其值得一提的是，2014 年，政府会计改革工作开局良好。

今年 1 月 1 日起，《高等学校会计制度》、《中小学校会计制度》、《科学事业单位会计制度》、《彩票机构会计制度》 四类事业单位会计制度新规正式实施，为公共资金的使用装上了 "安全锁"、"防盗门"。这也是我国行政事业单位会计制度改革的又一次提速。

同时，在这一年，财政部紧密围绕十八届三中全会《决定》第 82 项改革举措即是 "建立权责发生制政府综合财务报告制度"，扎实推进政府会计和权责发生制政府综合财务报告改革工作。

建立权责发生制的政府综合财务报告制度被写进今年的政府工作报告中，这与十八届三中全会所作《决定》的提法一脉相承。不久前出台的新《预算法》也明确要求各级政府财政部门应当按年度编制以权责发生制为基础的政府综合财务报告。这也意味着权责发生制政府综合财务报告制度的建立有了正式的法律要求。

基于此，财政部在今年启动了权责发生制政府综合财务报告制度改革方案及政府会计基本准则和具体准则的研究制定工作。

与政府会计改革比肩的，当属今年的管理会计热潮。管理会计在今年迎来发展的春天。

在会计领域贯彻落实十八届三中全会关于全面深化改革的要求，非常重要的一项内容就是要大力发展和加强管理会计工作。

2014 年，中国管理会计正以崭新的姿态改变传统会计世界，重构未来会计格局。在这一年，管理会计体系建设全面启动。无疑，这也是今年我国会计改革的"重头戏"。

经过一年多的酝酿，2014 年下半年，《财政部关于全面推进管理会计体系建设的指导意见》出台，这被称作是我国会计史上的"里程碑事件"，也是"一份首开先河的宏伟蓝图"。

《指导意见》的出台，开启了我国会计改革与发展的新篇章，也必将对我国财政会计事业发展乃至社会经济发展产生积极而深远的影响。这是一份承载着我国会计改革与发展的重要方向的指导性文件。它的出炉，回应了我国会计界对管理会计的期待和关切。

《指导意见》出台前后，相关部门都行动了起来。管理会计专家咨询机制的建立、管理会计理论成果与实践经验的总结提炼、分行业的企业产品成本核算规程的探索制定等行动，都为我国管理会计体系建设打响了"第一战"。

除此之外，我国会计改革也在其他很多方面大放异彩。

今年上半年，我国现行企业会计准则迎来自 2006 年发布并自 2007 年 1 月起正式实施以来的一次大改。财政部在今年修订了企业会计准则基本准则，并陆续修订或发布了财务报表列报、公允价值计量、职工薪酬、在其他主体中权益的披露、合并财务报表、合营安排、长期股权投资、金融工具列报 8 项企业会计准则，顺应了中央深化改革、改进治理、扩大开放、防范风险以及促进国民经济市场化、法制化、规范化的需要，也保持了我国企业会计准则与国际财务报告准则的持续趋同。

在会计信息化方面，今年年初，业内迎来《企业会计信息化工作规范》，这标志着"企业会计信息化规范首次全国统一"，也是继 20 年前《会计电算化管理办法》等相关办法发布之后，财政部以"会计信息化"的概念来规范企业的相关工作。

《会计法》、《注册会计师法》、《会计档案管理办法》等会计行业相关法律法规的修订工作也取得了新突破。今年为国务院法制办确定的《会计法》修订调研年，财政部组织召开了专家座谈会，正式启动《会计法》修订工作。

同时，今年 8 月，十二届全国人大常委会第十次会议表决通过关于修改《注册会计师法》等五部法律的决定。《会计档案管理办法（征求意见稿）》近日发布，也正在征求意见中。

在会计国际交流与合作方面，今年，我国全面参与国际财务报告准则制定，同时积极开展了内部控制、注册会计师行业、XBRL 等领域的国际交流与合作。

此外，今年的会计改革还有很多可圈可点之处，会计专业技术资格考试改革和国际"四大"本土化转制的进一步推进、《电力行业内部控制操作指南》征求意见稿发布、XBRL 进一步扩大实施范围……可以说，各个方面的会计改革成果都将为我国财税体制改革提供重要的支撑和支持作用。

2014 年，会计改革硕果累累，这些都是"凝聚的力量"，都是业内共同努力的成果，离不开每一个参与者的辛勤与付出。

2015 年，新一年的会计改革让我们更加期待。

（文章来源：（中国会计报记者）宫莹，《2014，会计改革进度加快》，载于《中国会计报》2014 年 4 月 25 日第 1 版）

附　录

中共中央关于全面深化改革若干重大问题的决定

（2013 年 11 月 12 日中国共产党第十八届中央委员会第三次全体会议通过）

（摘录）

五、深化财税体制改革

财政是国家治理的基础和重要支柱，科学的财税体制是优化资源配置、维护市场统一、促进社会公平、实现国家长治久安的制度保障。必须完善立法、明确事权、改革税制、稳定税负、透明预算、提高效率，建立现代财政制度，发挥中央和地方两个积极性。

（17）改进预算管理制度。实施全面规范、公开透明的预算制度。审核预算的重点由平衡状态、赤字规模向支出预算和政策拓展。清理规范重点支出同财政收支增幅或生产总值挂钩事项，一般不采取挂钩方式。建立跨年度预算平衡机制，建立权责发生制的政府综合财务报告制度，建立规范合理的中央和地方政府债务管理及风险预警机制。

完善一般性转移支付增长机制，重点增加对革命老区、民族地区、边疆地区、贫困地区的转移支付。中央出台增支政策形成的地方财力缺口，原则上通过一般性转移支付调节。清理、整合、规范专项转移支付项目，逐步取消竞争性领域专项和地方资金配套，严格控制引导类、救济类、应急类专项，对保留专项进行甄别，属地方事务的划入一般性转移支付。

（18）完善税收制度。深化税收制度改革，完善地方税体系，逐步提高直接税比重。推进增值税改革，适当简化税率。调整消费税征收范围、环节、税率，把高耗能、高污染产品及部分高档消费品纳入征收范围。逐步建立综合与分类相结合的个人所得税制。加快房地产税立法并适时推进改革，加快资源税改革，推动环境保护费改税。

按照统一税制、公平税负、促进公平竞争的原则，加强对税收优惠特别是区域税收优惠政策的规范管理。税收优惠政策统一由专门税收法律法规规定，清理规范税收优惠政策。完善国税、地税征管体制。

（19）建立事权和支出责任相适应的制度。适度加强中央事权和支出责任，国防、外交、国家安全、关系全国统一市场规则和管理等作为中央事权；部分社会保障、跨区域重大项目建设维护等作为中央和地方共同事权，逐步理顺事权关系；区域性公共服务作为地方事权。中央和地方按照事权划分相应承担和分担支出责任。中央可通过安排转移支付将部分事权支出责任委托地方承担。对于跨区域且对其他地区影响较大的公共服务，中央通过转移支付承担一部分地方事权支出责任。

保持现有中央和地方财力格局总体稳定，结合税制改革，考虑税种属性，进一步理顺中央和地方收入划分。

中华人民共和国预算法

（2014 年 8 月 31 日第十二届全国人民代表大会常务委员会第十次会议通过）

（摘录）

第六章　预算执行

第五十八条　各级预算的收入和支出实行收付实现制。

特定事项按照国务院的规定实行权责发生制的有关情况，应当向本级人民代表大会常务委员会报告。

......

第十一章　附　　则

第九十七条　各级政府财政部门应当按年度编制以权责发生制为基础的政府综合财务报告，报告政府整体财务状况、运行情况和财政中长期可持续性，报本级人民代表大会常务委员会备案。

国务院关于批转财政部权责发生制政府综合
财务报告制度改革方案的通知

2014 年 12 月 12 日　国发〔2014〕63 号

各省、自治区、直辖市人民政府，国务院各部委、各直属机构：

国务院同意财政部《权责发生制政府综合财务报告制度改革方案》，现转发给你们，请认真贯彻执行。

（此件公开发布）

权责发生制政府综合财务报告制度改革方案

财政部

按照党的十八届二中、三中、四中全会精神，根据新修订的《中华人民共和国预算法》和《国务院关于深化预算管理制度改革的决定》（国发〔2014〕45 号）有关要求，为建立权责发生制的政府综合财务报告制度，全面、准确反映各级政府整体财务状况、运行情况和财政中长期可持续性，制定本方案。

一、建立权责发生制政府综合财务报告制度的重要意义

我国目前的政府财政报告制度实行以收付实现制政府会计核算为基础的决算报告制度，主要反映政府年度预算执行情况的结果，对准确反映预算收支情况、加强预算管理和监督发挥了重要作用。但随着经济社会发展，仅实行决算报告制度，无法科学、全面、准确反映政府资产负债和成本费用，不利于强化政府资产管理、降低行政成本、提升运行效率、有效防范财政风险，难以满足建立现代财政制度、促进财政长期可持续发展和推进国家治理现代化的要求。因此，必须推进政府会计改革，建立全面反映政府资产负债、收入费用、运行成本、现金流量等财务信息的权责发生制政府综合财务报告制度。

二、指导思想、总体目标和基本原则

（一）指导思想。

认真贯彻落实党的十八届二中、三中、四中全会精神，高举中国特色社会主义伟大旗帜，以邓小平理论、"三个代表"重要思想、科学发展观为指导，按照党中央、国务院决策部署，加快推进政府会计改革，逐步建立以权责发生制政府会计核算为基础，以编制和报告政府资产负债表、收入费用表等报表为核心的权责发生制政府综合财务报告制度，提升政府财务管理水平，促进政府会计信息公开，推进国家治理体系和治理能力现代化。

（二）总体目标。

权责发生制政府综合财务报告制度改革是基于政府会计规则的重大改革，总体目标是通过构建统一、科学、规范的政府会计准则体系，建立健全政府财务报告编制办法，适度分离政府财务会计与预算会计、政府财务报告与决算报告功能，全面、清晰反映政府财务信息和预算执行信息，为开展政府信用评级、加强资产负债管理、改进政府绩效监督考核、防范财政风险等提供支持，促进政府财务管理水平提高和财政经济可持续发展。

（三）基本原则。

1. 立足中国国情，借鉴国际经验。在充分考虑我国政府财政财务管理特点的基础上，积极借鉴我国企业会计改革的成功做法，吸收国际公共部门会计准则、有关国家政府财务报告制度改革的有益经验，构建具有中国特色的政府综合财务报告制度。

2. 坚持继承发展，注重改革创新。积极吸收近年来完善现行政府会计制度、行政事业单位会计改革以及政府综合财务报告试编中取得的经验，注重制度创新，强化信息技术支撑，准确反映政府资产负债状况和运行成本，促进政府规范管理和有效监督。

3. 坚持公开透明，便于社会监督。按照政府信息公开要求，规范公开内容和程序，促进公开常态化、规范化和法制化，满足各有关方面对政府财务状况信息的需求，进一步增强政府透明度。

4. 做好总体规划，稳妥有序推进。科学合理设计改革总体框架和目标，指导改革有序推进。充分考虑改革的复杂性和艰巨性，先行试点，由易到难，分步实施，积极稳妥地推进改革。

三、主要任务

（一）建立健全政府会计核算体系。推进财务会计与预算会计适度分离并相互衔接，在完善预算会计功能基础上，增强政府财务会计功能，夯实政府财务报告核算基础，为中长期财政发展、宏观调控和政府信用评级服务。

（二）建立健全政府财务报告体系。政府财务报告主要包括政府部门财务报告和政府综合财务报告。政府部门编制部门财务报告，反映本部门的财务状况和运行情况；财政部门编制政府综合财务报告，反映政府整体的财务状况、运行情况和财政中长期可持续性。

（三）建立健全政府财务报告审计和公开机制。政府综合财务报告和部门财务报告按规定接受审计。审计后的政府综合财务报告与审计报告依法报本级人民代表大会常务委员会备案，并按规定向社会公开。

（四）建立健全政府财务报告分析应用体系。以政府财务报告反映的信息为基础，采用科学方法，系统分析政府的财务状况、运行成本和财政中长期可持续发展水平。充分利用政府财务报告反映的信息，识别和管理财政风险，更好地加强政府预算、资产和绩效管理，并将政府财务状况作为评价政府受托责任履行情况的重要指标。

四、具体内容

（一）建立政府会计准则体系和政府财务报告制度框架体系。

1. 制定政府会计基本准则和具体准则及应用指南。基本准则用于规范政府会计目标、政府会计主体、政府会计信息质量要求、政府会计核算基础，以及政府会计要素定义、确认和计量原则、列报要求等原则事项。基本准则指导具体准则的制定，并为政府会计实务问题提供处理原则。具体准则依据基本准则制定，用于规范政府发生的经济业务或事项的会计处理，详细规定经济业务或事项引起的会计要素变动的确认、计量、记录和报告。应用指南是对具体准则的实际应用作出的操作性规定。

2. 健全完善政府会计制度。政府会计科目设置要实现预算会计和财务会计双重功能。预算会计科目应准确完整反映政府预算收入、预算支出和预算结余等预算执行信息，财务会计科目应全面准确反映政府的资产、负债、净资产、收入、费用等财务信息。条件成熟时，推行政府成本会计，规定政府运行成本归集和分摊方法等，反映政府向社会提供公共服务支出和机关运行成本等财务信息。

3. 制定政府财务报告编制办法和操作指南。政府财务报告编制办法应当对政府财务报告的主要内容、编制要求、报送流程、数据质量审查、职责分工等作出规定。政府财务报告编制操作指南应当对政府财务报告编制和财务信息分析的具体方法等作出规定。

4. 建立健全政府财务报告审计和公开制度。政府财务报告审计制度应当对审计的主体、对象、内容、权限、程序、法律责任等作出规定。政府财务报告公开制度应当对政府财务报告公开的主体、对象、内容、形式、程序、时间要求、法律责任等作出规定。

（二）编报政府部门财务报告。

1. 清查核实资产负债。各部门、各单位要按照统一要求有计划、有步骤清查核实固定资产、无形资产以及代表政府管理的储备物资、公共基础设施、企业国有资产、应收税款等资产，按规定界定产权归属、开展价值评估；分类清查核实部门负债情况。清查核实后的资产负债统一按规定进行核算和反映。

2. 编制政府部门财务报告。各单位应在政府会计准则体系和政府财务报告制度框架体系内，按时编制以资产负债表、收入费用表等财务报表为主要内容的财务报告。各部门应合并本部门所属单位的财务报表，编制部门财务报告。

3. 开展政府部门财务报告审计。部门财务报告应保证报告信息的真实性、完整性及合规性，接受审计。

4. 报送并公开政府部门财务报告。部门财务报告及其审计报告应报送本级政府财政部门，并按规定向社会公开。

5. 加强部门财务分析。各部门应充分利用财务报告反映的信息，加强对资产状况、债务风险、成本费用、预算执行情况的分析，促进预算管理、资产负债管理和绩效管理有机衔接。

（三）编报政府综合财务报告。

1. 清查核实财政直接管理的资产负债。财政部门要清查核实代表政府持有的相关国际组织和企业的出资人权益；代表政府发行的国债、地方政府债券，举借的国际金融组织和外国政府贷款、其他政府债务以及或有债务。清查核实后的资产负债统一按规定进行核算和反映。

2. 编制政府综合财务报告。各级政府财政部门应合并各部门和其他纳入合并范围主体的财务报表，编制以资产负债表、收入费用表等财务报表为主要内容的本级政府综合财务报告。县级以上政府财政部门要合并汇总本级政府综合财务报告和下级政府综合财务报告，编制本行政区政府综合财务报告。

3. 开展政府综合财务报告审计。政府综合财务报告应保证报告信息的真实性、完整性及合规性，接受审计。

4. 报送并公开政府综合财务报告。政府综合财务报告及其审计报告，应依法报送本级人民代表大会常务委员会备案，并按规定向社会公开。

5. 应用政府综合财务报告信息。政府综合财务报告中的相关信息可作为考核地方政府绩效、分析政府财务状况、开展地方政府信用评级、编制全国和地方资产负债表以及制定财政中长期规划和其他相关规划的重要依据。

五、配套措施

（一）推动修订相关法律法规。推动修订《中华人民共和国会计法》、《中华人民共和国预算法实施条例》等，为推进改革提供法律保障。

（二）修订完善相关财务制度。根据需要，进一步完善相关行政事业单位财务制度和《行政单位国有资产管理暂行办法》、《事业单位国有资产管理暂行办法》等，保证改革顺利实施。

（三）进一步完善决算报告制度。进一步完善决算报表体系，侧重反映预算收支执行情况，与政府财务报告有机衔接。

（四）优化政府财政管理信息系统。构建覆盖政府财政管理业务全流程的一体化信息系统，不断提高政府财政管理的效率和有效性。

（五）加强政府财务报告编报内部控制。按规定建立和实施行政事业单位内部控制机制，设置充足的财务会计管理岗位，加强政府财务报告编报内部控制，保证政府财务报告真实、完整、合规。

六、实施步骤

建立权责发生制的政府综合财务报告制度涉及面广，技术性、政策性、敏感性较强，宜逐步推进。政府会计规则尚未全面建立之前，在现行政府会计制度的基础上，暂按照权责发生制原则和相关报告标准，编制出反映一级政府整体财务状况的财务报告，为加强地方政府性债务管理、开展政府信用评级等提供信息支撑。与此同时，加快推进政府会计改革，建立审计、公开机制和分析应用体系，落实相关配套措施，力争在2020年前建立具有中国特色的政府会计准则体系和权责发生制政府综合财务报告制度。

（一）2014～2015年工作。

1. 组建政府会计准则委员会。

2. 修订发布财政总预算会计制度。

3. 制定发布政府会计基本准则。

4. 研究起草政府会计相关具体准则及应用指南。

5. 制定发布政府财务报告编制办法和操作指南。

6. 开展政府资产负债清查核实工作。

7. 完善行政事业单位国有资产管理办法等。

8. 开展财政管理信息系统一体化建设。

（二）2016~2017 年工作。

1. 制定发布政府会计相关具体准则及应用指南。

2. 开展政府财务报告编制试点。

3. 研究建立政府综合财务报告分析指标体系。

（三）2018~2020 年工作。

1. 制定发布政府会计相关具体准则及应用指南，基本建成具有中国特色的政府会计准则体系。

2. 完善行政事业单位财务制度和会计制度、财政总预算会计制度等。

3. 对政府财务报告编制试点情况进行评估，适时修订政府财务报告编制办法和操作指南。

4. 全面开展政府财务报告编制工作。

5. 研究推行政府成本会计。

6. 建立健全政府财务报告分析应用体系。

7. 制定发布政府财务报告审计制度、公开制度。

七、组织保障

各地区、各部门要高度重视权责发生制政府综合财务报告制度改革工作，加强组织领导，明确任务分工和责任，抓好工作落实，确保改革顺利推进。财政部要抓紧制定政府会计准则、政府财务报告编制办法和操作指南等，修订完善相关财务会计制度，并指导地方财政部门做好组织实施工作；审计部门要按规定组织做好政府财务报告审计工作。各部门、各单位要做好部门财务报告编报工作，有关部门要充分利用政府财务报告信息，按照职能分工做好相关监督考核工作。

关于《政府会计准则——基本准则（征求意见稿）》公开征求意见的通知

为了规范政府的会计核算，编制权责发生制的政府财务报告，保证会计信息质量，我部起草了《政府会计准则——基本准则（第二次征求意见稿）》和

《主要问题》，现向社会公开征求意见。公众可通过以下途径和方式提出反馈意见：

1. 登陆中国政府法制信息网（网址：http：//www. chinalaw. gov. cn），进入首页左侧的"部门规章草案意见征集系统"提出意见。

2. 登陆财政部网站（网址：http：//www. mof. gov. cn），进入首页右下方的"财政法规意见征集信息管理系统"提出意见。

3. 电子邮件：czbtfssc@163. com。

4. 通信地址：北京市西城区三里河南三巷 3 号财政部条法司三处。

意见反馈截止时间为 2015 年 1 月 26 日。

财政部

2014 年 12 月 26 日

附件下载：

　　《政府会计准则——征求意见稿》. doc

　　《政府会计准则——征求意见稿》（起草说明）. doc

　　《政府会计准则——征求意见稿》（主要问题）. doc

政府会计准则——基本准则

（征求意见稿）

第一章 总 则

第一条（立法目的） 为了规范政府的会计核算，编制权责发生制的政府财务报告，保证会计信息质量，根据《中华人民共和国会计法》、《中华人民共和国预算法》和其他有关法律、行政法规，制定本准则。

第二条（适用范围） 本准则适用于各级政府、各部门（含直属单位，下同）、各单位（以下统称政府）。

第三条（政府会计体系与核算基础） 政府会计由财务会计和预算会计构成。

财务会计应当采用权责发生制。

预算会计一般采用收付实现制，实行权责发生制的特定事项应当符合国务院的规定。

第四条（基本准则定位） 政府会计具体准则、制度等，由财政部根据本准则制定。

第五条（会计准则体系） 政府会计准则包括基本准则、具体准则及应用指南。

具体准则用于规范政府发生的经济业务或事项的会计处理，详细规定经济业务或事项引起的会计要素变动的确认、计量、记录和报告。

应用指南包括会计科目设置及使用说明、财务报表格式及编制说明等。

第六条（财务报告和决算报告目标） 政府应当编制财务报告和决算报告。

财务报告的目标是向财务报告使用者提供与政府财务状况、运行情况（含运行成本，下同）和现金流量等有关的信息，反映政府偿债能力和受托责任履行情况，有助于财务报告使用者作出决策或进行监督和管理。政府财务报告使用者包括债权人、政府自身和其他利益相关者。

决算报告的目标是向决算报告使用者提供与政府预算执行情况有关的信

息，综合反映政府预算收支的年度执行结果，有助于决算报告使用者进行监督和管理，并为编制后续年度预算提供参考和依据。政府决算报告使用者包括政府自身和其他利益相关者。

第七条（会计主体假设） 政府应当对其自身发生的经济业务或者事项进行会计核算。

第八条（持续运营假设） 政府会计核算应当以政府各项经济业务活动持续正常地进行为前提。

第九条（会计分期假设） 政府会计核算应当划分会计期间，分期结算账目和编制财务报告。

会计期间至少分为年度和月度。会计年度、月度等会计期间的起讫日期采用公历日期。

第十条（货币计量假设） 政府会计核算应当以人民币作为记账本位币。发生外币业务时，应当将有关外币金额折算为人民币金额计量，同时登记外币金额。

第十一条（记账方法） 政府会计核算应当采用借贷记账法记账。

第二章 会计信息质量要求

第十二条（可靠性） 政府应当以实际发生的经济业务或者事项为依据进行会计核算，如实反映各项会计要素的情况和结果，保证会计信息真实可靠。

第十三条（全面性） 政府应当将发生的各项经济业务或者事项统一纳入会计核算，确保会计信息能够全面反映政府的财务状况、运行情况、现金流量和预算执行等情况。

第十四条（及时性） 政府对已经发生的经济业务或者事项，应当及时进行会计核算，不得提前或者延后。

第十五条（可比性） 政府提供的会计信息应当具有可比性。

同一政府不同时期发生的相同或者相似的经济业务或者事项，应当采用一致的会计政策，不得随意变更。确需变更的，应当将变更的内容、理由和对政府财务状况及运行情况的影响在附注中予以说明。

不同政府发生的相同或者相似的经济业务或者事项，应当采用一致的会计政策，确保政府会计信息口径一致，相互可比。

第十六条（相关性） 政府提供的会计信息应当与反映政府偿债能力、受托责任履行情况、财务报告使用者管理、决策的需要相关，有助于财务报告使用者对政府过去、现在或者未来的情况作出评价或者预测。

第十七条（实质重于形式）　政府应当按照经济业务或者事项的经济实质进行会计核算，不应仅以经济业务或者事项的法律形式为依据。

第十八条（可理解性）　政府提供的会计信息应当清晰明了，便于财务报告使用者理解和使用。

第三章　政府财务会计要素

第十九条（财务会计要素）　政府财务会计要素包括资产、负债、净资产、收入和费用。

第一节　资　　产

第二十条（资产定义）　资产是指政府过去的经济业务或者事项形成的，由政府所有、管理、占有、使用或者控制的，预期能够产生服务潜能或带来经济利益流入的经济资源。

服务潜能是指政府利用资产提供物品和服务以实现政府目标的能力。

经济利益流入表现为现金（含现金等价物，下同）流入或者现金流出的减少。

第二十一条（资产类别）　政府的资产按照流动性，分为流动资产和非流动资产。

流动资产是指预计在1年内（含1年）变现或者耗用的资产，包括货币资金、短期投资、应收及预付款项、存货等。

非流动资产是指流动资产以外的资产，包括固定资产、公共基础设施、在建工程、无形资产、长期投资等。

第二十二条（资产确认）　符合本准则第二十条规定的资产定义的经济资源，在同时满足以下两个条件时，确认为资产：

（一）与该经济资源相关的服务潜能或者经济利益很可能流入政府；

（二）该经济资源的成本或者价值能够可靠地计量。

第二十三条（资产计量）　资产的计量属性主要包括：

（一）历史成本。在历史成本计量下，资产按照取得时支付的现金金额，或支付对价的公允价值计量。

（二）重置成本。在重置成本计量下，资产按照现在购买相同或者相似资产所需支付的现金金额计量。

（三）现值。在现值计量下，资产按照预计从其持续使用和最终处置中所产生的未来净现金流入量的折现金额计量。

（四）公允价值。在公允价值计量下，资产按照在公平交易中，熟悉情况的交易双方自愿进行资产交换的金额计量。

（五）名义金额。无法采用上述计量属性的，采用名义金额（即人民币 1 元）计量。

第二十四条（资产计量）　政府在对资产进行计量时，一般应当采用历史成本。

采用重置成本、现值、公允价值计量的，应当保证所确定的资产金额能够持续取得并可靠计量。

第二十五条（资产列示）　符合资产定义和资产确认条件的项目，应当列入资产负债表。

第二节　负　　债

第二十六条（负债定义）　负债是指政府过去的经济业务或者事项形成的现时义务，履行该义务预期会导致含有服务潜能或者经济利益的经济资源流出政府。

现时义务是指政府在现行条件下已承担的义务。未来发生的经济业务或者事项形成的义务不属于现时义务，不应当确认为负债。

第二十七条（负债类别）　政府的负债按照流动性，分为流动负债和非流动负债。

流动负债是指预计在 1 年内（含 1 年）偿还的负债，包括短期借款、短期债券、应付及预收款项、应付职工薪酬、应缴款项等。

非流动负债是指流动负债以外的负债，包括长期借款、长期应付款、应付政府债券、预计负债等。

第二十八条（负债确认）　符合本准则第二十六条规定的负债定义的义务，在同时满足以下两个条件时，确认为负债：

（一）履行该义务很可能导致含有服务潜能或者经济利益的经济资源流出政府；

（二）该义务的金额能够可靠地计量。

第二十九条（负债计量）　负债的计量属性主要包括：

（一）历史成本。在历史成本计量下，负债按照因承担现时义务而实际收到的款项或者资产的金额，或者承担现时义务的合同金额，或者按照为偿还负债预期需要支付的现金计量。

（二）现值。在现值计量下，负债按照预计期限内需要偿还的未来净现金流出量的折现金额计量。

第三十条（负债计量）　政府在对负债进行计量时，一般应当采用历史成本。

采用现值计量的，应当保证所确定的负债金额能够持续取得并可靠计量。

第三十一条（负债列示）　符合负债定义和负债确认条件的项目，应当列入资产负债表。

第三节　净资产

第三十二条（净资产定义）　净资产是指政府资产扣除负债后的净额。

第三十三条（净资产计量）　净资产金额取决于资产和负债的计量。

第三十四条（净资产列示）　净资产项目应当列入资产负债表。

第四节　收　　入

第三十五条（收入定义）　收入是指报告期内导致政府净资产增加的服务潜能或经济利益的流入金额。

第三十六条（收入确认）　收入的确认应当同时满足以下条件：

（一）与收入相关的服务潜能或者经济利益很可能流入政府；

（二）服务潜能或者经济利益流入会导致政府资产增加或者负债减少；

（三）流入金额能够可靠地计量。

第三十七条（收入列示）　符合收入定义和收入确认条件的项目，应当列入收入费用表。

第五节　费　　用

第三十八条（费用定义）　费用是指报告期内导致政府净资产减少的服务潜能或经济利益流出金额。

第三十九条（费用确认）　费用的确认应当同时满足以下条件：

（一）与费用相关的服务潜能或者经济利益很可能流出政府；

（二）服务潜能或者经济利益流出会导致政府资产减少或者负债增加；

（三）流出金额能够可靠地计量。

第四十条（费用列示）　符合费用定义和费用确认条件的项目，应当列入收入费用表。

第四章　政府预算会计要素

第四十一条（预算会计要素）　政府预算会计要素包括预算收入、预算支出与预算结转结余。

第四十二条（预算收入的定义）　预算收入是指政府在预算年度内依法取得的并纳入预算管理的现金流入。

第四十三条（预算收入的确认和计量）　预算收入一般在实际收到时予以确认，以实际收到的金额计量。

第四十四条（预算支出的定义）　预算支出是指政府在预算年度内依法发生并纳入预算管理的现金流出。

第四十五条（预算支出的确认和计量）　预算支出一般在实际支付时予以确认，以实际支付的金额计量。

第四十六条（预算结转结余的定义）　预算结转结余是指政府预算年度内预算收入扣除预算支出后的余额，以及历年滚存的余额。

第四十七条（预算结转结余的确认）　预算结转结余包括预算结转和预算结余。

预算结转是指预算安排的项目支出年终尚未执行完毕，或者因故未执行且下年需要按原用途继续使用的资金。

预算结余是指年度预算执行终了，预算收入实际完成数扣除预算支出和结转资金后剩余的资金，以及项目执行完毕或者项目不再执行剩余的资金。

第四十八条（预算会计要素列示）　符合预算收入、预算支出和预算结转结余定义和确认条件的项目应当列入政府决算报表。

第五章　财务报告和决算报告

第四十九条（财务报告定义和内容）　财务报告是反映政府某一特定日期的财务状况和某一会计期间的运行情况和现金流量等信息的文件。

财务报告应当包括财务报表和其他应当在财务报告中披露的相关信息和资料。

第五十条（财务报告构成）　政府财务报告包括政府综合财务报告和政府部门财务报告。

政府综合财务报告是指由政府财政部门编制的，反映各级政府整体财务状况、运行情况和财政中长期可持续性的报告。

政府部门财务报告是指政府各部门及其所属单位的财务报告。

第五十一条（财务报表）　财务报表是对政府财务状况、运行情况和现金流量等信息的结构性表述。

财务报表包括会计报表和附注。

会计报表至少应当包括资产负债表、收入费用表、现金流量表等报表。

政府根据相关规定应当编制合并财务报表。

第五十二条（资产负债表）　资产负债表是反映政府在某一特定日期的财务状况的报表。

第五十三条（收入费用表）　收入费用表是指反映政府在一定会计期间运行情况和运行成本的报表。

第五十四条（现金流量表）　现金流量表是指反映政府在一定会计期间现金流入和流出情况的报表。

第五十五条（附注）　附注是指对在资产负债表、收入费用表、现金流量表等报表中列示项目所作的进一步说明，以及对未能在这些报表中列示项目的说明。

第五十六条（决算报告的定义和内容）　决算报告是综合反映政府预算收支年度执行结果的文件。

决算报告应当包括决算报表和其他应当在决算报告中反映的相关信息和资料。

政府决算报告的具体内容及编制要求等，由财政部另行规定。

第五十七条（政府财务报告与决算报告）　政府财务报告的编制以权责发生制为基础，以财务会计核算生成的数据为准。

政府决算报告的编制以收付实现制为基础，以预算会计核算生成的数据为准。

第六章　附　　则

第五十八条（会计核算的概念）　本准则所指会计核算，包括会计确认、计量、记录和报告各个环节，涵盖填制会计凭证、登记会计账簿、编制报告全过程。

第五十九条（财务会计概念）　本准则所称的财务会计，是指以权责发生制为基础对政府发生的各项经济业务和事项进行会计核算，反映和监督政府财务状况、运行情况、运行成本和现金流量等信息的会计。

第六十条（预算会计概念）　本准则所称的预算会计，是指以收付实现制为基础对政府预算执行过程中发生的全部收入和全部支出进行会计核算，主要反映和监督预算收支执行情况的会计。

第六十一条（权责发生制概念）　本准则所称的权责发生制，是指以取得收到款项的权利或支付款项的责任为标志来确定本期收入和费用。凡是当期已经实现的收入和已经发生的或应当负担的费用，不论款项是否收付，都应当作为当期的收入和费用；凡是不属于当期的收入和费用，即使款项已在当期收付，也不应当作为当期的收入和费用。

第六十二条（收付实现制概念）　本准则所称的收付实现制，是指以款项的实际收付为标志来确定本期收入和支出。凡在当期实际收到的现金收入或支出，均应作为当期应计的收入和支出；凡是不属于当期的现金收入或支出，均不应当作为当期的收入和支出。

第六十三条（生效日期）　本准则自 201×年×月×日起施行。

关于《政府会计准则——基本准则（第二次征求意见稿）》的说明

为了积极贯彻落实党的十八届三中全会《中共中央关于全面深化改革若干重大问题的决定》提出的"建立权责发生制的政府综合财务报告制度"要求，加快推进政府会计改革，我部加快了政府会计准则的制定工作。本着立足我国国情、适当借鉴国际有益经验的原则，在充分研究讨论的基础上，起草了《政府会计准则——基本准则（第二次征求意见稿）》（以下称征求意见稿）。现将有关情况说明如下：

一、起草背景

我国现行的政府会计标准体系基本形成于 1997 年前后，主要涵盖财政总预算会计、行政单位会计与事业单位会计，包括《财政总预算会计制度》、《行政单位会计制度》、《事业单位会计准则》、《事业单位会计制度》，医院、基层医疗卫生机构、高等学校、中小学校、科学事业单位、彩票机构等行业事业单位会计制度，以及《国有建设单位会计制度》与有关基金会计制度等。在会计核算基础上，现行政府会计一般采用收付实现制，主要满足财政预算管理的需要。行政单位会计和事业单位会计在收付实现制核算的基础上还不同程度地采用了"双分录"的记账方式，同时记录非现金资产和负债，在一定程度上兼顾了单位财务管理的需要。

随着我国财政预算改革的深入推进、行政事业单位体制改革的不断深化，以及对政府权责发生制财务信息需求的日益凸显，现行预算会计信息无法完整反映政府资产负债等存量情况，以及政府的运行成本情况，导致一些政府资产管理基础信息缺失，一些政府债务管理不够科学规范，政府单位的运行成本不透明，难以准确反映政府财务状况，也难以有效防范财政风险。与此同时，在政府会计领域引入权责发生制也成为国际公共财政管理的发展趋势，世界银行、国际货币基金组织等国际机构也纷纷敦促各国政府尽快编制权责发生制政府综合财务报告。

政府会计改革是基于政府会计规则的重大改革，目标是通过构建统一、科学、规范的政府会计准则体系，适度分离政府财务会计与预算会计、政府财务报告与决算报告功能，编制以权责发生制为基础的政府综合财务报告，反映政府整体财务状况、运行情况和财政中长期可持续性，为开展政府信用评级、加强资产负债管理、改进政府绩效监督考核、防范财政风险等提供支持，促进政府财务管理水平的提高和财政经济可持续发展。

二、起草过程

在总结多年政府会计改革研究与实践经验，并适度借鉴企业会计改革做法和国际公共部门会计准则基础上，财政部会计司于 2014 年 4 月形成了《基本准则（草稿）》。5 月初，通过组织专家研讨、征求司内各处意见、召开司务会等形式，对草稿进行了修订完善，在此基础上形成了《基本准则（讨论稿）》。根据部领导指示，于 5 月底就讨论稿征求了国库司、预算司等部内 14 个司局的意见，6 月，根据相关司局反馈的意见和建议对讨论稿进行了系统修改和完善，并对相关问题进行了深入研究。7 月中旬，邀请理论界、实务界和地方财政系统的专家对修改后的讨论稿进行了集中研讨，在此基础上形成了《基本准则（送审稿）》。8 月初，经报部领导审定后，正式启动基本准则部门规章立法程序。条法司对《基本准则（送审稿）》进行初审后，于 9 月形成《基本准则（征求意见稿）》，并开始在全国财政系统征求意见。11 月中下旬，会计司会同条法司对来自财政系统的 186 条意见和建议进行了逐条分析，对征求意见稿进行了系统修改和完善，形成了第二次征求意见稿。

三、《基本准则》的定位和主要内容

我国的政府会计准则体系由基本准则、具体准则和应用指南组成。基本准则定位为整个政府会计准则体系的概念基础和框架。具体准则和应用指南的制定应当遵循基本准则。

征求意见稿共有六章 63 条，在内容上规范了适用范围、财务报告目标、会计基本假设、会计体系与核算基础、会计信息质量要求、财务会计要素定义及其确认和计量原则、预算会计要素定义及其确认和计量原则、财务报告和决算报告等在内的政府会计基本问题，对政府会计准则体系的构建将发挥统驭作用。

四、需要说明的几个问题

（一）关于适用范围。

第二条规定的适用范围，与新《预算法》中的表述保持一致，即适用于各级政府、各部门（含直属单位）、各单位，涵盖了现行预算会计体系的适用范围，即财政总预算、行政单位、事业单位及有关基金。

政府会计的适用范围和政府综合财务报告的合并范围是两个不同的概念。政府会计的适用范围是指哪些主体适用政府会计准则进行会计核算；而政府综合财务报告的合并范围是指政府的财务报告应当涵盖哪些主体，除了政府主体，可能还会合并部分国有企业（这些国有企业适用企业会计准则进行会计核算）。

（二）关于会计体系与核算基础。

第三条规定，政府会计由财务会计和预算会计构成，前者采用权责发生制，后者一般采用收付实现制。一方面能够提供资产、负债、收入、费用、净资产等权责发生制财务信息，满足政府加强财务管理、绩效考核、成本核算、债务风险防范等财务会计信息需求；另一方面能够更好地提供预算收入、预算支出以及预算结转结余等收付实现制预算执行信息，满足预算管理、监督和控制等预算会计信息需求。

（三）关于财务报告和决算报告的目标及使用者。

第四条规定了财务报告、决算报告的目标和使用者群体。政府财务报告应当满足"受托责任"和"决策有用"双重目标，在"反映政府受托责任履行情况"的同时，兼顾"有助于财务报告使用者做出决策"。基于此，将政府财务报告使用者定位为债权人、政府自身和其他利益相关者。按照新《预算法》和部门决算制度等规定，决算报告应当有助于决算报告使用者进行监督和管理，并为编制后续年度预算提供参考和依据。基于此，政府决算报告使用者包括政府自身和其他利益相关者。

（四）关于会计信息质量要求。

第二章从可靠性、全面性、及时性、可比性、相关性、实质重于形式、可理解性7个方面提出了政府会计信息的质量要求。

　　这 7 个信息质量要求与现行《行政单位会计制度》、《事业单位会计准则》中对行政事业单位会计信息质量要求一致，也与国际公共部门会计概念公告中提出的信息质量特征相适应，这充分体现了立足国情、适度借鉴国际经验的原则。

　　（五）关于政府会计要素。

　　第三章规定了财务会计各要素的定义及其确认和计量原则。政府财务会计要素包括资产、负债、净资产、收入和费用 5 个要素。

　　第四章规定了预算会计各要素的定义及其确认和计量原则。政府预算会计要素包括预算收入、预算支出、预算结转结余 3 个要素。

　　（六）关于财务报告。

　　第五章规定了政府财务报告的内容。财务报告是反映政府某一特定日期的财务状况和某一会计期间的运行结果与预算执行等会计信息的文件，至少包括资产负债表、收入费用表、预算执行情况表及附注。

　　政府财务报告包括政府综合财务报告和政府部门财务报告。财政部门编制政府综合财务报告，报告政府整体的财务状况、运行情况和财政中长期可持续性。政府部门编制部门财务报告，报告本部门的财务状况和运行情况。

　　政府财务报告编制要符合政府会计准则要求，准确反映政府经济活动情况。在政府会计准则体系尚未全面建立之前，要有一定的转轨过渡期，在现行政府会计制度基础上，暂按照权责发生制原则和相关标准，编制反映一级政府整体财务状况的政府综合财务报告。随着政府会计基本准则和相关具体准则的发布实施，应当按照政府会计准则编制基于权责发生制的政府财务报告。

　　（七）关于决算报告。

　　第五章也规范了决算报告的定义和内容，以及与财务报告的关系。但是，考虑到财政部在决算报告方面已经制定了较为完善的规章制度，且在各级政府财政和行政事业单位已经实施，因此，征求意见稿明确提出，政府决算报告的具体内容及编制要求等，由财政部另行规定。

　　（八）关于会计核算等基本概念。

　　第六章附则明确了会计核算、权责发生制、收付实现制、财务会计和预算会计五个基本概念。之所以明确这些基本概念，主要是因为现行法律法规中对此均没有明确规范，且在实际应用中有不同理解。在定义上述概念时，我们充分借鉴和吸收了现行会计学学术典籍、专业教材和相关会计法规中的相关内容。

以下是征求意见稿中需要具体征求意见的主要问题，欢迎您就以下问题及您关注的其他问题给予反馈。

（一）关于总则

问题1：征求意见稿第二条中关于《基本准则》的适用范围是否恰当？如果认为不恰当，请说明理由并给出建议。

问题2：征求意见稿第六条关于政府财务报告和决算报告目标的表述是否恰当？如果认为不恰当，请说明理由并给出建议。

关于政府财务报告和决算报告使用者范围的表述是否恰当？如果认为不恰当，请说明理由并给出建议。

问题3：征求意见稿第九条关于政府会计分期的划分是否合适？为什么？

（二）关于会计信息质量要求

问题4：征求意见稿第二章规定的七个会计信息质量要求是否完整？其排列顺序和具体内容是否恰当？如果有不同意见，请说明理由并给出建议。

（三）关于政府财务会计要素

问题5：征求意见稿第三章中对于资产、负债、净资产和收入、费用五个要素的定义是否恰当？如果认为不恰当，请说明理由并给出建议。

问题6：征求意见稿第二十一条中对于资产要素具体项目的列举方式和内容是否合适？为什么？

对于固定资产和公共基础设施，是否应当分别进行会计核算？为什么？

问题7：征求意见稿第二十三条、第二十九条中关于资产、负债的计量属性是否完整？各类计量属性的表述是否准确？如果有不同意见，请说明理由并给出建议。

（四）关于政府预算会计要素

问题8：征求意见稿第四章中关于预算收入、预算支出和预算结转结余三个要素的定义和确认标准是否恰当？如果认为不恰当，请说明理由并给出建议。

（五）关于财务报告和决算报告

问题9：征求意见稿第五章中关于政府财务报告的内容和构成是否完整？如果有不同意见，请说明理由并给出建议。

关于政府决算报告的相关表述是否恰当？如果认为不恰当，请说明理由并给出建议。

（六）关于附则

问题 10：征求意见稿第六章中关于会计核算、权责发生制、收付实现制、财务会计和预算会计的概念表述是否准确？如果有不同意见，请说明理由并给出建议。

（七）其他

除以上主要问题外，如果您对征求意见稿还有其他意见和建议，请一并反馈。

后　记

　　为了积极贯彻落实党的十八届三中全会精神，加快政府会计改革，建立权责发生制的政府综合财务报告制度，应广大读者要求，我们将近两年来在中国会计报刊登过的文章和相关宣传报道进行了总结和梳理，编写了《政府会计改革：理论与探索》。本书内容丰富，形式多样，有党的十八届三中全会和新《预算法》对政府会计改革的要求，有财政部关于对系列制度文件的权威发布，有对行政事业单位会计制度制定与修订的跟踪报道，有对"两会"代表委员关于政府会计改革的建言献策，有对政府会计改革政策的专家视点，有业内人士对政府会计改革提出的宝贵建议，还有邀请专家结合当时实际发表的最新观点和研究所得。

　　本书主要由财政部会计司制度一处王鹏、杨海峰和中国会计报陈清华、李京、高鹤、罗晶晶、石海平等编写，由王鹏处长统稿，财政部会计司巡视员应唯和中国财经报社副社长胡兴国总纂和审议，最后由财政部会计司杨敏司长和中国财经报社社长嵇明审定。

财政部会计司

中国会计报社

2014 年 12 月 31 日